保育・看護・福祉プリマーズ ⑦

保育に生かす心理臨床

馬場禮子+青木紀久代 編

Primers of
Early Childhood
Care & Education
Nursing,
Social Welfare

ミネルヴァ書房

はしがき

　多年にわたって保育の仕事をしている方はおそらく，最近次第にこの仕事が重くなっていること，つまり親御さんたちが子育て全般を保育者に任せてこられるとか，子どもがあまりにも重くもたれかかってくることに，気づいているのではないでしょうか。気づきながらも，ともかく子どもたちの世話をしなければ，という責任感に押されて，日々の仕事に追われているのではないでしょうか。

　また，これから保育の仕事につくために学んでいる方たちも，現代の子育てのむずかしさや，それが保育の仕事にもおよんできていることを，見聞きしているのではないでしょうか。

　保育者が育児の中心的な担い手になってきているのは事実のようです。そうなる理由については，多くのことが挙げられています。たとえば，子どもを産んでも仕事を続ける母親が増えていること，近所や身内に子育ての協力者がいないこと，離婚家族やシングルマザー，つまり夫の協力を得られない母親が増えていることなどです。そうした母親が一人で子育てをするのは困難であるばかりでなく，子どもにとって好ましいことではありません。忙しすぎて気持ちのゆとりを失い，疲れて愛情どころではなくなっている母親が無理やり一人で育てるよりも，保育の専門家が協力した方が，はるかに望ましい育児ができるでしょう。また，子どもになんらかの問題や障害がある場合，それに気づいて適切に対処できる保育の専門家がそばにいれば，子どもも親もどれほど助かることでしょう。このような今日の状況からみれば，子どもの養育は母親だけに任せず，保育者が協力する方が，より健全なものになるといえるでしょう。

　それだけに，保育者の役割は従来にくらべて重いものになり，過大ともいえ

る期待がかけられているようです。日夜生活を共にする家族と同じように，あるいはそれ以上に，子どもの心身の発達を促し，健全な成長を助けるという役割は容易なものではありません。「そんな役割を引き受けるつもりはない。それは親がすることで，われわれは子どもを預かっているだけだ」と言いたくなる保育者があることも無理からぬことですが，今やそうは言っていられない状況にあることを理解して，子育てを引き受ける姿勢をもつ保育者が多くなることが期待されています。そこで，そうした役割を担う保育者に，われわれの領域の知識や経験がなんらかお役に立つかもしれないという思いから，本書を作成することになりました。

　子どもを育てるというと，とかく身体の成長を促すこと，身体の健康を守ることに関心が向きがちです。身体の世話だけで精一杯ということもあるでしょう。しかし実際には，子育てにとって非常に大切なのは「心の発達」を促すことです。心とはとらえにくいものですが，気持ち，思い，感情，情緒，といった言葉で置き換えられるでしょう。こうした面の養育がとかくおろそかになるために，いわゆる情緒障害とそこから派生する問題がさまざまにあらわれて，人を傷つけ，自分を傷つけ，生きづらい人生を送る人びとが出てきます。障害の原因はけっして乳幼児期だけにあるものではなく，その後の人生での問題も大きいのですが，乳幼児期にどのように成長し，どれだけの心の強さを身につけるかが，その後の人生の課題に向き合う姿勢を左右することは間違いありません。

　そこで，本書でまず述べたいのは，子どもの情緒発達とその障害についてです。また心の発達は身体や頭脳（知的発達）と密接に関連していますから，この意味では心身の全面的な発達に目を向けることになります。まだ言葉も出ない乳幼児が，どんなことを感じたり考えたりしているのか，どのくらいの月齢でどのくらいのことを理解したり感じ取ったりしているのか，また養育者や保育者の働きかけや扱いや，応答することやしないことが，乳幼児にどのような影響を与えているのか，こういったことについては，発達障害の研究や乳幼児精神医学，臨床心理学，精神分析やその他の立場からの乳幼児観察研究がたく

はしがき

さんの発見をしてきました。こうした知識をもつことによって，保育者の子どもへの気づきが活発になり，情緒の成長を促す共感や交流の仕方を身につけることを願って，そのような知識に関する情報をまとめました。第1章では主として心の発達の健全道程を取り上げているのに対して，第2章では，適切な関わりや援助がなかった場合に子どもにどのような問題が生じるか，またそれは保育場面でどのように観察されるかを中心に著しています。第3章では，乳幼児期に多くあらわれやすい生得的な発達障害の問題を具体的に取り上げて解説し，その保育場面でのあらわれについて，保育者の関わり方について著しています。第4章ではさらに保育者の関わりに焦点を合わせ，保育の場面をどのように生かして，心を育てる関わりをしていくかについて述べています。第5章では，人と人との連携のなかに子育てがあることを強調して，そのなかでの保育の在り方について考える，つまり地域援助の観点からの子育てについて述べています。

　本書では心の育て方ということを中心に置いているので，うまく育っていないという問題は，育て方の問題，つまり親の養育の問題や家庭環境の問題であると受け取られがちになるかもしれません。しかし，うまく育っていない原因はそればかりではありません。子どもの生まれながらの素質や気質や，先天的な障害によるものもあります（特に第3章に解説）。このことを忘れないようにしたいものです。

　どの章も，すぐに実践に役立つようにと配慮して，できるだけ具体的に書いたつもりです。各章を独立させて別々の著者が書いたので，多少の重複があります。重複していることは，どの著者も重要視していることなのだと理解してください。

　本書が日々の保育に生かされることを，心から願っています。

　　　　　　　　　　　　　　　　　　　　　　　　編者代表　馬　場　禮　子

もくじ

はしがき

第1章 心の発達に関する基礎知識 ……………………… *1*

- **1** 愛着の発達　*2*
- **2** 関わりの発達　*12*
    - 1　自覚なしにしている関わり　*12*／2　内面の反映としての対人関係という考え方　*14*
- **3** 身体と心の結びつき　*23*
    - 1　口唇期　*23*／2　肛門期　*25*／3　男根期　*28*／4　エディプス期　*29*／5　潜伏期　*32*
- **4** 分離・個体化の発達　*33*
    - 1　正常な自閉期と正常な共生期　*34*／2　分化期　*35*／3　練習期　*35*／4　再接近期　*36*／5　個体化期・対象恒常性の始まり　*39*
- **5** 自我と自己の初期発達　*43*
    - 1　ウィニコットの自我の発達　*43*／2　スターンの自己感の発達と間主観性　*47*
- **6** 保育実践への生かし方　*54*

もくじ

第2章　子どもの心と親子関係 ……………………………………… 59

1　母子相互作用はどのようにして確立されるか　59

1　生後2か月まで　*61*／2　生後2〜5, 6か月　*61*／3　6〜18か月　*62*

2　さまざまな臨床的問題　67

1　医学的に診断される子どもの心理臨床的問題　*67*／2　養育環境による愛着の障害　*69*／3　著しい分離不安　*70*／4　少食, 拒食　*71*／5　虐待の懸念　*74*

3　親子の関係性の問題をとらえるには　76

1　子どもへの関わりが過剰すぎる　*82*／2　親子の関わりが薄い　*86*／3　親子の間で不安や緊張が高い　*89*／4　親子が互いに怒りをぶつけ合い, 敵意すら感じる　*92*

4　保育場面における「気になる子ども」の総括　95

1　発達の遅れの問題か？　関係性の問題か？　*95*／2　園で出会う「気になる子ども」への対処　*97*

第3章　気になる行動と発達の問題 ……………………………………… 101

1　子どもの気になる行動　*101*

2　子どもの発達　*105*

3　「発達障害」に関する基礎知識　*113*

1　「障害」とは　*113*／2　発達障害　*115*／3　ダウン症候群　*119*／4　広汎性発達障害　*122*／5　自閉症　*125*／6　アスペルガー症候群と高機能自閉症　*132*／7　ADHD（注意欠陥・多動性障害 Attention-Deficit／Hyperactivity Disorder）　*134*／8　学習障害（LD：Learning Disabilities）　*140*

4　保育現場での具体的対応　*144*

1　集団活動への参加　*145*／2　パニックやかんしゃくへの対応　*148*／3　他児に暴力的になってしまう　*150*／4　自分の頭を叩いたり，手を噛んでしまう　*152*／5　高い所に登ってしまう　*152*／6　こだわりがある　*154*／7　ことばの問題への対応　*156*／8　まわりの子どもたちへの対応　*158*

5　保護者に問題を伝えるとき　*160*
──保護者のつらい気持ち

1　保護者はまったく気がついていない？　*161*／2　保育者が「気づいたこと」を告げる前に考えるべきこと　*162*／3　実際に保護者との話を進める際の留意点　*163*／4　園─家庭・子ども─専門機関の連携　*163*

第4章　親子を支える保育者の心理臨床的関わり　……　*167*

1　保育カウンセリングと保育　*167*

1　保育カウンセリングの必要が生じるとき　*168*／2　発達促進的関わりのなかにある「癒し」　*170*／3　保育者の援助が孤立しないこと　*170*／4　円滑な協同関係を維持するために　*173*

2　日々の保育実践の蓄積を活かす　*175*

1　子どもの保育記録　*175*／2　家庭との連携　*178*／3　親の保育参観・保育参加　*180*／4　統合的に用いる　*183*

3　問題の連続性　*184*

1　年度を遡って振り返ってみる　*184*／2　卒園をめぐって　*190*

4　さらなる保育の向上を目指して　*194*

1　保育者どうしの意見交換や学習機会を活かす　*194*／2　地域の子育て支援へ　*196*

もくじ

第5章 園・家庭・地域における子育ての連携と保育 …… 199

1 子育てと保育の現状　*199*

2 保育観にみる連携のイメージ　*201*

1 子どもとの関わりのイメージ　*202*／2 職員間の連携のイメージ　*205*／3 親との連携のイメージ　*207*／4 地域との連携のイメージ　*209*

3 どのように専門機関と連携するか　*211*
　――事例から連携を考える

1 事例　*212*／2 気になるけれどもう少し様子をみてみよう　*212*／3 園内での連携　*215*／4 親との連携　*216*／5 専門機関との連携　*219*

4 統合保育における地域の専門機関との連携　*221*

1 障害児の早期発見と早期療育　*221*／2 地域による療育体制や障害児保育の格差　*222*／3 園と専門機関の連携　*224*／4 家庭と地域の育児資源との連携への支援　*229*

あ と が き
索　　　引

コラム：心を育てるキーワード

❶ 愛着の研究①：ハーロウの実験 ………………………………… *6*
❷ 愛着の研究②：ストレンジ・シチュエーション法 …………… *9*
❸ 愛着の研究③：アダルト・アタッチメント・インタビュー … *10*
❹ マーラーの分離―個体化理論 …………………………………… *40*
❺ 9か月ミラクル …………………………………………………… *63*
❻ 感覚運動期 ………………………………………………………… *64*
❼ 乳幼児期の抑うつ ………………………………………………… *72*
❽ 子ども虐待：日本の事情 ………………………………………… *76*

vii

- ❾ 子ども虐待：アメリカの事情 ………………………………………… 78
- ❿ 母親の「静止顔」の実験：Still-Face Procedure を用いた研究 ………… 84
- ⓫ アダルト・チルドレン …………………………………………………… 100
- ⓬ 父親の育児参加 …………………………………………………………… 185
- ⓭ 保育実践現場の中のバウムテスト ……………………………………… 192

第1章
心の発達に関する基礎知識

……この章では……

臨床心理学や精神分析学は，精神的な問題や病気をもつ人びとの問題解決・治療を目的として始まった研究分野です。しかし，この分野の研究を進めていくためには，健康な精神状態や健常な成長過程についての研究が欠かせません。このような理由から，特に精神分析学や児童精神医学や発達に関わる臨床心理学の分野では，乳幼児の成長発達について，これまでにたくさんの研究を積み重ね，理解を深めてきています。そのなかから，保育に関わる人にとって必要でかつ役に立つと思われる，いくつかの理解について解説します。

　ここでは養育者の態度や関わり方がどのように乳幼児に影響するかについて，たくさんの事態を示すことになります。しかしそれは，養育者の関わりのみが一方的に，子どもの健康な成長の可能性を決定づけるという意味ではありません。成長を左右する要因には，本人のもって生まれた素質（気質や体質）と，人の関わりをも含む環境条件との両方が複雑に絡み合っています。それは相互作用であって，どちらが原因なのか結果なのか判別できないこともあります。たとえば生まれつき虚弱な子どもには，親は気をつけて過剰に世話をするでしょうし，すると子どもは敏感になって，わずかな環境の変化にも適合しにくくなるでしょう。すると親はますます気を配って子どもの環境を守ろうとする，子どもはますます怖がりになって環境の変化を拒絶する，というわけです。保育の場でも，虚弱な子には特に気を配らざるをえない状況があるでしょう。し

たがって好ましくない養育について述べるとしても，それは養育者ばかりを責めているのではなく，原因はなんであろうとも結果的にあらわれた事柄なのだということです。

また，育ちにくさの問題が生じている子どもは，身体障害の場合を除いて，ほぼ確実に好ましくない環境条件をもった子どもなのですが，一方では，好ましくない条件の下で幼児期を過ごしても，健全に成長した人もたくさんあるのです。条件が好ましくないからこそたくましく育ったという人もあります。つまり健全に育つか否かには，子どもの側がもっている力（自分で選択し，好ましくないものを拒否する力）も大いに関係しているといえます。その力の弱い子どもと好ましくない環境という不幸な組み合わせから，問題が生じるのだといえるでしょう。

1　愛着の発達

乳児は生まれたときから，あるいは生まれる前から周囲の人びとの世話を受け，それによって生命を存続させているのですから，存在そのものが依存的だと，従来考えられていました。しかし乳児は，世話を受けながら成長して，次第に自分という意識や自覚をもったり，他者の存在を知ったり，見分けたり，交流したりし始めます。それは乳児がかならずしも依存ばかりしているのではなく，環境に対応し，環境を活用して，積極的に自分を成長させる力をもっているからだということができます。

乳児は，毎日何回となく授乳したり，おむつを換えたり，沐浴をさせたり，抱いてあやしたりする人の声や匂いや肌触りを，心地よい感覚とともに体験し，次第にその感覚に対して心地よさの反応を返すようになります。そのようにして，もっとも初期の段階では，まず親密な相手を見分け，その相手との間に格別な信頼の関係を築くことができるかどうかが，将来にわたって他者を信頼し，また愛されているという自信（自己肯定感）をもてるかどうかの決め手になる

とさえ考えられています。このことは，精神分析学の領域では創始者フロイト（Freud, S.）以来いわれていることですが，乳幼児を直接観察して研究した人たちは，さらに詳細にその様相について理解を深めてきました。

現代の観察研究では，その初期，第2次世界大戦直後の研究からすでに，乳児に社会性ができ始める時期はおよそ生後2〜7か月とされています。生後8週目前後から，乳児は養育者を見つめたり，目と目の接触（アイコンタクト）をしたりするようになります。微笑も身体的な心地よさからくる快感反応としての微笑（自発的微笑）から，人があやしたり呼びかけたりするような外からの刺激に応じた微笑（社会的微笑）へと移り，発声も人を呼ぶ声や喜びをあらわす声になってきます。こうした成長が養育者を喜ばせ，愛情や育てようとする熱意を引き出すのでしょう。「子ども一般は好きではなかったけれども，自分が産んで育てて，はじめてかわいさがわかった」という母親もよくあります。これは，子どもによって育てる意欲を引き出されたことを意味していることばでしょう。

依存しなければ生きられない乳児でも，依存対象から育てる力を引き出すという能動的な存在でもあるということについて，エムディ（Emde, R. N.）は，情緒応答性のシステムとして論じています。つまり乳児は次第に泣き声や微笑などで情緒の信号を送るようになり，それを読み取った周囲の養育者が応答して乳児の欲求を満たしてあげるという相互関係ができてきます。乳児は養育者の日ごろの世話の仕方やあやし方を感じ取りながら，どのくらい，どのように信号を送るかというパターンを形成していきます。また養育者の方も，乳児の出す信号を読み取りながら応答していきます。そのようにして互いに波長を合わせ，互いに自分の信号が読み取られた喜び，報いられたうれしさを体験し合い，結びつきを強めていくのです。情緒的に柔軟性がある養育者は，乳児からの信号をすぐに読み取り，しかも快く楽しく応じるので，それが乳児の情緒応答性を活発にします。

スピッツ（Spitz, R. A.）は，それまでは誰に対しても同様に，機嫌がよければ微笑んでいた乳児が，8か月前後から相手によって異なる態度を示すように

なることに気づき，これを人見知り（stranger anxiety）または8か月不安（eight month anxiety）と呼びました。このころになると乳児は，よく見知っている人，特に母親（第1養育者）には特別うれしそうに笑いかけ，一方見なれない人に対しては，怖がったり，目を背けたり，隠れたり，またその人が抱こうとすると泣き叫んだりするようになります。

　これは，乳児が相手を見分けられるようになったこと，つまり大切で親密な人とそうでない人を区別でき，また親密な人には愛情を強く感じて，信頼していることを意味します。それは情緒が発達しているばかりでなく，見分けるという，精神分析でいう自我の現実検討機能が発達していることを意味します。このように，乳児に起こるわずかな変化も，注目して検討すれば複雑な意味をもっているのです。

　逆にいえば，この時期に人見知りがないことは好ましいとはいえません。親密な人との関係が確立していないために，識別ができていないのかもしれないからです。赤ちゃんの成長過程について，養育してきた人から聞き取るときに，人見知りがあったかどうかは，この時期の成長を知る上で大事な情報となります。

　スピッツが戦後の劣悪な条件の乳児保護施設で行った研究も，これと関連しています。劣悪な条件とは，世話する人の数がきわめて少なく，玩具も少なく，乳児は一日中小さなベッドに寝かされたままという条件です。そのような条件の下で1年間育てられた子どもと，普通の家庭で育てられた子どもを，生後2年目で比較してみました。すると，全身的な運動機能の発達，手を使って操作すること（スプーンを扱う，服を着替えるなど），しつけされることへの反応，言語の発達という重要な側面すべてで，保護施設児に発達の遅れが認められたということです。このことは，抱き上げたり話しかけたり，玩具で遊ばせたりすることが，単に情緒の発達や人への愛情を育てるばかりでなく，全身的な身体機能の発達や，理解力，言語表現力，といった知的機能の発達にまで影響をおよぼすことを示しています。これについては，ボウルビィ，アンナ・フロイトをはじめその後に行われた発達の研究からも，同様の影響が裏づけられていま

す。

　さらに引き続き長い期間にわたって，母性的な養育者がいない状態におかれると，1歳未満の乳児は，心身ともに悲惨な状態に陥ります。衛生状態や栄養状態が悪くなくても身体は衰弱し，感染症などの病気に罹りやすくなり，死亡率も高くなり，また知能や情緒に障害が生じます。このような乳幼児の状態を，スピッツはホスピタリズムと名づけました。これは施設の劣悪な条件のゆえに生じる障害という意味です。施設の問題とは限らず，実際に親がいても愛情を向けず世話をしない，児童虐待のような場合にも同様のことが起こります。このような乳幼児は，かろうじて成人しても，精神障害や知的な遅れや反社会的な人格傾向になる率が高いといわれています。

　さらにスピッツが気づいたのは，母親を失って施設に収容された乳児が，最初は泣きやすく気むずかしくなり，体重が減少し睡眠障害に陥り，その後約3か月たつと，周囲への関心を失い，運動が緩慢になり，無表情で虚ろになることです。スピッツはこれを一種のうつ病の状態と考え，依託うつ病と名づけました。この場合にも，よい母子関係を6か月以上もった後に母親を失った乳幼児のみが，この状態になることがわかりました。つまり，親密な愛情交流の体験をもってこそ，その相手がいなくなったことを苦痛として感じるのです。子どもの情緒生活を育て，人間関係を築く基本としても愛情のある養育が重要であることを，多くの研究者が証明しています。

　ボウルビィ（Bowlby, J.）もその一人で，特に愛着（アタッチメント，attachment）について詳細に研究した人です。彼は愛着を，「乳児が親との間の身体的接近を喚起し，それを維持する一連の活動」と定義したので，現在では「愛着」または「アタッチメント」という言葉は，このボウルビィの研究から発した，乳児が親との愛情ある関係を求める行動を指す言葉として使われるようになっています。その意味での愛着行動とは，乳児が特に親しみを感じる人（両親，時には祖父母）に，独特の微笑を向け，そばに這い寄ったり，抱かれたがって手を差し伸べたり，呼びかけるような発声や泣き声を発したりすることです。そうした行動が養育者の愛情や世話したい気持ちを引き出すので，両者

COLUMN 1　心を育てるキーワード

愛着の研究①：ハーロウの実験

　ハーロウ（Harlow, H.F.）は本来サルの問題解決などを研究していたが，その過程でサルの愛着行動に興味をもつようになり，サルの愛着行動に関する有名な一連の実験を行った。ハーロウ以前は，母子関係は主に行動主義的観点から理解されていた。つまり，母親は食べ物を与えるなどして乳児の生理的欲求を満たし，乳児はそのような欲求満足の源泉としての母親に愛着を抱くというものであった。ハーロウはこの行動主義的見解を検証するために，サルを用いた実験を開始した。

　この実験の中でハーロウは2つの代理母を作った。1つは木の円柱をタオルで包んだ母親であり，もう1つは針金だけでできた母親であった。この2つの代理母のもとに，生まれたばかりのアカゲザルが生後12時間以内に4匹ずつ置かれた。それぞれのサルはもう一方の代理母を訪れることができ，また代理母に据えつけられた哺乳瓶からミルクを飲むこともできた。実験の結果，生まれたばかりのサルはタオルの代理母をより好むことがわかった。とくに革新的な発見は，針金の代理母からのみミルクが得られるときでさえも，サルはたいていの時間をタオルの代理母にしがみついて過ごしたことであった。つまり，アカゲザルは食べ物よりも暖かさや接触の快適さにより愛着を示したことになる。

　次にハーロウは動くクマのオモチャを用いて，サルが恐怖を感じたときに代理母のもとに逃げ込むかどうかを調べた。その結果，タオルの代理母によって育てられたサルは，最初代理母にしっかりとしがみつき，それから徐々に冒険に出るようになった。一方，針金の代理母に育てられたサルはクマのオモチャを押しのけたが，代理母にしがみつくことはなかった。かわりに，施設に入所している人間の乳児のように，自分自身を抱きしめ，体を前後に激しく揺り動かし，床の上に身を投げ出したり，オリの側面に体をこすりつけたりした。

　さらにハーロウは代理母とアカゲザルとの結びつきの強さを検討した。短期間の分離の後でも，タオルの代理母に育てられたサルは愛着を維持し，恐怖場面では代理母のいた所に逃げ込んで母親が戻るのを待った。対照的に，針金の代理母に育てられたサルは代理母への愛着をほとんど見せず，母親があらわれてもなだめられなかった。またサルを完全に隔離して育て，母親の不在がどのように影響を及ぼすかも調べられた。その結果，成長したサルたちには他者への無関心，自傷行為，自分の子どもへの虐待など数々の異常行動が見られた。

　これら一連のハーロウの研究は霊長類における愛着関係の重要性を示すものであり，後のボウルビィによる人間における愛着研究の先駆けとなった。

[三上謙一]

の間に交互作用が活発になります。つまり乳児は受け身に世話される存在ではなく，自分から働きかけて養育行動を引き出す存在なのだということを，ボウルビィも強調しています。

　乳児はいつごろから愛着を示し始めるのか，つまりいつごろから周囲の親しい人を見分けて，自分から働きかけるという能動的な行為を始めるのかについて，いくつかの実験的観察研究があります。その結果によると，乳児はこのような様子を生後3か月ころから示し始めます。最初に愛着行動を示すのは，もっとも身近にいてもっともよく世話をする人，乳児の出しているシグナルに対して一貫した応答をもっともよく示している人で，それはほとんどの場合母親です。その次にくるのは父親です。乳児はそうした愛着の相手があやしたり抱いたりする方が，他の人の場合よりもよく微笑んだり，より早く泣き止んだりします。そして6，7か月ころには，それぞれの愛着の行為がよりはっきりしてきます。それは人見知りが始まる時期とも一致し，この両方の行動によって，乳児が養育者との間に信頼と愛情の絆を形成したことが確かめられるのです。乳児の施設でも，一定の保育者が乳児を担当していると，この愛着を向けられていることに気づくでしょう。

　6，7か月以降になると，愛着の相手は乳児にとって"安全基地"になります。乳児はその人物を基地にして探索に出かけるのです。興味ある未知の世界に出ていくときには，安全基地があるかどうかを確かめ，基地からあまり遠くなりすぎない範囲で探索したり，遠くまで来すぎたと感じたときには大急ぎで安全基地の存在を確かめたり，いったん戻ってきたりしながら探索しています。もし見知らぬ人が近づいてくるとか，突然の出来事が起こるとか，危険を感じることがあると，乳児は愛着の相手を探し，または引きつけるシグナルを発してただちに接近しなおします。それができると安心して，また探索を再開するというわけです。危険が感じられない状況で，安全基地にもすぐ接近できるとわかっている場合には，乳児は安心してかなり離れたところまで探索に行ったり，慣れない人と関わったりもできますが，そういうときにも絶えず愛着する養育者がどこにいるか（安全基地はあるか）をモニターしたり，距離をチェック

したりすることで安心感を保っています。また珍しい状況やあいまいな状況に出会ったときには，愛着の相手を振り返り，その態度や表情によって状況を判断しています。このように愛着の相手は，乳児にとって"安全の基地"でもあり，"情報の基地"でもある働きをしているのです。

　ボウルビィの共同研究者，エインズワース（Ainsworth, M. D. S.）らは，愛着行動を実験の中で起こさせ，その様相から母子関係の発達状況を調べる方法を考え出し，生後3か月から24か月の乳幼児に対して，この方法を用いて研究しました。これをストレンジ・シチュエーション法（SSP）と呼びます。まず実験室に母子がいっしょに3分間滞在します。次にそこへ知らない人，つまりストレンジャー（たいていは若い女性の実験者）が入ってきて3分間母子といっしょに過ごします。次に母親が部屋から出て行き，子どもが知らない人といっしょに3分間過ごします。そこへ母親が戻ってきて知らない人と交代します。次にまた母親が出て行き，子どもは一人になります。次にまた知らない人が入ってきて3分間いっしょに過ごします。最後に母親がもう一度戻ってきます。このように母親が出入りするので子どもが不安になり，愛着の相手を求めるような状況を作り，そこで母親と再会したときに子どもがどのような愛着行動を母親に対して取るかを観察するのです。観察するのは，子どもの探索行動，泣き，微笑，発声，凝視といった行動で，その強さや持続の程度を測定します。

　エインズワースらがアメリカの子どもに行った実験では，子どもの愛着行動のパターンには次の3群があります。A群は，母親がいなくなったことへの不安や悲しみも，再会したことの喜びも示さず，母親との接触を回避する，つまり母親が部屋に入ってきてもそっぽを向いて知らぬ顔をして一人遊びをしているというパターン（回避群）です。B群は，再会の喜びを率直に示し，すぐに安心と親しみを示して探索行動を再開するというパターン（安定群）です。C群は，母親がいなくなったことへの怒りと愛着がごちゃまぜになったような態度をとり，激しく泣いたり怒りながらしがみついたりという不安定な態度をとり，母親に再会してもなかなか落ち着かず，探索行動も始めないというパターン（アンビヴァレント群）です。エインズワースらは，各群の母親の日常の育

心を育てるキーワード

愛着の研究②：ストレンジ・シチュエーション法

　乳幼児がいつもとは異なる状況（ストレンジ・シチュエーション）に置かれたときにどうするか，乳幼児にとって母親が信頼のおける存在（安全な基地）になっているかどうかを見る実験方法を，ストレンジ・シチュエーション法（Strange Situation Procedure）という。エインズワース（Ainsworth, M. D. S.）が考案し，次の8つのエピソードから成る。登場するのは，乳幼児，母親，ストレンジャー（乳幼児にとって初対面の人物），実験者の4名である。①（30秒間）乳幼児・母親・実験者の3名で部屋（マジックミラー越しに隣の部屋からも様子が見られるプレイルーム）へ入る。②（以下⑧まで各3分間）乳幼児と母親で過ごす。母親は積極的に乳幼児に働きかけない。乳幼児が部屋やおもちゃに興味を示し，一人で遊べるかどうかを見る。③ストレンジャーが入室し，最初の1分間は座って黙っている。次の1分間で，母親とストレンジャーが話をする。そして次の1分間で，ストレンジャーが乳幼児に話しかける。そして母親はそっと部屋を去る。④第1回目の母子分離場面。母親が見当たらないので，泣く乳幼児も多い。⑤第1回目の再会。母親は乳幼児といっしょに遊ぶ。そして3分たったら「バイバイ」と言って部屋を去る。⑥第2回目の母子分離場面。今度は一人きりになってしまい，泣き出してしまう乳幼児が9割を超える。泣くわが子を隣の部屋でマジックミラー越しに見る母親にとっても，つらい場面である。⑦ストレンジャーが入室する。母親だと思ったらストレンジャーなので，ますます泣いてしまう乳幼児もいる。⑧第2回目の再会。母親が入室する。抱き上げたり声をかけたり，母親から乳幼児へ働きかける。

　以上のような手続きの中での乳幼児の様子から，乳幼児と母親の情愛的結びつきである愛着パターンを3群に分類する。母親といっしょの場面で安心して過ごし，分離場面で不安を示し再会場面で喜びをあらわすといった，安定した愛着のタイプを示すB群（安定群），母親との分離場面で不安を示さず再会場面でもあまり喜びを示さない，母親へ寄り添う様子が見られないA群（回避群），逆に分離場面で非常に不安定になり，再会場面でも母親に対して喜びというより怒りを示すといった，母親に対する不安定な愛着のタイプを示すC群（アンビヴァレント群）の3群である。日頃から乳幼児のサインに母親が敏感に，適切に応じているかといった母親の養育態度が，この結果に反映されると考えられている。安心して子育てをできる状況にいるかといった育児環境にともなう母親の心理状態，神経質やのんびり屋といった乳幼児の気質など，さまざまな要因が愛着関係の背景には考えられる。母親が毎日の子育てが楽しいと感じ，乳幼児に愛情をもって接していることで，乳幼児も母親を信頼し，安定した愛着関係が育っていくといえるだろう。

［矢野由佳子］

児態度との関連を検討して，Bつまり安定群を，愛着行動がもっとも好ましく発達したタイプであり，健常児にもっとも多く見られるタイプであるとしました。しかしその後の国際的な比較研究では，B群が多くない国もあることが明らかになりました。たとえば日本では，C群がもっとも多いのです。ボウルビィは愛着行動を，人間がもって生まれた（一次的生得的）行動であると主張したのですが，そうであればどの国の健常児も同様の愛着行動を発展させるはずで，B群が多くなるはずです。そこで考えられることは，適切な愛着のパター

心を育てるキーワード

愛着の研究③：アダルト・アタッチメント・インタビュー

　アダルト・アタッチメント・インタビューとはメイン（Main, M.）らが中心になって開発した大人の愛着関係の内的作業モデルを測定する面接法である。この内的作業モデルという概念は，ボウルビィ（Bowlby, J.）の一連の愛着研究から出てきたものである。ボウルビィによると，乳幼児は養育者との日々の相互作用を通じて，愛着対象は誰であり，どこにいて，その人物にどのような反応を期待できるか，また自分自身が愛着対象にどのように受容されているかなどの愛着関係の内的作業モデルを構築していく。このようにして構築された内的作業モデルは主に意識の外で働き，その後の行動のガイドとなるという。この概念は初期の頃は愛着理論のエソロジー的側面が注目されていたため，あまり関心を引かなかった。しかし，メインが1980年代半ばの論文で，愛着研究を従来の行動レベルから表象レベルへ移行することを提唱して以来，再び内的作業モデルは注目を集めることになった。それ以後，欧米ではアダルト・アタッチメント・インタビューを用いた愛着研究が急激に増加した。

　アダルト・アタッチメント・インタビューは半構造化された臨床的性質をもつ面接であり，面接を実施し評定するためには一定期間の専門的訓練を受ける必要がある。質問項目は主に過去の愛着関係とその現在への影響などが中心となっている。まず被験者は父母それぞれとの関係をもっともよくあらわすと思われる形容詞を5つずつ選び，それを裏づけるような具体的エピソードをあげるように求められる。その後，幼い頃情緒的に混乱したときにどうしたか，どちらの親をより親密に感じたか，またそれはなぜか，両親から拒否されたり脅かされたりした

ンはかならずしも生得的なものではなく，多分に文化によって規定されるらしいということです。ここからさらに広げて考えると，子どもの成長に関するさまざまな事象に文化差があるかもしれず，外国の研究結果を鵜呑みにすることなく，自国でのありようを見定めなければならないということです。こういうことがわかったのは，どの国でも共通の手続きで行える実験法が開発されたからなのです。またこの方法によって，愛着行動が年齢によって変化していく過程の研究や，母親側の要因と愛着パターンとの関連を調べる研究や，愛着パタ

と感じたことはあるか，なぜ両親はそのような行動を取ったと思うか，過去から現在にわたり両親との関係がどのように変わっていったか，このような過去の両親との関係が大人になった現在どのように影響を及ぼしているか，などを聞かれる。面接内容は逐語記録され，それに基づいて分析が行われる。評定は複数の尺度を用いて行われるが，とくに語り方の一貫性を重視するところにこの面接法の特徴がある。つまり，語った内容そのものよりも，それらを具体的なエピソードによって裏づけながら，一貫した形で語れるかどうかを基に評定するのである。

このようにして愛着のパターンが自律型，軽視型，とらわれ型の3パターン，もしくは未解決型も含む4パターンに分類される。自律型は過去の愛着関係を評価し，それがパーソナリティに影響を及ぼしていることを認めることができる。また過去の好ましい経験だけでなく，喪失や拒否などの好ましくない経験も思い出し，それらを一貫した形で話すことができる。さらに自分の親や過去の経験を理想化することはない。軽視型は過去の愛着関係を重要ではないと見なす。幼少時代を理想化する傾向があるが，この理想化は特定の記憶によって裏づけられることができない。とらわれ型はいまだに過去の愛着関係に溺れている。過去の出来事を思い出すことができても，質問と無関係のことを話すことが多く，面接内容が極端に長くなりがちである。いまだに自分の両親に依存するところがあり，親を喜ばせたいと思っている。未解決型の親は，死によって愛する人を失ったことや虐待を受けたことについて話しているときに混乱する。たとえば，死んだ親がまだ生きているかのように話すことがある。

アダルト・アタッチメント・インタビューは過去の事実としての愛着関係よりも，それを被験者が現在どのように体験しているかを重視しているという点で，クライエントの心的現実を重視する心理臨床の実践にきわめて親和性のある面接法である。同時に，愛着の世代間伝達研究などこの面接法を用いたさまざまな実証研究は，心理臨床の理論に新たな知見をもたらすものと期待される。　　　　　　　　　　　　　　　　　　　　　　　　　　　　［三上謙一］

ーンと子どものその後の発達との関連を調べる研究など，さまざまな研究が進んでいます。

さらに愛着行動は，形は変わっても質的には大人にもあると考えられ，成人の愛着行動を調べる質問紙法検査も開発されて，種々の研究に使われています。これについては，本書の主題からそれるので省略しますが，乳幼児期に形成される愛着のパターンが成人後の対人関係にも反映されるほどに重要なものであることは，多くの研究で実証されているようです。

ボウルビィも，母性的な養育者を失ったり，たとえ養育者がいても母性的なケアを受けられなかったりした場合に，乳幼児がどのような影響を受けるかについて調査研究をしました。その結果は，第1節で述べたスピッツの研究ときわめて共通しています。乳幼児がこのように必要な養育を受けられない状態を，ボウルビィは母性の剥奪（マターナル・デプリベーション maternal deprivation）と呼びました。この言葉は現在も乳幼児の虐待や無視（放置）に結びつけて，よく用いられています。

2　関わりの発達

1　自覚なしにしている関わり

愛着ばかりでなく，人間関係全般についての関わり合いの仕方を，乳幼児はどのようにして学んでいくのでしょうか。当然推測できるように，周囲の人びととの実際の関わりの中から学んでいくのですが，精神分析学の研究は，乳幼児自身も周囲の人も気づかずにしている（無意識の）関わりから学ぶことが大きいことを教えてくれます。実際，人と関わっているとき，自分がどのように振る舞っているか，自覚していないことが多いのではないでしょうか。

子育てをしているときも同じです。私は母親が子どもに食事をさせている場面をビデオに撮って観察する研究をしたことがあります。そこで観察すると一

人ひとり世話の仕方もおしゃべりの仕方も非常に違うのですが，後で聞いてみると，みんな「ふだんやっている普通のことをしただけ」と答えてくれます。つまり，子どもといるとき，始終おしゃべりしている母親もあれば，必要なこと以外ほとんどしゃべらない母親もある，食事中ずっと手を出して世話をしている母親もあれば，子どもがうまく食べられるかどうかに目を向けていない母親もある。こうした日常の関わりが，人間関係とはこうしたもの，という子どもの身についた思い方を作り出しているでしょう。しかしそれについて，養育者はほとんど自覚していないでしょうし，当然子どもの方も自覚していないでしょう。そこで，成人してから，人と共にいるときつねに会話が続いていないと心配で，懸命に話題を探す人もあれば，黙っていても苦痛を感じない人もあるというように，対人関係への思い方が違ってくるのには，こうした育ち方の影響があるだろうと思われますが，そうかどうか本人に聞いてもわからないことが多いのです。

　もう一つ実例を挙げましょう。ある母親は，自分が厳しくしつけけられ，反抗も自己主張もできなかったことから，おとなしい性格になったことを好ましくないと考えました。そこで子どもは自由に振る舞い，自己主張できるようにしたいと，けして制限をせず，叱らないように気をつけて育てました。ところがその子どもは，とてもおとなしくて，親に対しても反抗もせず怒りもあらわさないようになったのです。そうなったのは，母親が子どもを叱らないようにと自分の怒りを抑えていたからだと理解されました。その母親はもともと反抗や自己主張の願望を強く抑える習慣ができていましたから，子どもは母親がおのずからとっている自己抑制的な態度から学んで，怒りは抑えるべきもの，自己主張はしないもの，という態度を身につけたのです。

　このように親が伝えたいことがかならずしも伝わらず，意図していないことが伝わってしまうこともあります。実際の対人関係から学ぶ，という場合に，このようないわば裏側からの学びもあるのだと知っておくべきでしょう。保育の場面ではとくに，大勢の子どもと同時に関わることから，ある一つの態度が子どもによって違う受け取り方をされていることがあると思います。たとえば，

ある子どもを叱ると，叱られた本人はけろりとしていて，そばで見ていた子どもが怖がって泣きだしてしまう，といったことがあるでしょう。それはそれぞれの子がそれまでの育ちの中で身につけてきた感受性や思い込みがあり，それに基づいて保育者の態度を判断しているからです。

2　内面の反映としての対人関係という考え方

いま述べたことをさらに広げると，われわれは自分の心の中に人のイメージをもっていて，それを実際に出会う人間に当てはめて人を見ているのだということになります。それは事実そうなのです。そのことはとくに精神分析の対象関係論（object relations theory）という立場から研究されてきました。

（1）対象関係とはなにか

まず，人は自分の中のイメージを通して人を見ているということについて考えてみましょう。一人でいるときに，人に何かを言おうと考えていると，「こう言ったら相手はきっとこう思うだろう」と想像するでしょう。相手がよく知っている人であれば，「あの人ならこう受け取る」「あの人ならこういう言い方で通じる」とはっきりわかるものですが，よく知らない相手の場合には，自分で想像するしかありません。そのような場合でも，私たちは想像でおよそ答えが出せるものです。その想像をするときに，私たちは自分の内面にある他者像に照らして想像しています。「普通，人はこう言われたらこう受け取る」と想像するときの「普通，人」というのは，自分の中に作った他者像でありましょう。この他者像のことを対象表象（object representation），または対象像と呼びます。

同時に私たちは，自分自身に関するイメージももっています。つまり自己像あるいは自己表象（self representation）です。日常の生活をしながら，とくに自己像について意識（自覚）することはありませんが，時として「自分はどうしたいのか」「自分はこれでよいのか」と問いかけると，「それは自分らしい，自分らしくない」という答えが出てくるでしょう。また人から自分について批

評されたとき，その批評が自分の思っている自分と合っているとか，違っていると思うでしょう。それが自己像に照らした答えです。

　対象像も自己像も，人生の初期から，実際の人間と交流しながら作られ，次第に内面に入って定着したものです。したがって，そのでき方には相当な個人差があります。簡単な例として，「人とは一般に善良なもので，たいていの人は私を受け入れて好意をもってくれるものだ，たいていの失敗は許すものだ」という寛容な対象像をもっている人もあるし，「人とは一般に厳しくて批判的であり，私の欠点や失敗を見逃さず追及するはずだ」という厳しい対象像をもっている人もあります。そして前者は誰にでも気軽に近づいていくし，後者は用心深くなかなか打ち解けないというように，それによって実際の対人関係のもち方も違ってくるでしょう。また，「こういう行為は人に嫌われる，こういう行為は喜ばれる」という思い方も人によって違っているので，「こうすれば相手が喜ぶはず」と思ってしたことが，かえって嫌がられた，といった食い違いが生じることもあるでしょう。

（2）　対象関係と対人関係

　このように，人は自分の中にもっている対象像との関わり（対象関係）を介在させて実際の人間関係を営んでいるということは，いわば自分の思い込みを含めて人と関わっているということです。ある人の言動の意味をどう取るか，善意によるものと取るか，悪意から出たものと取るか，といった状況や真意についての理解が，人によって異なるのはこのためです。そのためにたくさんの誤解や行き違いが生じることは，日頃経験されているでしょう。しかし健常といえる範囲の人はたいてい，自分の誤解や行き違いの原因（自分の思い込みであること）に気がついて，関わり方を修正していきます。また思い込みといってもそれほど極端なものではなく，ほぼ実際の人物や状況に一致しているものです。

　ところが一部には，ひどく極端な思い込みをする人や，それが誤解であることに気がつかなかったり修正できなかったりする人もあります。よく人間関係

でトラブルを起こしやすい人です。そうなる原因は，その人の内的表象が未熟だからで，まだ幼児の段階の表象をもち続けているからだと，精神分析では考えるのです。つまり内的表象を形成する機能も，ある月齢から発生し，次第に成長して成人の機能になるということです。次にその発達過程について述べましょう。

（3） 対象関係の発達

　内面の表象とはいつ頃から，どのようにして作られ，どのように発展するのでしょうか。ここでは多くの研究の結果からその概略を述べます。

　まず，乳児が表象なるものを形成して保持していられるようになるのは，つまりそれだけの記憶力や認識力をもてるようになるのは，およそ生後4，5か月頃と考えられます。ボウルビィのいう愛着の始まり，スピッツのいう人見知りの始まりの時期にほぼ相当します。その頃から親しい人物を見分けるということは，なんらかの人物の記憶が内面に蓄積されたともいえるでしょう。実際の身近な人との体験（身体的体験や情緒的体験）をしながら，その記憶を次第に蓄積していくわけです。

　けれどもこの時期，乳児はまだいろいろな体験や知識をまとめて，統合された表象を作り出すことはできません。言い換えれば，それぞれの体験から，ばらばらな表象が形成されるといえます。たとえば抱っこしてあやしてくれたり，おっぱいをくれたり，優しく話しかけ，微笑みかけてくれる母親との体験と，空腹で放っておかれたり，泣き叫んでも抱き上げてくれなかったりする母親との体験は別のものとして蓄積されます。自分自身についても，心地よく上機嫌で満ち足りている自分の感覚と，苦痛に襲われていたり，誰も来てくれずおびえていたり，我慢できずに怒り叫んでいたりする自分の感覚とは別べつに体験され蓄積されています。そしてそれぞれの異なる情緒体験によって記憶がまとまっていきます。まったく違う気分や感情をもって体験されたことは一つにまとまりにくく，共通する感情をともなった体験を繋げまとめた方が，幼い力でも記憶しやすく，内面に保持しやすいといってよいでしょう。そこでこのよう

な記憶から形成される表象は，「よい体験とよい感情と，それを与えてくれるよい対象とそれを体験するよい自分」の部分と，「悪い体験と悪い感情と，それを与える悪い対象とそれを体験する悪い自分」の部分というように，分かれてばらばらに形成されます。この状態にある表象を「部分表象」と呼び，ばらばらの対象像を「部分対象」と呼びます。

　部分対象の段階にある幼児には，外界は「よいところ」か「悪いところ」かのどちらかに見えます。人も「よい人」か「悪い人」かのどちらかに，まるで別人のように思えます。また自分も気分がよくて楽しいときは「よい自分」だと感じられるし，不機嫌だったりつらい思いをしている自分は「悪い自分」だと感じられます。自分も別人になったように感じられているようです。実際にはこうしたことは混ざり合い，どちらとも決められないことがほとんどなのですが，内面の部分対象を投げかけて外界や他者や自分を見ている場合には，よいか悪いかの極端に分かれてしか受け取れないのです。このような状態を，まだ表象が"分裂"している状態といいます。

　保育者が優しく接しているときにはとてもなついている子どもが，ほんのちょっと注意を与えただけで怒りだし，保育者に「おにばばあ！」と叫んだり，物を投げたり暴れたりするという出来事に出会った経験はないでしょうか。こういう子どもは，まだ内面に分裂した対象像をもっていて，それを保育者に投げかけているのだ，と見ると理解しやすくなるでしょう。そのせいで，優しい保育者はとてもよい人と思えているのに，自分に文句を言ったり，期待通りに動かない保育者はたちまち「悪い人」に変貌したと思え，失望し，怒り，またもっと恐ろしいことをされるのではないかと怖くなったりしているのです。このようなときに，子どもを鎮めようとして「やめなさい！」と強く言うと，かえって火に油を注ぐような結果になるものです。相手が「悪い人」であることがさらに証明されるからです。優しく話しかけたり静かに抱きかかえたりしながら，いつも仲良しの保育者であることを思い出させ，それでも時には叱ることもあること，叱るのはその子を嫌いになったのではないことを言って聞かせます。つまり，実際の人間には「よい」だけの人や「悪い」だけの人はいない

のだとわからせる働きかけをするのです。

　普通程度にうまく子どもを育てている養育者は，おのずからこのような働きかけをしているものです。それを通して子どもは次の発達段階へ進んでいきます。それは表象を統合する段階です。子どもの理解力や記憶力も成長してきますから，比較的長い時間中に起こっている人の動きや感情やその変化などを，連続的に理解することもできるようになっています。そこで，養育者が十分に自分に関心を向け，心地よい世話をして満足感を与えてくれるときもあるし，養育者自身のことにかまけていて，子どもへの関心を失っていたり，子どもの願いを理解しなかったりするときもあること，子どもが非常につらい状況におかれているのに，気がつかなかったり助ける力がなかったりすることもあること，子どもがしたいことを禁止し，したくないことを強制することもあること，それでも養育者は同一人物であるし，子どもを永久に見捨てたり忘れ去ったりすることはなく，また理解や関心を取り戻してくれるものなのだということや，子どもの願いを聞き入れない行為にも愛情や思いやりが含まれているのだということを，連続的に理解できるようになります。そのような理解が内面の表象をも作り替えるので，対象表象は分裂したものではなくなり，「さまざまな面をもった一人の人」という，統合された表象になります。こうなると内的表象は実在の人物とそれほど違った像ではなくなるので，それを投げかけて人に接しても，それほどずれることはなくなるのです。

　自己の表象についても同じ成長過程があります。子どもの理解力や記憶力が増すにつれて，自分自身が時によって異なった感情状態になること，とてもよい気分で楽しくてみんながよい人に思えるときや，不機嫌でなにもかもおもしろくないときや，腹が立って仕方がないときがあっても，どれも自分であって，気分や感情には変動があること，または「よいか悪いか」，「好きか嫌いか」，「うれしいか悲しいか」といった決め方のできない感情状態（これを両価的感情，アンビヴァレンスという）があること，などを連続的に理解するようになります。こうなると自己像は統合されて，「さまざまな感情や考えをもった一人の人」としての自分，つまり実際の自分に近い像となります。これが自己同一性（ア

イデンティティ）の始まりです。

　自己表象と対象表象が統合され，それぞれにまとまった人物像になっていくためには，子どもの内面で複雑な変遷が展開する必要があるのだということを理解したいものです。ことに感情状態の変化は重大です。分裂している状態では，感情は単純で一色であったものが，統合されてくると複雑で葛藤的な感情を体験することになります。それを受け入れるには子どもの中にしっかりした自己調整力ができてこなければなりません。また，そうした複雑な感情を理解し共有する大人が周囲にいることも必要です。子どもが複雑な思いでいるときに「どっちなの？　はっきりしなさい！」と言うのでなく，はっきりできない複雑な想いがあるものだとわかって待っていてあげる大人がいると，子どもは統合の状態を受け入れやすくなるのです。

　統合の状態に入るために子どもが受け入れなければならない重大な変化がもう一つあります。これも感情状態を複雑にする所以なのですが，それは相手にも自分にも限界があり，できることとできないことがあるという事実です。表象が分裂している間は，「よい人」は自分の要求をなにもかも受け入れ，すべてを満たしてくれる人と思えていました。なにしろ人間像に中間がないのですから，すべて申し分なく満足か，またはすべてどうしようもなく欠落しているかのどちらかになるわけで，したがって「よい」というのは完璧によいことなのです。しかし統合された像となると，欠点も不足も含んでいることになります。その事実を受け入れると，養育者との関係に重大な変化が起こるのです。子どもの体験に合わせていうと，「お母さんにも通じないことがあるなあ。お母さんも忙しいと僕のことを忘れてるんだなあ，でも忙しいんだから仕方がないなあ」という具合です。以前（分裂している頃）であれば，ここで母親像は「悪い人」に逆転し，子どもは怒り騒いだところですが，いまは母親が自分の好きなよい人でもあることがわかっているので，怒りに徹することもできず，怒りと失望と悲しみと諦められない気持ちが混ざり合ってしまうでしょう。このことを，「他者に対する万能的期待を捨てる」と言いあらわします。

　同じことが自己表象についてもいえます。相手に完璧を期待するということ

は，自分が相手を完璧に支配し，思い通りに動かして完璧な満足を得るということですが，統合の段階にいたると，それができないことに気がつくのです。相手がつねに期待通りには動かないのだと認めることは，自分が万能ではない（思い通りに人を動かせない）と認めることでもあります。これを「自分に対する万能的期待を捨てる」と言いあらわします。万能感を捨てることも成長過程で必要なことですが，捨て方もまたむずかしいので，これについては次節で述べます。

　複雑な感情を体験し自分の中に保持できると，子どもは外から見て「聞き分けがよくなった，話せばわかるようになった，大人になった」といわれるような状態になります。それまではどうしても思い通りにしようとして要求していた（駄々をこねていた）のが，無理な要求はしなくなる，という変化です。そのとき内面では，表象の分裂から統合へという変化が起こっているのです。健全に発達している子どもは，ほぼ4歳前後にこの状態に到達すると見られています。

　なお，表象の形成過程の理解の仕方や，発達過程がいつ頃展開するかという時期については，精神分析の学派によって違いがあります。簡単にいえば，かなり早く（早期から迅速に）発達すると考えるイギリスの対象関係学派と，比較的ゆっくりと発達すると考えるアメリカの自我心理学派があります。ここではおよそ自我心理学派（特にカーンバーグ Kernberg, O.）の説に準拠しています。

（4）　対象関係の障害または発達不全

　このように複雑な感情体験ができるということは，人間として成長したことなのですが，それは本人にとってかならずしも快いことではありません。むしろ，苦痛を受け入れているといってよいでしょう。それゆえに，この統合の段階にいたることに失敗して，いつまでも分裂したままでいる子どもや，分裂状態をもち越したまま大人になっている人もあります。（2）で述べたような対人関係のトラブルを起こしやすい人には，このタイプの人が多いのです。この発達課題をこなすには，どのような条件が必要なのでしょうか。また逆に，どの

ような好ましくない条件があると，この課題につまずいて発達が障害されるのでしょうか。

　まず，まだ分裂した状態にある時期でも，「悪い」表象より「よい」表象の方が上回っていること，つまり表象形成を促す体験の中で，よい体験の方が多いことが重要な条件です。たいていの，普通に育てられている子どもにとっては，養育者との関係ではよい体験の方を多く得ていて，嫌なことやつらいことは少ししか体験していないでしょう。しかし，生来体が弱くて，始終苦しい状態にあるのに養育者が気づかないとか，養育者の方が病いやつらい条件をもっていて子どもに関心を向けにくいというように，身体的，精神的，環境的に不十分で，子どもにとって「悪い」体験の方が勝ってしまう状況もあります。これが分裂を解消しにくくする第一の条件です。

　「よい」体験と「よい」表象の方が勝っていれば，子どもはおのずから統合へ向かうといわれています。つまり，養育者がだいたいにおいてよい人であり，だいたいにおいて子どもを満足させていれば，たまに不満や不愉快なことがあっても受け入れられるので，統合が自然に生じます。そして成長するにつれて，自己統制力も増してくるので，より大きな不満にも耐えられるようになります。しかし「よいもの」が非常に少ししかないと，それは子どもにとって希少価値なので，大切に取っておこうとするあまり，それを「悪いもの」から隔離して，別にしておこうとするのです。ここから分裂に頼る働きが強まり，持続することになります。わずかしかないよいものに，一点のシミもつかないように守ろうとするところから，悪いものを排除する，すると悪いものが別に溜まって大きな迫力になるので，それに侵されないようにますますよいものを隔離する壁を厚くする，というわけです。

　次に挙げられるのは，急激に万能感を奪われるような状況です。万能感は一定の年齢に達するまでは，子どもにとって必要なものです。「すべてが安心で頼りきっていられる」からこそ，子どもは基本的な成長過程を過ごすことができるのですが，まだ手放す準備ができていない状態で急激にそれが失われると（たとえば環境の激変，養育者の死，養育の放棄など），子どもはその状況に耐える

ために，空想の世界へ逃げ込みます。そして空想の中で万能感を守る，つまり自分の思いはすべて満たされるという空想をもち続け，いつまでも固執し，現実から逃避するので，結果的に統合の状態に達することができず，現実の社会や人と関わる能力が発達しなくなってしまいます。

　次に，子どもを年齢不相応に溺愛して，いつまでもその万能感を守り続けるような育て方も，発達を阻止する原因となります。子どもの要求はなんでもかなえる，人に迷惑なことをしても叱らない，我慢することを教えない，しつけをしない，どのような状況でもわが子の肩をもつ，といった育て方が長引きすぎると，「どんな要求でも満たされるのだ」という思い込み（万能感）をもったまま社会生活（子どもの場合学校生活）へ出ていくことになります。そこではじめて，急激に，その思い込みを否定されることになるので，その状況に耐えられず，やはり空想の世界に逃げ込むことになるのです。最近はこのタイプの問題をもつ子どもが多く，それが青年期に，いわゆる"閉じこもり青年"になっているように思われます。

　保育の場でも，自分の要求はかならず通そうとし，通らないと他の子や保育者を責めるという子がいます。こういう子本人は，わがままを言っているという自覚はなく，当然の要求をしているつもりなのです。なぜなら，自分の家でなら，同じ要求を両親が快くかなえてくれるからです。こういう子どもとの関わりは，保育者にとってむずかしいところではないでしょうか。他の子どもたち（お友達）とよい関係をもつことの楽しさを体験させ，その楽しさを保つためには我慢することも必要だと教えていくことが必要ですが，それだけでは改善できないことが多いでしょう。それと同時に，両親の家庭での関わり方を変えるための働きかけも必要です。

3 身体と心の結びつき

　乳幼児の心の成長を考えるとき，それが密接に身体の成長と結びついていることは，日々の保育の中で実感されていることでしょう。それは全身的なさまざまな能力が発達するにつれて，子どもの自己感覚が変化し，外界や人との関わり方が変化し，自己表現が豊かになってくるといった結びつきです。フロイト（Freud, S.）はそのことを，特定の側面から集中的に見ることで，発達過程を研究しました。その「精神・性的発達論」と呼ばれる観点と理論が示されたのは，これまで述べてきた研究が世に出るよりはるかに早い時代（1905年）なのですが，いまだに実際の子どもを理解し，また成長した大人の心理構造を理解するのに役に立つ観点だと思われるので，ここに紹介します。

　フロイトが注目したのは，乳幼児が成長するにつれて，特定の身体部位の感覚が敏感になる，するとそれにともなって周囲の大人の働きかけも変わるし，乳幼児の自己意識も変わるし，乳幼児の大人に対する見方や関わり方も変わってくるという，なかなか複雑な身体と心の絡み合いです。特定の身体部位とは，口唇，肛門，性器のことです。こういう部位の話は，とかく人に嫌悪感を抱かせるので，そのせいであまり評判のよくない，一般受けしない発達論なのです。しかししばらく我慢して，フロイトが何を言おうとしているのか，聞いていただきたいと思います。なお，ここに解説するのはフロイトの理論そのものというより，その後につけ加えられた理解を多分に取り入れたものです。

1　口　唇　期

　口唇期とは，生後2年間くらいの時期を指します。赤ちゃんは生まれた直後から，口でまわりを探り，口に触れるものに吸いつこうとします。外界との関わりの出発点は，目よりもまず"口"であるといえるでしょう。これは生得的に，生命維持のために作られた習性ですが，それゆえに口とその周辺の感覚，

とくに皮膚と口腔粘膜，舌，咽喉の感覚は非常に鋭敏にできています。これらすべてを含む意味での口唇の感覚を使って，乳児はおっぱいを探し，吸いつき，飲み込み，栄養補給することで生命を維持しているわけですから，生存のためになくてはならない感覚です。

ここから，赤ちゃんの"欲しいものを求める"欲求や感情は，口唇の感覚とむすびついて体験され，記憶されていきます。養育者や寝具の心地よい肌の感覚や暖かさ，満たされている満足感，おいしい味，そして安心できる好きな人との交流（抱かれる感覚，頬ずり，キス）などはすべて，口唇的快感として体験されます。一方，飢えや渇きの感覚は口唇的不快感として体験され，乳児はその不快感を解消するために，口に含むものを探し求めます。すでに述べたような乳幼児の基本的信頼感には，このように口唇的に満たされる関係と，その身体感覚がともなっているのだということを，フロイトは伝えようとしているのです。依存・愛情欲求が満たされるときには，"口唇的満足"という身体感覚を同時に体験しているのです。また身体の具合が悪かったり，乳が多すぎたりして授乳を受けつけられないときには，乳児は吐き出すこともあります。この「飲み込む」と「吐き出す」が，外界との口唇的交流の仕方です。

このような感覚は大人になっても持続しています。人はくつろいで楽しむときに，食べたり飲んだりしゃべったりという口の感触を求めるでしょう。「飢えている，渇いている」という言葉は実際の飲食にかぎらず，人が足りないものを求める気持ちを表現するために用いられるでしょう。そういうときに"口さびしい"と感じて，何かを食べることや酒を飲むことで代償満足するかもしれません。また，抱き合ったり頬ずりやキスをしたりするのが，愛情の表現として行われています。受け身的に世話されて満たされているときには，大人でも赤ちゃんになったような感じがするもので，これを"口唇受容的"と表現しています。また満腹した満足感や気持ちよく眠りに落ちていく感覚を，大人の場合でも"口唇的満足"と表現しています。一人でいるときでも，人と共にいるときでも，こうした口唇的な充足をしているのです。こう考えると，緊張する場面で食事をするときに，くつろぎたい願望とくつろげない緊張とが混ざり

合って特有の葛藤的な気分になる理由が理解できます。

　口唇期の後期（1年以後）に入ると歯が生えてきます。乳児は噛むことを覚え，噛みつきたい衝動をもつようになります。この衝動は固形物を噛んで食べることに使われるのですが，同時に噛む（または咬む）という攻撃の行為にも使われます。1,2歳の乳幼児の場合，積極的な攻撃をするとは考えにくいのですが，不満を与えられたことへの怒りとしてなら理解できるでしょう。お腹がすきすぎると，口元におっぱいを近づけても泣き叫んで飲まなかったり，いわゆる癇の強い子は乳が出ないと怒って噛みついたりします。この時期の乳幼児は物事を口唇感覚で体験していますから，欲求不満の状態，つまり先に述べたような口唇的満足（養育者に甘えることも含む）が乏しい状態は，"飢えさせられている""噛みつきたい""むさぼり食いたい"という感覚として体験されます。これを，"口唇的攻撃性"が強くなると言いあらわします。

　この感覚も大人になっても持続しています。言葉（口）によって怒りをあらわすことを「人に噛みつく，食らいついていく，食ってかかる」といったり，貪欲に奪うことを「むさぼる，骨までしゃぶる」，馬鹿にすることを「なめてかかる」「人を食った物言い」，嫌な思いを語るときに「吐き出す」というように，口唇による攻撃を比喩に使った言葉が多いのは，大人が口唇的攻撃の感覚をよく体験しているからです。

2　肛門期

　ほぼ2歳前後になると，肛門括約筋が発達し，その感覚が敏感になってきます。その2,3歳頃を肛門期と呼びます。幼児にとって，排泄器官が敏感になるということは，排泄の快感を強く感じるようになるということでもあります。そこで排泄することが一種の発散，解放の表現として使われるようになります。この意味で，思いきり発散する快感とは"肛門的快感"だということもできます。

　さらにこの時期の特徴は，排泄のしつけ（トイレット・トレーニング）が行われることと密接に関連しています。肛門括約筋が発達し，敏感になり，尿意・

便意が自覚できるようになり，ある程度自分で排泄を調節できるようになったこの時期に，養育者は排泄のしつけを始めます。それまでの，何一つ制限や禁止のない"赤ちゃん天国"から，決められたときに，決められた場所で，決められた仕方で排泄をしなければいけないという制限を課せられ，決められた仕方でない排泄を禁止されるようになるのですから，これは幼児にとって相当につらい状況の変化といえるでしょう。ここから，この時期に特有の葛藤が生じることになります。その葛藤はさまざまな形で表現されます。

たとえば，決められた仕方で排泄しないという反抗，大便を溜めておいて出さないという反抗，してはいけない所でするという反抗など，それまでの赤ちゃん期にはなかった反抗による自己主張が出てきます。あるいは，決められた通りに排泄をすることで，養育者を喜ばせようとか，褒められたいという願望を満たすことができます。このことを「プレゼントとしての大便」といいます。こうした反抗やプレゼントによって，幼児は養育者に叱られたり褒められたりするわけで，つまり大便や排泄をめぐるやりとりが，養育者とのコミュニケーションの手段になり，この葛藤を通して幼児は成長しているということができます。そればかりでなく，排泄のしつけはTPO（時と場所と状況）によって行動を制限するという社会性を身につける教育でもあり，この意味でもこの時期に必要な成長を促すことです。そうした自分で自分の始末をする，身を律するという行為に，肛門を制御するという身体感覚がともなっているのだと伝えようとしているのが，精神・性的発達の観点だといってもよいでしょう。

決められた通りに排泄ができて，養育者に褒められることは，幼児に誇りや自信を与えます。また排泄の失敗（お漏らし）をすると恥ずかしいと感じたり，叱られると罪悪感をもったり，悔しいと感じたりするでしょう。どれもこの時期に体験するべき感情なのですが，しつけが厳しすぎれば，強すぎる羞恥心や罪悪感を抱かせたり，逆に反抗心を強めたりすることになります。またゆるすぎれば，大切な社会性や自律性の第一歩が築けないことになります。保育者も，トイレでする習慣は大切だという態度をもちつつ，失敗もありうるとする，柔軟な関わり方をすることが大切です。

排泄のしつけをされることに対して，それが幼児には受け入れにくい，身につけにくいことであるだけに，幼児の内面ではさまざまな自己統制の工夫がなされます。その工夫は意識して（自覚的に）されることもありますが，多くは無意識のうちになされると考えられています。その例をいくつか挙げましょう。

　まず，しつけが始まる頃の幼児にとっては，したいときにすぐおむつの中に排泄してはいけないという決まりは，なじみにくいものです。そこで何回かパンツを汚して叱られているうちに，この決まりに無理に強引に合わせようとし，すると"乗りすぎ現象"が生じます。それは極端なきれい好きになるという行動であらわれます。自分は汚いのが嫌い，下着はいつも清潔にしておきたい，体もきれいにしておきたいと，積極的にそういう体勢になることによって，いわば勢いをつけてこの決まりに乗っていくのです。その方が決まりを身につけやすいし，養育者に褒められるというメリットもあります。排泄の汚ればかりでなく，衣類や身体についた染みや汚れすべてを過剰に気にする幼児がありますが，これも"乗りすぎ現象"といえるでしょう。きれい好きがさらに発展して，何でも整理整頓することや，片づけたりしまいこんだりするのが好きになる子もいます。あるいは，先に述べた大便を出さないでおく反抗から発して，他の物でも出さないでしまっておく，隠しておく，溜め込む，人にあげない（ケチ）という態度を強める子もあります。

　こういう態度は大人にも見られます。整理・整頓好き，きれい好きで出し惜しみ，といった性格を精神分析では肛門性格というくらいです。これは社会的にも受け入れられる，適応性の高い性格であって幼児の場合にもそれ自体は問題ではありません。しかし，汚れが気になって遊ぶことや食べることにも支障をきたすような場合には，少し自己コントロールを緩める工夫をしてあげなければなりません。

　逆に，しつけが身につかず，いつまでもおむつが取れなかったり，汚れやだらしなさに平気でいたりする幼児もあります。その理由として第１に，しつけを始めるまでの養育者との関係が考えられます。それまでに養育者とのよい関係が根づいていないと，しつけはうまくいかなくなりがちです。うまくいくの

は，養育者に対して幼児が同一化するという働きがあるからです。つまり，「うんちはおマルでして，パンツはきれいにしておこうね」という養育者に対して，幼児が「そうだな，そうしよう」と思うのが同一化（その人の言動を取り入れること）で，幼児自身がそう思わないかぎり，大人がいくら教えても教えは耳から心へ入っていかず，行動も変化しません。そしてその同一化は，幼児が信頼し敬愛する人にしか生じないのです。第2に考えられる理由もこれに関連しています。つまり，しつけが厳しすぎるのではないかということです。厳しすぎる教えは幼児をおびえさせるだけで，同一化を呼び起こさないのです。すると幼児は反発し，かえって汚すことで自己主張し，おびえを退けようとするでしょう。遺尿や遺糞がしつけへの反発の表現として生じることもあります。このような場合には，まず保育者とのよい交流を作ることから始めて，徐々に同一化を呼び起こしていかなければなりません。なかには，家族中が混乱していて，誰も幼児にしつけをしないとか，養育の主役（一般に母親）がなんらかの理由でしつけをしない，という場合も考えられます。実際にそういう場合もあるようで，4歳児がおむつをして入園してきたが，保育者が関わったらすぐに取れた，という話を聞くことがあります。

3　男根期

3歳近くなると，男子も女子も，性器の感覚が発達し，同時に性器や性的な事柄に関心をもつようになります。幼児手淫と呼ばれる自慰行為がほぼすべての幼児に見られる時期です。性器の感覚が強まるので思わずそこへ手をやる，あるいは偶然に性器が物に触る，すると快感があるので，繰り返し触るようになるといったきっかけで，一時期自慰が盛んになります。この時期を男根期と男子だけのように名づけていますが，実際には女子をも含んでいます。ただし，身体の形状のせいか，女子よりも男子の方が早くから性器の存在に気づき，性への関心も強いようです。

性的な事柄への関心や興味から，幼児は人間に男と女があることを知ったり，男女の性器が違うことに気づいたり，妊娠や出産に興味をもったりするように

なります。父母の性行為については,漠然と何かあるらしいと感づいて興味をもつけれども,本当の意味はわからないのが普通です。こういうことに興味をもった幼児たちは,それについて空想を膨らませたり,両親に尋ねたりします。しかしたいていの親は,こういう話題になるとそれとなく拒否する態度を取ったり,はっきりとその興味を禁止したりします。そこで幼児は性に関することはタブーなのだと感じ取ります。このタブー,つまり性に関することは大声で人前で話すべきではないという理解は,社会的態度を身につけるという意味で必要なことです。しかし,禁止が厳しすぎると,幼児は強すぎる罪悪感をもつようになり,成長してからも性に関心をもつことを自らに禁止したり,禁じられた欲望がかえって膨らんで,歪んだ性行動を引き起こしたりすることになります。このように性的興味は幼児期に禁じられがちなので,とくに思春期・青年期には,同性の友人や先輩との交流の中で,幼児期のタブーを壊して性を肯定しなおすことが大切な発達課題となります。

4　エディプス期

　これは時期としては男根期と重なっていますが,とくに幼児が性別に関心や理解をもつことにともなう両親との関係性に焦点を合わせて,時期の命名がなされたものです。この時期,幼児が性別について知るとともに,「お父さんは男でお母さんは女,自分は男だからお父さんと同じ,自分は女だからお母さんと同じ」というように,性差や性役割について自分を位置づけるようになります。また身体的特性としても,男子は男子らしく女子は女子らしい特性が目立ってきます。そしておのずから,男子は父親に同一化し,女子は母親に同一化する傾向が出てきます。

　ここから,これまでとは違った親との関係が育ってきます。男子は父親に憧れ,父親のように強く大きくなりたいと思うと同時に,父親に競争心を抱き,なんとかして打ち負かしたい,凌駕したいと思います。とくに,性別を知った男子は,彼にとって最初の異性である母親を父親から奪って自分のものにしたい,という願望を抱きます。この願望をエディプス願望といいます。これはフ

ロイトが有名なギリシャ神話・エディプス王の物語からとって名づけたものです。この物語でエディプス王は，自分の父親をそれと知らずに殺害し，自分の母親とそれと知らずに結婚するのですが，これと共通する心理（願望とそれをめぐる葛藤や罪悪感）を，幼児が抱くという見方から，こう命名されました。女子も母親に憧れるのですが，それは母親のように美しくなりたい，おしゃれをしたい，料理を作りたい，父親に好かれたいといった願望で，男子のように闘争的ではないのが普通です。周囲も楽しんで受け入れられるような表現になりがちなので，男子の場合ほど両親と葛藤関係にはならず，本人も自分の願望を受け入れやすいのです。しかし，もし母親が暴力的であったり，強い支配権をもっていたりすると，そのような母親と競うために闘争的になることもあるでしょう。あるいは，母親がもっていない能力（たとえば知的能力）によって父親に評価される娘は，より能力を高めることによって父親に愛され，母親を凌駕しようとするでしょう。このように母親と女子との関係も競争的でありうるし，それにともなって自分の願望への罪悪感を抱くことも事実です。

　このような異性の親への憧れと，同性の親に対する同一化と競争と罪悪感との混ざり合った心理をエディプス・コンプレックス（コンプレックス：複合，複雑に混ざり合っている塊という意味）と呼びます。このコンプレックスはどのようにして解消するのでしょうか。健康に育っている幼児は，この時期，同性の親に対しても愛着の情を十分にもっていますから，決定的な対決を望んでいるわけではありません。またとくに男子に対して父親がしっかりした態度を示していれば，敵対してもかなわない相手であることは当然気づくことです。また，両親が自分たちは大人としてのペアであり（子どもは子どもであり），2人に独特の親密な関係があることを示していれば，幼児はおのずからこの願望をあきらめて，それとともに異性への関心を家庭の外に，異性の友達や先生などに向けるようになっていきます。

　しかし，このコンプレックスをうまく解消できずにもち越してしまう幼児もあります。そうなるのには，幼児の環境や親子関係が多分に影響しているようです。たとえば，母親が父親と不仲で，息子を溺愛し，息子こそが自分の愛情

の相手だという態度をとる場合や，同様に父親が娘を溺愛し，母親よりも大切だという態度をとる場合などには，幼児の空想的な願望が実際に満たされるので，自分こそは愛の勝利者だという思い込みをもち続けることになります。またたとえば，この時期にひそかに敵対感情を抱いている相手である親が生別や死別でいなくなるといった出来事があると，幼児は自分の恐ろしい願いが実現したかのように思いこんで，過剰な罪悪感を抱き，それゆえの心の葛藤から抜け出せなくなることがあります。こうした理由でこの時期の思い込みや葛藤を解消できないことが，将来の異性関係への妨害になることもあります。

　同性の親への同一化について述べましたが，幼児には異性の親に同一化する側面もあります。それは男の子も母親に愛着しているし，女の子も父親に愛着しており，異性の親の態度，振舞いにも親しみや憧れを感じているからです。その結果，男の子も女性的な側面をもつし，女の子も男性的な側面をもつことになります。このこと自体はけして問題ではなく，ただ，両性的要素が一人の中でうまく調和しなかったり，反対の性の要素の方が大きくなりすぎたりすると，性同一性をめぐる葛藤が生じることになるのです。

　この発達課題と関わる過程で，幼児はさらに重要なことを学びます。それは，これまでよりも複雑な人間関係を学ぶことです。男女の性別を知り，両親の関わりに関心をもつようになると，両親それぞれに違う考え方や，違う役割行動などがあることや，幼児自身との関わり方が両親それぞれによって違うことや，自分と母親，自分と父親は異なった関係にあることなどがわかってきます。また両親には2人だけの大人どうしの関係があり，そこには自分は立ち入れないということもわかってきます。つまり，「人にはそれぞれの人間関係があり，自分が立ち入れるところも立ち入れないところもある，人にはそれぞれの役割行動がある，相手によっても時と場合によっても関わり方に違いがある」といったことを了解して人との関係をもつことで，これを三者関係の成立といいます。

　これは言い換えれば「自分の限界を知ってあきらめる」ことでもあります。第**2**節で述べた「万能感または万能的期待を捨てる」ことと共通しています。

つまり第2節で述べた「表象の統合ができていない状態」とは，三者関係ができていない状態ともいえるのです。時期的にも，どちらの理論も同じ4歳前後の時期を，この発達課題が仕上がる時期と考えています。

三者関係ができることによって，人ははじめて社会的関係に入り，社会人としての対人関係をもつことができるようになります。これに比べてエディプス期以前の人間関係は，二者関係と呼ばれます。つまり，両親について上記のような区別があいまいで，どちらに対しても養育する者とされる者という一本線で結ばれた関係です。自分を，養育され世話される者として位置づける関係です。もしこの二者関係をもったままで社会に出るとどうなるでしょうか。たとえば友達が他の友達と仲良くすることを許せず，自分とだけつきあい自分だけを見ていてほしいと要求するとか，同僚や上司を自分の保護者のように見立てて，格別の世話をしてほしいと望んだりするゆえに，対人関係のトラブルを起こしやすく，よい関係を作れなくなるでしょう。それぞれの人に立場や役割の違いがあり，違うつきあい方があることを受け入れてこそ，複雑な人間関係の中に身を置くことができるのですから。

5　潜　伏　期

4，5歳以後は思春期にいたるまで，新しく身体感覚が目覚めたり，欲動が高まったりすることはありません。この欲動が鎮まってる時期のことを潜伏期または潜在期と呼びます。ちょうど学童期（小学生時代）と一致します。欲動が鎮まっているということは，内面での葛藤が少なく，気持ちが落ち着いていて，新しいことを探求したり学習したりして身につけるのに適した状態です。健康な子どもはこの時期に，知的能力やスポーツや芸術的創作の能力を高めるなど，自分に適した活動をして自信を増したり，自分の方向を模索したりしていきます。その間に自己統制力も鍛えられて，自分を適切に表現したり抑制したりする手段を身につけていきます。

しかしこの時期にも内面の葛藤が続いていたり，幼児期からの未解決の課題をもち続けたりしている子どももあります。そうした子どもは，葛藤に巻き込

まれて不安定であったり，葛藤の解決にエネルギーを取られて外へ関心を向けられなかったりしています。そこで，この時期を安定して生産的に過ごせるか否かは，人間形成を大きく左右するといえるのです。

フロイト学派の発達論は，この後思春期から成人期へと続くのですが，本書の目的は保育に必要な乳幼児期の理解にあるので，この理論の紹介はここまでにしておきます。

4　分離・個体化の発達

マーガレット・マーラー（Mahler, M.）は，新生児の時期からたくさんの母子や父子を研究所に集め，その相互交流の仕方を観察しながら乳幼児の発達段階を理論づけていきました。その研究のまとめが一冊の著書（共同執筆）となって出版されたのが1975年ですから，前節のフロイトよりずいぶん新しい時代の研究です。その理論の中心にあるのが分離と個体化の発達という観点で，乳幼児が親から分離して自己を形成していく過程を理論づけたものです。分離・個体化というと，単に子どもが親から離れていくことのように思われがちですが，マーラーはその過程にどのような重要な発達課題があるかを，くわしく跡づけているのです。その研究では，心身の発達に関して多面的な観察がなされていますが，中心になっているのは，すでに述べている対象関係の発達過程です。マーラーが区分した発達段階の中でもっとも重要なのが「再接近期」と呼ばれる時期なので，以下の解説では他の時期は簡略にして，再接近期をくわしく解説することにします。

マーラーの発達段階は，大きく，正常な自閉期，正常な共生期，分離・個体化期に分かれ，分離・個体化期がさらに分化期，練習期，再接近期，個体化期に分かれています。

1　正常な自閉期と正常な共生期

　出生直後から5,6週間までの時期をマーラーは正常な自閉期と名づけています。それはこの時期の乳児がほとんど眠っていて、つまり自分という繭の中に閉じこもっていて、外の世界に向かっていないと理解されたからです。この時期、繭の中で保護され、安全を守られていれば、基本的な安定感が保たれ、満ち足りた心地よい自己愛の状態（フロイトの言う一次的自己愛）を保つことができます。

　2～5か月頃の時期をマーラーは正常な共生期と名づけています。この時期になると乳児は、母親や父親などの養育者がいて世話をしてくれていること、つまり外から満たされていることは知っています。しかし、まだ外と中、自分と他者という区別が十分についていない、とマーラーは説明しています。つまり、欲しいものが手に（口に）入るのは自分が望んだからなのか、誰かが入れてくれたからなのかという区別がなく、すべて自分が望んだからそうなったのだ、と思っているのです。これを「自他の区別がついていなくて、他者は自己の延長または一部だと思っている」「自分が望んだことは、ひとりでに実現する、という自己愛と万能感を保っている」と言いあらわすことができます。第❷節で述べた、自己愛と万能感が保たれることで成長する時期があるという考え方はマーラーも同様です。

　またこの時期に、快と不快の体験に基づいて、それぞれに分裂した記憶痕跡としての表象（第❷節参照）ができはじめると説明しています。マーラーはこの時期に乳児が母親（とくに顔）をじっと見つめることに注目しています。じっと見つめることで、相手をとり入れ、記憶を形成しているのです。この時期についてマーラーは、母親をはじめとする養育者が心地よく抱っこしたり、微笑みかけたり話しかけたりしながら、自分自身が心地よく楽しい気分でいられることが、乳児の内界を発達させ、内的なよい対象の力を強めていくので、そうした関わりは大切であるけれども、母親が母乳で育てることと乳児の内界の発達とはかならずしも関連しない、といって、母親を縛る母乳神話を否定しています。

以上に述べた正常な自閉期，共生期という理解については，その後の研究者からの批判があります。たとえば第 **5** 節に紹介するスターンは，この時期の乳児がすでに内面で自己感を発達させつつあるので，自閉状態とはいえないと批判しています。マーラー自身も「自閉期」という命名については後に修正をしています。ただし，共生期とされる時期は，多くの研究者が注目している発達の臨界期（生後2か月）と一致しています。

2　分化期────分離・個体化期の始まり

4，5か月頃から，乳児の微笑が無差別微笑（自発的微笑）から愛着の相手への特定の微笑（社会的微笑）になり始める（ボウルビィの指摘より約1か月遅い），この頃が分化期の始まりです。それだけ乳児の識別力が高まったのです。それは目覚めている時間が長くなり，目，耳，手など，すべての感覚器官が次第に発達して，外界についての理解や知識が増してきていることで，愛着ばかりでなく，さまざまな外界の出来事への理解が進んでいることを意味しています。たとえば，母親が部屋の中で行ったり来たりする姿を見ている時間が長いと，母親が近づいてくることと"よい体験"が，離れていくことと"悪い体験"が，繋がったものとして記憶され，表象に組み込まれます。すると，母親の行動を見て，これから起こることを推測したり，さらに人の行動や気持ち（情緒や感情）について理解したり推測したりすること，人によって行動や表現が違うことを見比べて理解すること，などができるようになります。この意味で「分化（区別）する時期」という言葉が使われています。この頃の人見知りも，人を見分けて区別しているということです。

3　練　習　期

8か月を過ぎると，乳児の身体の動きは急速に活発になってきます。お座り，つかまり立ち，はいはい，伝い歩き，と進んで，12か月を過ぎると立って歩ける子が多くなります。それにともなって，幼児（もはや乳児ではないので，この時期から幼児と呼びます）の行動半径は急速に広がり，それとともに幼児の興

味・関心の的も拡大してきます。

　それまでは養育者の懐の中，膝の上，身体の周辺，布団の中など，置かれた場所にいるだけだったのが，自分で行きたいところへ行き，また場所を変えたりできるのですから，幼児としてはおもしろくてたまらないでしょう。さまざまなものへ関心を向け，近づいて触ったりつかんだりなめたりかじったりして調べてみることに熱中します。何かの蓋を開けたり閉めたりすることに，長い時間熱中している幼児を見かけることもあります。こうした行動にともなって手先や全身の動きが器用になっていきます。このように，行動半径を広げ，身体感覚を発達させている時期を練習期と呼びます。「練習期の子どもは外界とのラブ・アフェア（恋愛）に陥っているようだ」とマーラーはいいます。それほど一人遊びに熱中しているのです。

　立ったり歩いたりするところから，全身の身体感覚が体験されて，自分の全身像を描けるようになることも，自己同一性を形成する上で大事なことです。この時期，立つ姿勢になることから，性器の存在に気づくようになることも指摘されています。

4　再接近期

　練習期の幼児は一人遊びに熱中し，養育者の存在は忘れているかのように見え，もうこのまま親から離れていくかのように思えるのですが，満18か月～2歳前後の頃から，再び養育者にまとわりついてくる時期が生じます（その程度には個人差がありますが）。これを再接近期と呼びます。すでに自分で歩いてどこへでも行けるようになり，言葉が発達して複雑な意志表示ができるようになり，また情緒体験も豊かになり，一人立ちしている自分を感じるところから，幼児自身が親から離れていきたい願望をもつと同時に，親との距離が広がっていく不安を感じるので，このようなまとわりつきが起こるのだと考えられています。

　この頃のまとわりつきには，独特のところがあります。一方では，もう一度赤ちゃんになったかのように甘えたり，抱っこを求めたりしながら，親がそれ

ではと抱こうとすると振り払って逃げ出す，親が「ではご勝手に」という態度を取るとまた甘えてくる，というように，くっついたり離れたりするのが特徴です。親が身のまわりの世話をしようとすると嫌がって，自分ですると主張し，またその直後に「やってー」ともってくることもあります。どうやら幼児には，赤ちゃんのようにかわいがってもらうことで愛情を確かめたい気持ちと，自由に自分の身体を動かして自分の世界を楽しみたいという気持ちがあって，その両方がぶつかり合って始末がつかない状況を，このような"駄々をこねる"行動で表現しているようです。抱っこされるのは一時心地よくても，この時期の幼児には退屈である上に自由を束縛されていると感じられます。とくに最近獲得したばかりの自律性（自分の意志で自分を管理し動かす力）は大切なもので，それを失うことを恐れています。自分を赤ちゃんのようにかわいがる親たちが，自分の自由や権利を奪うもののように感じられるので，拒否せずにはいられないのです。しかし一方で，そうした愛情を拒否すると，もはや愛情を向けてもらえなくなるのではないかと恐れてもいます。一人でやるには自分は無力で小さいとも感じています。そこでまた愛情を求め，援助や保護を確かめるために近づいてくるというわけです。

　このくっついたり離れたりの現象は，第**2**節で述べた幼児のアンビヴァレンス，複雑な感情を体験して始末がつかず，決められないという現象とよく似ていることに気づかれるでしょう。時期としても同じ頃であり，マーラーもその類似性について述べています。つまり，「愛されたいけれども縛られたくはない」，「自由にしたいけれども見離されたくはない」という葛藤は，それまでの「親に承認され愛されていればすべてよし」という時期よりも幼児の内面が複雑になっていることで，しかもまだ，その複雑さが身につくまでにはいたっていないということです。そうした時期のことを別の角度から描写しているのが再接近期の理論だと理解するとよいでしょう。

　このように理解すると，この頃の幼児が駄々っ子でわからず屋なのも無理もないと思われるでしょう。子どもなりに，なかなか大変な情緒問題を解決しようと苦闘しているのです。しかし，たいていの養育者はそのことを知りません。

養育者としては「なぜか，この頃聞き分けがなくなって，駄々をこねて始末が悪くなった，気分屋で言うことがころころ変わるのでつきあいにくい」と感じられます。そこで，この時期の幼児をうまく扱えない親が多いのです。こういう子どもの態度には腹が立って「じゃあ勝手にしなさい」と言いたくなります。両方向の主張をする幼児をうまく扱うというのはむずかしいことで，とかくどちらか一方を肯定し，一方を否定するということになりがちです。たいていは，赤ちゃんのように甘えてくる子はかわいがるけれども，自分でやりたがったり世話を拒否したり，逃げ出していったりする子には拒否的になって「勝手にしなさい」という態度をとることになります。逆に，甘えてくる子を「もう大きいんだから」と拒否して，何でも自分でやりたがる態度を称賛する親もあります。いずれも好ましくない扱いなのですが，こうなってしまうことが多いのです。そのためにこの時期の発達課題をうまく解決できず，この時期の葛藤をもち越して，のちにその問題が表面化してくることが多いと，マーラーは指摘しています。

　どのような問題が出てくるのでしょうか。赤ちゃんのように甘えることでのみ愛される子どもは，後に自立していくことが困難になります。自分を主張し自力でできる自分を示すと，親からの愛情を失うという思い込みが，内面に根づいているために，実際の成長をあからさまに示すことができなくなります。何も自分では決められず，解決できないままでいたり，年齢相応の興味関心（たとえば異性への関心）をもたないでいることによって愛されている安心感を保とうとするので，成長できなくなるのです。一方，甘えずに自力ですることのみを肯定される子どもは，人に頼ることができなくなり，すべてを自力で解決することで自信を保とうとする反面，自分は孤立無援だという思いから，緊張や疲労を高め，結果的には何事も長続きせず挫折しやすい状態に陥ります。とくに第2の分離・個体化期といわれる思春期以降に，こうした問題が明らかになることが多いものです。

　再接近期の子どもを，養育者はどのように育てればよいのでしょうか。赤ちゃんのような甘えと，世話されることを嫌がる態度とを両方とも受け入れなが

ら，自立の方向へと穏やかに押し出してあげることが望ましい，とされています．これは保育者にも当てはまることです．甘えてきたときには「ときどき赤ちゃんになりたくなることがあるのね」と，甘えを受け入れながらも，本当はもう大きくなっていることを示唆してあげる，拒否したときにはそれを肯定して，「そうか，自分でやってごらん」と言いながらも，できるかどうか見ていてあげる，見離してしまわない，できたら褒めてあげるけれども，できなくても非難したり急かしたりしない，そしてこうしたやりとりを遊びっぽく楽しくやる，というつきあい方がよいと思われます．こんなふうにつきあうのは，忙しい仕事の中ではむずかしいことですが，なるべくそうするという心構えがあるだけでも，幼児の安心感は保たれるでしょう．

対象関係としてみると（第**2**節参照），この時期にはまだ対象表象の統合は十分にはできていません．子どもが気分屋になるにはそのせいでもあるのです．つまり，甘えたいときには甘やかしてくれる親はとてもよい人に思えるけれども，懐から出ていきたいときに抱き締める親は，自分の自由を奪う悪い人のように思えるという逆転があります．また自分を自由にさせる親が信頼できるよい親と思えるときもあるけれども，自分を見捨て離れたがっている悪意のある親という疑いが起こるときもあります．万能感もまだ保たれているので，自分の願望や気分を親がただちに満たすことを期待しており，そうならないことにいらだっている，ということもあります．

5　個体化期・対象恒常性の始まり

再接近期の終り頃から個体化期にかけて次第に出てくる変化についてまず述べましょう．3歳前後になると，幼児は次第に落ち着いてきます．行動力が増すと同時に心の成長としてもより主体性が増してくるので，以前よりも親から離れた状態を当然のものとして身に着けられるようになります．

情緒体験が複雑になってきていることを示す特徴がいろいろ現われ始めます．たとえば，「泣くまいとしている」，つまり泣きたい気持ちとそれを抑える気持ちの葛藤が起こっている，それだけ複雑な内的過程が生じているわけです．あ

るいは他の子どもが泣いていると玩具をもっていってあげる，つまり他人の気持ちがわかる，同情することができる，共感の能力が始まっているわけです。

さらにこの頃には，両親は自分とは違う人間であり，別個の関心事をもっているということに気がつくようになります。つまり，親に対する万能的期待が崩れ，自分への万能感（すべて思い通りになるという思い込み）も崩れていきます。それは同時に，対象表象の統合が始まっていることも意味しています（このことの意味については第 **2** 節を参照してください）。対象表象が統合されるというこ

COLUMN 4　心を育てるキーワード
マーラーの分離―個体化理論

マーラー（Mahler, M. S.）は，母子の直接観察を通して，乳幼児が母親との共生的な関係から次第に分離し，個体化していく精神発達の過程を解明し，次のような分離―個体化理論を提示した。

生まれたばかりの乳児は，自分と母親との区別がつかない未分化な状態にある。生後 2 か月をすぎると，次第に内と外の識別ができるようになり，空腹などの自分の緊張を和らげてくれるものは外部からやってきて，苦痛な緊張は自分の内部に生じるというかすかな認識が芽ばえてくるが，しかしこの段階での乳児は母親と一体の状態にある。これらの段階をマーラーは正常な自閉期，正常な共生期とよび，分離―個体化の開始に欠くことのできないものとしている。

分離―個体化の過程は，乳児の内界において自他の区別が始まり，やがて情緒的に安定した母親イメージが内在化されるまでの生後 4 〜 5 か月から36か月までの期間で，以下の 4 つの段階に区分される。

1．分化期（生後 5 〜 9 か月）：乳児の母親への身体的な依存が減少し，これまでの完全に受け身的だった母親との二者一体の段階から試験的な数歩を踏み出す。母親の顔を見つめたり，母親の服や身につけているものに触れたりして，母親と母親でないもの，親しいものと親しくないものとを識別していく。こうした試みの後に母親以外の見知らぬ人を認知できるようになると，人みしりの反応が見られるようになる。

2．練習期（生後 9 〜14か月）：はいはいやつかまり立ち，直立歩行が可能となることで母親から身体的に離れることができ，周囲への関心も増す。母親の足元から離れて，まわりにあ

とは，一人の人にさまざまな側面があると理解し，それを受け入れるということです。そうなると，一人の人との関係が長続きするようになります。たとえば母親がたいていは優しいけれども時に不機嫌であったとしても，どちらも大事な母親であることがわかっているので，そのたびに「よい人」から「悪い人」へと逆転，豹変したと受け取って心の中で絶縁してしまうことはありません。「いまはむずかしい顔をしているけれど，また後で仲良くできる」と思えるので，心の中での関係性は持続しています。このことを対象恒常性といいま

るおもちゃ，毛布，哺乳びんなどに関心を示し，目で観察したり，手にとって感触を味わったり，においをかいだりと外界の探索活動に没頭し，母親の存在を完全に忘れてしまうほどに熱中する。しかし，まもなくすると母親のもとに戻ってスキンシップを求め，情緒的なエネルギーを補給してまた元気になって探索にのり出していくということを繰り返す。このような往復運動の際，情緒的にうまく応じてくれる基地としての母親の存在は，重要な役割を担っている。

　3．再接近期（生後14〜24か月）：よちよち歩きができるようになり，次第に母親からの分離の意識が芽ばえてくる。自分の体を自由に動かせる喜びとともに，母親と離れることの不安（分離不安）が高まり，母親の動きを絶えず追ったり，自分の新しい経験に母親が関心をもつことを求める。この時期の子どもは，母親の愛情を失うことへの恐れ，母親の承認と不承認に対する敏感な反応が生じ，きわめて傷つきやすくなる。母親から離れてしっかりしたがる反面，生活のすべてを母親にわかちあってもらいたいという矛盾した要求で母親をまごつかせる。しかし，この時期の母親の情緒的なうしろ立ては非常に重要であり，母親の応答が不適切であったり不在であった場合，先のような再接近期危機と呼ばれる不安定な状態に陥りやすくなる。

　4．個体化の確立と情緒的対象恒常性のはじまり（生後25〜36か月）：時間の概念や言語能力が発達し，母親以外の大人や子どもに対する関心も増し，遊びを通して関わることができるようになる。心の中に自分を支えてくれる母親のイメージが永続性をもって保持され，安心して母親から離れて集団での活動に参加していくことができるようになる。また，それに対応して，一貫性のある自己像も確立されていく。

　正常な自閉期，正常な共生期をめぐる批判はあるが，マーラーの分離—個体化理論は乳幼児の発達だけでなく，その後の思春期青年期の発達や，成人の精神病理の理解にも大きく貢献している。中でもブロス（Blos, P.）は，親離れの時期である思春期青年期の発達過程を第2の分離—個体化の過程としてとらえ，理論を展開している。

[間島　民]

す。

　関係性の形成過程では親は重要な存在ですが、その後の生活では親以外の多くの人との関わりが広がります。どのような関わりでも、対象恒常性を獲得しているか否かは、その人の対人関係のありようを規定する要因です。対象恒常性ができていない人、言い換えれば対象表象の統合ができていない人は、ささいなことでいさかいが起こるとすぐに人との縁を切ってしまうとか、好きな人と嫌いな人を極端に区別するとか、とかく対人関係が続かないことになりがちです。その一方で、関係が切れるということに敏感で、人と密着した関係を作ろうとしたり、少しでも距離ができるのを恐れたりするので、人との関係は不安定になりがちです。

　4, 5歳を過ぎた子どもが親に密着し、いつも傍を離れずぴったりくっついているのは、仲のよい、うまくいっている親子であるかのように見られがちですが、実は（親が、または子どもが、または双方が）分離不安が強く、安定した関係ができていないからこそ、不安だからこそ、片時も離れられないのです。先に述べたように再接近期の葛藤が上手に扱われて、幼児が自発性や自律性を発揮しても見捨てられず、養育者はいつも後から見ていてくれる、という確信をもつと、恒常的な対象表象が内面に根づくので、安心して適切な距離をとることができ、ぴったりくっついていなくても安心していられるようになります。再接近期でのちょうどよい距離とは、養育者に近いけれども離れていて、自分の機能をもっともよく発揮できる距離、と言いあらわすことができます。つまり養育者の姿が見える、または声が聞こえたり気配が感じられたりする距離の子ども部屋などで、玩具や道具を使って自由に遊べる状態が、いちばん安定して満足できる場所だといえるでしょう。3歳代の幼児でも、慣れた場所なら、一定の時間一人でいられるようになり、そしてこの後成長が進むにしたがって、距離は次第に大きくなり、養育者の存在が感じられない遠い距離でも安定していられるようになります。

　距離的に離れることばかりでなく、心理的にも養育者と一定の距離を取れることは成長にとって必要です。たとえば一定の年齢になると親を批判したり、

親の価値観に疑問を抱いたり，家族や親以外の人から学んだりできることによって，親の雛型ではない自分を成長させていくわけですが，それができるのも信頼感をともなった一定の距離があるからです。マーラーの観点を通してとくに知っていただきたいのは，保育者が手を焼く"わからず屋の2歳児"には，わからず屋にならざるをえない理由があること，2歳児も苦労しているのだということです。理由がわかれば，対応の仕方も工夫しやすくなるのではないでしょうか。

5 自我と自己の初期発達

　ここでは，とくに満1歳までの，もっとも初期の発達の中で，自我および自己，つまり自分という感覚の中心にあるものが，出生のごく初期からどのようにして発達するのかについて，これまでに取り上げてこなかったいくつかの理論を追加して紹介します。

1 ウィニコットの自我の発達

　ウィニコット（Winnicott, D. W.）は1950年代から60年代に活躍した人で，英国の対象関係論学派ともっとも近い立場にありながら，米国でフロイトを継承した学派（自我心理学派）の理論にも精通しているという，幅広い立場と見方をもった人です。小児科医から精神分析医になった人なので，彼の前にはつねに母親と子どものセットがあらわれ，そこでセットの2人を理解する観点からの理論づけがなされた，というところから，独特の関係性の理解が出てきました。ウィニコットには親たちや保育者のための講演を本にしたものが多く，翻訳もされているので，読まれた方もあるでしょう。ここではその考え方の中から，乳児初期の自我形成や自己形成に関わるところを紹介します。

　その前にここで，精神分析理論でいう自我について，簡単に説明しておきます。自我には大きく分けて2つの意味があります。その第1は，ほぼ自己と同

じ意味です。つまり自分という感覚（自己感覚），自分についての概念（自己概念）などを含みます。第2は，自分をコントロールする働き（機能）の意味です。この意味で使う場合，正確には自我機能といいます。この意味での自我は，自分の内面にある感情や欲動を整理して安定させたり，外の世界にうまく対処できるようにしたり，自分をひとつにまとめて統合したりして，いつも自分が心地よく安定していられるようにしようとする働きです。したがって自我とは自分の中心だということができます。ここでは，第1の意味の場合は「自己」とし，第2の意味の場合のみ「自我」とします。

（1） 自我の形成と成長

　ウィニコットは乳児の自我が，母親に抱き抱えられるなかで成長すると考えます。「抱っこ（holding）」というのが彼の大事な概念になっています。つまり母親が直接抱っこすることも乳児を安心させ成長に向かわせる働きをするし，また子ども部屋とか居間とか，乳児にとってよく慣れた安心な空間も，いわば外側から乳児を抱っこして育む役割をはたしている（環境が抱っこしている）のです。保育園での慣れた部屋も「抱っこする環境」であってほしいものです。生まれたばかりの乳児は母親に絶対的依存をしている，とウィニコットは言います。乳児は環境と母親に抱かれて絶対依存している状態で，泣きわめいたり，いらだったりするのですが，抱かれあやされることが，いわば乳児の欲求や感情を支える器の役割をはたす，つまり乳児の自我（コントロール機能）のかわりになる，するとそれによって乳児自身も自分の感情をかかえることができるようになる，つまり自我（コントロール機能）を成長させていくということです。たとえば赤ちゃんが泣きわめいているとき，養育者が抱きかかえて「ああ，よしよし，おねむなのねー」と言いながら揺すっていると，赤ちゃんはだんだん静かになり，落ち着いてきます。そのとき，赤ちゃんは身体的不快感（眠いのに眠れないときの）を一定の時間感じながら，耐えているうちに次第に納まってくるという体験をしているわけです。こういう体験が自我を育てるのです。安心できる腕の中に抱えられているからこそ，耐えて待つ体験ができるのでしょう。

これを「母親の自我が支えになって乳児の自我を育てる」と考えます。母性的な養育者がそばにいて世話をすることが，空腹を満たしたり，気分をよくしたり，楽しませたりと，欲求を満たす役に立つばかりでなく，自分をコントロールする自我の力を養い，成長を助ける役にも立つということに注目したのです。

（2）　よい対象の内在化

　このように自我を育てる一方で，内面によい対象像を育てること（第 **2** 節参照）も母性的養育者が関わっていることの重要な側面です。その一つは乳幼児が1人でいられるようになることです。絶対依存から始まる乳児の生活も，次第に一人遊びの段階に入っていきます。どのようにして，1人でいられるようになるのでしょうか。第 **2** 節でも述べたように，乳児は養育者に世話されながら，人と共にいる時間の中で成長し，人と共にいる感覚や人のイメージ（像）を自分の中に取り込んでいきます。その場合やはり大切なのは，愛着の相手である人との2人の世界です。とくにこの世界で，愛着の体験を通して，よい対象の表象がしっかり取り入れられることが大切です。そのためには，乳幼児が依存の相手に対して愛情（よい対象）と攻撃（悪い対象）との双方を体験しながら，両者が統合されていく体験が前提となります。この過程を経た後に，統合された（よい対象が優先する）像が安定すると，1人でいるときにも2人でいるときの気分を思い出し，維持していることが心の中の支えになって，一定の時間は1人でいられるという状態ができ，その時間が年齢とともに長くなっていくのです。

　さらに，乳幼児がどのようにして思いやりの心や罪悪感をもつようになるかについても，統合された対象像の内面化という見方から説明されます。対象像が統合される過程では，乳幼児が怒りや不満などをぶつけても，壊れたり立ち去ったりせずに受けとめる養育者の像が保たれることが必要です。これが保たれて，自分が怒りをぶつけても，愛情をもってしっかり受けとめ，引き受けてくれる養育者の姿を見ると，乳幼児は「怒りをぶつけて悪かった」と罪悪を感じることができるのです。もしこれが保たれないと（養育者が怒りにおびえたり，耐えられずに立ち去ったり，厳しく叱ったりすると），乳幼児は自分の怒り（攻撃衝

動）を過剰に恐れるので，その結果，自分が怒りをぶつけたという事実を無視したり回避したりせざるをえず，適切な罪悪感を感じることができなくなるのです。適切な罪悪感とは，思いやりと隣り合わせの気持ちです。たとえば，自分の不満をぶつけて養育者を叩こうとしたときに，叩かれる相手の痛さを思いやって叩くのををやめるのは，叩いたあとで罪悪感を抱くのと連続した，同水準の情緒発達にあるといえます。

（3） 移行対象と中間領域

　いつ頃からか（早ければ生後2か月，遅ければ12か月頃），乳幼児が特定のものに非常に執着して，手放さなくなることがよくあります。一日中持っていることもありますが，とくに眠くなったときや不安なときやゆううつなときに，大急ぎでそれを手に取り，しゃぶったり，顔を埋めたりしています。そのように扱われるものとは，ぬいぐるみ，タオル，ハンカチ，毛布や布団の縁といった，だいたいにおいて柔らかく，肌ざわりのよいものですが，稀には硬いものが選ばれることもあります。乳幼児はその物をつかんで口に入れ，それといっしょに自分の親指をくわえたり，時には親指だけをくわえる場合もあります。

　このように特別に扱われる物を，ウィニコットは移行対象（transitional object）と名づけました。移行とは何と何の移行なのかというと，外的現実の世界と内的（心的）な空想や幻想の世界との移行です。母親という現実の存在は，つねに傍にいるとは限らないし，つねに乳幼児の期待にそって行動してくれるとは限りません。乳幼児は次第にそういう現実を受け入れて（万能感を捨てて）いかなければならないのですが（第 **2** 節参照），それは非常につらいことです。その受け入れる過程を助けてくれるのが移行対象なのです。それは現実の母親ではないけれども，空想や幻覚でもなく，現実世界と空想世界との中間の領域にあって，なれ親しんだ特別な物で，独特な肌ざわりや匂いをもって実在しています。まだ内的な対象表象がしっかりと根づいていない乳幼児にとっては，そのような現実でも空想でもない物の存在は，現実と空想の橋渡しとなり，両者を繋げてくれるものとして重要な役割をはたしているのです。移行対

象には，母親にまつわる幻想がこめられているからこそ大切だし，母親のかわりになるのです。これについてウィニコットは図1-1のような図によって説明しています。

移行対象には，次のような条件が備わっている必要があります——それはもち主である乳幼児が変えようとしない限り，けして変化してはならない（洗ったり繕ったりしてはならない）——乳幼児がそれをきつく抱き締めたり，放り投げたり，叩きつけたりしても，そ

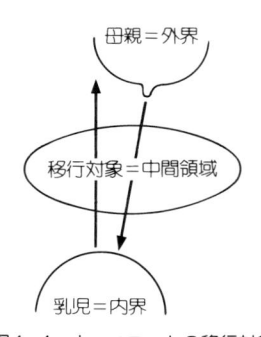

図1-1 ウィニコットの移行対象と移行現象
（ウィニコット，1979, p.16 より一部改変）

れは存在し続け，つまり愛情にも攻撃性にも耐えて生き残らなければならない。それはあたかも生きているように感じられ，乳幼児に暖かさや感動を与えるものでなければならない。このような存在に助けられて，乳幼児は次第に内面の対象表象を統合された形で根づかせ，1人でいられる力を身につけていきます。

その結果，移行対象の役割がなくなると，それはひとりでに忘れ去られていきます。しかし，現実でも内面でもない中間領域は，子どもの生活にも，成人の生活の中でも生きています。まず子どもにとっては生活でもある遊びは，この現実でもないし心の中の空想でもないという領域で行われている活動で，それを通して子どもは生活のスキルを身につけたり，対人関係の練習をしたりしています。また大人の遊びも，この領域で行われているといえるでしょう。さらに大人の芸術的な作品創造や鑑賞，宗教に関連することがらも，この領域で扱われているとウィニコットは指摘しています。赤ちゃんがぬいぐるみやタオルをくわえている姿は昔から見かけられたものですが，そこからこのような心の領域にまで理解をすすめたのは，ウィニコットの慧眼といえるでしょう。

2　スターンの自己感の発達と間主観性

スターン（Stern, D.）はこれまで取り上げてきたなかでもっとも新しい時代

の，まさに現在活躍中の研究者で，ここに紹介するのも1985年に出版された著書によるものです。時代が新しいだけに，現代の観察研究の方法を取り入れ，また他の研究者の新しい方法による研究の結果も取り入れて，それまでの理解を覆すような見解をたくさん表明しています。現代の方法とは，たとえば超音波電子スキャンによって，胎児および新生児の中枢神経をはじめ，ほぼすべての領域での生理的発達の過程を捉えることができるようになっているので，従来は考えられなかったような精緻な観察が可能になっています。そこで最近の研究者はそうした観察所見を取り入れて心の発達に関する理解や推論を展開しているのです。ここではスターンの膨大な研究のうち，満2歳までの発達に関する部分のみを紹介します。つまりここで紹介したいのは，これまで述べてきたような，自我やエス（欲動）や対象関係ではなく，自己感（the sense of self）の発達を中心におくという観点です。スターンのいう自己感とは，自分が自分であるという感覚，何かを感じたり，考えたり，行動したり，計画したり，意志決定したり，人に伝えたりしているのが自分であるという感覚のことです。「そういう感覚のことなら，それは自分にもある」と，誰でも納得するでしょう。それはたとえ科学的に証明できなくても，主観的体験としては確実にあるもの，疑う余地もなく実在する現象です。この自己感が乳児にはきわめて早期から存在し，次々に発達していく，それが成人の自己感にまで続いている，というのがその発達論です。

（1） 新生自己感

　スターンの観察では，生後2か月目の終わり，第8週頃から，乳児には質的な変化が起こってくると見ています（2か月目の終わりに質的変化があるという観察は，他の観察研究者も述べているところです。たとえば非常に綿密な長期にわたる観察を行ったサンダー〔Sander, L. W.〕は，最初の質的な変化が第8週頃に起こると指摘し，また生理学者で新生児の研究を行っているプレヒトゥル〔Prechtl, H. F. R.〕も，第8週頃に中枢神経系の構造も新生児の行動レパートリーも大きく変化し，非連続の飛躍的な発達があると指摘しています。ボウルビィの愛着の始まりも，マーラーの共生期の

始まりも，この同じ時期とされています）。それまでは満腹になるとただちに眠りに入っていた乳児が，この頃から授乳後も目覚めていて，ぼんやりとしている時間があるようになり，その時間の間に外の世界についての知識を増やし，それにともなって内面でも新しいことが始まっているようです。この時期から乳児は，周囲の人と直接的な目と目の触れ合いを始め，微笑の回数も増して社会的微笑が始まり，発声も多くなり，身体の動かし方にもパターンができてきます。脳波も変化し，睡眠と覚醒のサイクルが安定します。養育者たちもこの頃「赤ちゃんが急に変わった」と感じるようです。

　スターンは生後すぐから乳児の中で次第に成長している初期の自己感が，生後2か月頃に形を整えてくるという見方でこの変化を意味づけ，これを「新生自己感」と名づけています。新生自己感は最初の2か月の間に徐々にできてくる，つまりマーラーが自閉期と呼んだ時期にも，乳児は自分の体内で動く感覚や情動を体験しており，それが自己の感覚という形をとってくる過程をも体験しているということです。そうはいってもこの時期の自己感とはきわめて漠然としたもので，「自己」よりも「感」の方に力点があるといったらよいでしょうか，自分の中でなにか組織的，連続的な動きがあると感じ始めている，その感覚のことです。それでも周囲から見ると，一人の人間としてのまとまりができてきた，と見えるような変化が起こり，乳児の中でなんらか行動や情動や認識を組織化する働きが起こっていることがわかります。

　もう一つ重要なのは，自己感とともに"関わり合い"の感覚（対人関係や社会性）が成長することです。目を合わせること，微笑，発声が増えるというのは，乳児が他者との関わりに目覚め，関心をもち始めることを意味しています。自己感が成長することと，他者との関わりが成長することとは，つねに車の両輪のように同時に進行していると考えるべきでしょう。

（2）　中核自己感

　2か月から先，7か月頃までの間に乳児の中で次第に形成されていく自己感を，スターンは「中核自己感」と名づけています。その名の通り，かなり自己

感がはっきりしてくる時期です。中核自己感に欠かせない条件として，スターンは次の4つを挙げています。①自己―発動性：自分の行為は自分の意志でコントロールして行っているのだという感覚があり（自分の腕は自分が動かそうとすると動く），またその結果を予測していること（目を閉じると暗くなる）。②自己―一貫性：動いているときでも静止しているときでも，自分が身体全体としてまとまっていて，まとまった行為をしている（ばらばらではない）という感覚。③自己―情動性：自分の感情にはパターン的な内的特質があって，それは他の感情体験とも調和しているという感覚。④自己―歴史：昨日の自分と今日の自分というように，自分に連続性があるという感覚をもち，自分が同じ自分のままで存在し続けられるし，変化することもできると感じていること。出来事の流れには規則性があることに気づいていること。

　このような，4種類の体験がひとまとまりになったものが中核自己感で，つまり出来事に関する体験的な感覚なのです。7か月を過ぎる頃から，これがしっかり根づいていきます。すると2か月以前の乳児のように生理的欲求（空腹や睡眠）ばかりに支配されることなく，外の世界や人への関心に結びついた社会的，社交的な行動が多くなります。そうなると周囲の大人も乳児をあやしたり遊ばせたりしようとして，独特の大げさな表情や"赤ちゃん言葉"のような印象の強い関わり方をパターン的に繰り返すので，それによって乳児は「他者とはこういうものだ」「これは母親の声色だ」「こういうトーンであやすのは父親だ」というように，他者を規定する不変要素を拾いだすことができます。このようにして，中核自己ばかりでなく中核他者（これが他者だという一貫した，パターン的なもの）もできてくるとされています。ただしここではまだ，自己と他者との内的な交流はできていません。それができるのは次の段階で，主観的自己感が発生してからと考えられています。

　ここからスターンは次のような論理を展開して，従来の発達論を批判します。つまり従来の理論では，まずはじめに母子が密着した，お互いの区別がつかないような，交ざり合い融合した状態があって，次に子どもは自分と他者の違いを認識していく，となっています。ボウルビィの愛着，マーラーの共生，ウィ

ニコットの"抱っこ"などはみなその考え方です。しかしスターンは，まずはじめに自己と他者を区別する自己感が成長し，その後に自己と他者との交流や融合が起こるというのです。そして従来の理論ではまだ両者が融合していて自己ができていないとみなすこの時期（7か月前後）に，自分を一貫性のある存在として感じる中核自己感が成立していると見るのです。このあたりは，どちらが事実に即しているのか，まだ研究者間でも検討中の課題といえるでしょう。

（3） 主観的自己感

この自己感は7～9か月頃からでき始め，14か月頃にはっきりしてくるとされています。つまりこの頃になると乳児は，自分にも他者にも"心"があることに気がつき始めます。たとえば，新しい玩具，派手な色がついていたり，ガチャガチャとにぎやかに動いたりする玩具を見て，乳児がびっくりしているときに，母親が「あれ！　何だろう！　すごいねー」と言ったとすると，乳児は自分が思っていることと同じことを母親も思っているのだとわかります。あるいは，大事な玩具が壊れて悲しい思いをしているときに母親が「あーあ」と言って悲しそうな顔をすると，母親が自分と同じ気持ちになっているのだとわかります（このように乳児の感情を母親が受け取って返し，それを乳児が理解するという相互交流を，スターンは情動調律と呼んで，母子関係の研究の指標としました）。そのようにして，他者と自分が同じように感じたり，思ったり，考えたりするのだと理解すること，つまり主観的な体験は共有できるのだと理解し，その共有の体験をすることを間主観性（intersubjectivity）と呼びます。そして，この間主観性の体験ができる自己を，スターンは主観的自己と呼んでいます。

間主観性つまり主観的な体験の共有が始まると，乳児の対人的な関心は変化し，目に見える行動ばかりでなく，その背後にある内的主観的状態，つまり相手の意図とか思い方（主観）といった，目に見えないものにも関心を向けるようになります。中核自己と中核他者との関係では，目に見える行動だけが理解され受け取られていましたが，いまやそこが変わってきたわけです。それはどういうことから理解できるのでしょうか。たとえば，母親が何か見せたいもの

を指さして示すと，9か月の乳児はその指を見るのではなく，指さされた方向を見ます。これは指さす人の意図を理解して共有している行動ということができます。あるいは，乳児が欲しいものの方へ這っていこうとするときに，その途中に危険かもしれないものがあると，戸惑った乳児は母親の方を見ます。そして母親の表情や態度が安心感を与えるもの（母親が微笑んで，うなずくとか）であると，さらに欲しいものの方へ進んで行きますが，母親が心配そうな表情をしていると，進むのをやめたり，戻ってきたりします。乳児は母親が自分の感じていることを理解し，このような不確かな状況で信号を送ってくれると知っているし，母親の表情からその内面にある情動を読み取って信号として使うことができるのです。この他にもさまざまな実験や日常の観察によって，この時期の乳児に間主観性が育っていることが確かめられています。いわゆる共感とか同情というのは，間主観性の日常的なあらわれですが，その萌芽がこの時期から芽生え始めるということです。

（4） 言語自己感

　生後2年目に入ると言葉による交流が次第に増して，重要な交流手段になってきます。言葉を学び，話すことや会話することを学ぶ過程そのものが，養育者と乳幼児との新しい交流といえるでしょう。しかもこれは，すでに成立している間主観性を土台にしてこそ可能になる交流です。またこの時期には，言葉を使うのと共通する能力である，象徴的な表現や行為（たとえば"ごっこ遊び"で仮想の現実を演じること）や，自分を客観的な観察の対象にすることができるようになります。このような理解をしている，言葉を扱っている自分という感覚をもった自己感を言語自己感と呼びます。この自己感はおよそ15か月から18か月頃にできてくるとされています。

　言語という交流手段によって外界や他者との関わりは非常に広がると同時にその質にも変化が起こります。言葉を理解することによって，知識は大幅に拡大されるので，多くの体験を伝え合い，共有することができるし，また個人による体験や理解の違いを知るようになります。現実にはないこと（空想，抽象）

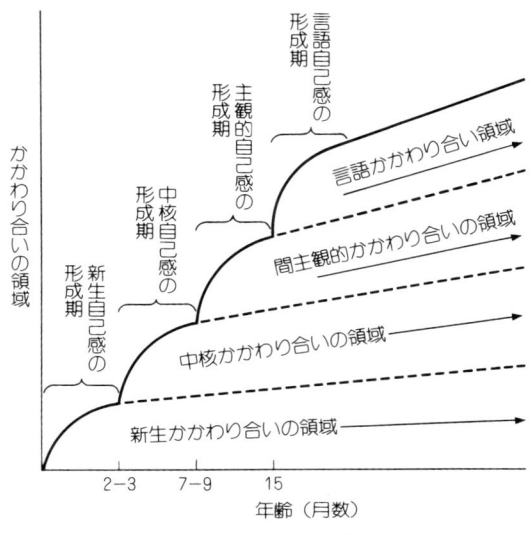

第 1 章　心の発達に関する基礎知識

図1-2　スターンの自己感の発達
（スターン，1989，p.39）

や，現在ではないこと（あとで，明日，昨日）などの理解も言葉によって大いに進みます。そのようにして，思想とか理論とか物語といった，言葉で成り立っている世界へと近づく第一歩が始まるのです。

　しかしスターンは言葉による理解や交流を，かならずしも体験の共有に役立つばかりとは考えず，共有を制限してしまうものでもあると考えています。なぜなら，乳児は言葉を使う以前にすでに新生自己感，中核自己感，主観的自己感によって体験し交流する自己をもっています。言語はそうした体験すべてを表現できるものではありません。そこで，言語で交流するゆえに関わり合いが制限されてしまうこともあります。スターンが挙げている例を紹介しましょう。子どもが壁に映る日射しの斑点を見て，そこから暖かさ，形，明るさ，喜びなどを，さまざまな感覚器官を通して総合的に感じ取っているときに，母親が「まあきれいな金色の日射し！」と言ったとすると，それによって共有される日射し体験は，視覚体験一つに固定され，総合的な体験はばらばらに不連続になってしまいます。そのように言語には，多様な感覚を抑えて単純化し，それ

を公式にして伝えるという性質があります。交流もそれによって公式的なものになり，かえって体験の独自性を伝えにくくしてしまいます。コミュニケーションになくてはならない言葉ですが，それがコミュニケーションを制限するものでもあるというのは，おそらく日常的にも体験されていることでしょう。

それぞれの自己感は，成長とともに積み重なって，その人の体験と交流の基盤となっており，どれかが消えたり弱くなったりすることはありません。このことを図示すると図 1-2 のようになります。

6　保育実践への生かし方

これまで，乳幼児の成長・発達について，かなり多様な見方や理論を挙げてきました。しかしこれではまだすべてではなく，特に"心を育てる保育"の基礎となる，いくつかの実例にすぎません。また，取り上げたのは主として対人関係の基本，自我や自己という自分の核となるもの，愛情や情緒といった角度からの発達でしたが，実際の乳幼児はそればかりでなく，同時に物事の理解力，判断力，知識，言葉，運動機能なども発達させています。それらが総合的に働いて，対人関係や自己の核の形成にも関与しているのです。その複雑な相互関係について取り上げるとすれば，もっと膨大な理論となることでしょう。

それでも，ここに挙げた見方を読まれた方は，ずいぶん種類が多くて理解しきれないとか，相互にどういう関係があるのかわからない，と感じられたのではないでしょうか。

そこで，取り上げた諸説を一覧表にしたものを表 1-1 に示します。

どの説も，一人の乳児が次第に成長していくさまを観察しながら描写したものです。違いがあるのは，観察する角度や視点が違うためで，どれかが間違っているわけではありません。つまり，一人ひとりの研究者では捉えきれないほど，一人の乳児は複雑な多面体だということです。こうして一覧表を縦横に読んでみると，3，4 歳までの乳幼児がどれほど複雑な成長をしているかが改め

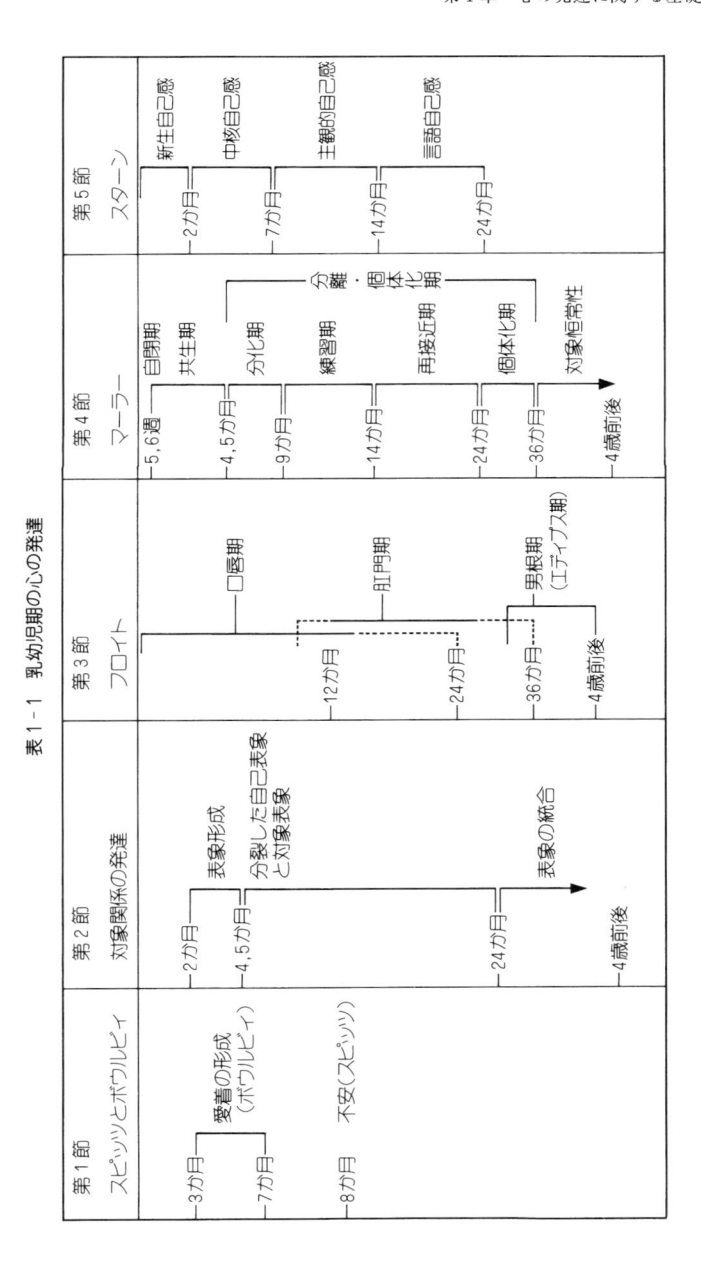

第1章 心の発達に関する基礎知識

表1-1 乳幼児期の心の発達

	第1節 スピッツとボウルビィ	第2節 対象関係の発達	第3節 フロイト	第4節 マーラー	第5節 スターン
	-3か月 愛着の形成（ボウルビィ） -7か月 -8か月 不安（スピッツ）	-2か月 表象形成 -4,5か月 分裂した自己表象と対象表象 -24か月 表象の統合 -4歳前後	-12か月 口唇期 -24か月 肛門期 -36か月 男根期（エディプス期） -4歳前後	-5,6週 自閉期 -4,5か月 共生期 -9か月 分化期 -14か月 練習期 -24か月 再接近期 分離・個体化期 -36か月 個体化期 -4歳前後 対象恒常性	-2か月 新生自己感 -7か月 中核自己感 -14か月 主観的自己感 -24か月 言語自己感

55

てわかります。

　話をなるべくわかりやすくするために，私は研究者相互の共通性や関連性についてはあまり述べてきませんでした。しかし，たとえばマーラーは再接近期の説明の中で，「この時期の子どもが扱いにくいのは，ちょうど肛門期（フロイト）にも重なっていて，肛門期特有の頑固さがあるし，トイレット・トレーニングへの拒否もあるからだ」と述べています。このように，表の横軸に並ぶ事柄は，同時に起こっているとみなすことができます。また，学派も時代も違うけれども，ウィニコットのいう「思いやり」とスターンのいう「間主観性」とは共通していると見なすことができます。このように，違う文脈から出てくる理解でも内容的には共通していることが多分にあるのです。どの言葉や理解を使うかは使う人に任されており，どれでなければならないということはありません。読者は自由に，自分にぴったりくる考え方を選んで使ってください。

　諸説を通して共通にいえることは，何といっても母性的養育の大切さということです。それが情緒の豊かな，思いやりのある，人を信頼できる人間を育てるという面ばかりでなく，身体的運動機能や言語機能や自己統制機能などをも育てるということです。そのことを具体的に示すことを目指して，いろいろな研究成果を紹介してきました。"母性的"とは，簡単には定義できない漠然とした言葉ですが，およそどういうものなのかを，本章を通して理解していただければと望んでいます。それは一貫した，育てようとする姿勢です。真剣に育てようとすれば，優しさも厳しさもおのずから生まれてくるはずです。そのような養育者こそが必要なのであり，それがいま，保育の専門家に求められているのです。

引用・参考文献

馬場禮子　2000　境界人格障害の力動的理解と治療　臨床心理学大系第19巻　金子書房

Bowlby, J. 1969 *Attachment and loss.* New York：Basic Books.　[黒田実郎他（訳）1991　母子関係の理論：Ⅰ愛着行動，Ⅱ対象喪失，Ⅲ分離不安　岩崎学術出版]

Call, J. D., Galenson, E., & Tyson, R. L.（eds.）1983 *Frontiers of infant*

psychiatry. New York : Basic Books. ［小此木啓吾（監訳） 1988 乳幼児精神医学 岩崎学術出版］
Kernberg, O. 1976 *Object relations theory and clinical psychoanalysis.* New York : Jason Aronson Inc. ［前田重治（監訳） 1983 対象関係論とその臨床 岩崎学術出版］
Mahler, M., Pine, F., & Bergman, A. 1975 *The psychological birth of the human infant.* London : Nutchinson & Co. ［高橋雅士他（訳） 2001 乳幼児の心理的誕生：母子共生と個体化 黎明書房］
小此木啓吾（他編） 1998 精神医学ハンドブック 創元社
Pine, F. 1985 *Developmental theory and clinical process.* New York : Yale University Press. ［斎藤久美子・水田一郎（監訳） 1993 臨床過程と発達 岩崎学術出版］
Stern, D. N. 1985 *The interpersonal world of the infant.* New York : Basic Books. ［小此木啓吾・丸田俊彦（監訳） 1989 乳児の対人世界 岩崎学術出版］
Stern, D. N. 1995 *The motherhood constellation : A unified view of parent-infant psychotherapy.* New York : Basic Books. ［馬場禮子・青木紀久代（訳） 2000 親―乳幼児心理療法：母性のコンステレーション 岩崎学術出版］
Winnicott, D. W. 1971 *Playing and reality.* London : Tavistock Publications. ［橋本雅雄（訳） 1979 遊ぶことと現実 岩崎学術出版］

第2章
子どもの心と親子関係

……この章では……

子どもの心の臨床的問題について考えていきましょう。心の健康さとは、他者との関わりの中で、どのようにしていきいきと自分の情緒を適切に活用し、適応的な関係を作り上げることができるかということでもあります。乳幼児は、成人と違って、他者との交流の方略そのものが発達の過程にあるため、それが達成されるまでは、達成の度合いを段階なり水準として、発達の進度を評価することもあるでしょう。ですので、はじめに前提となる他者とのやりとりの能力の発達の概略と基礎となる親子関係について整理し、続いてその関係の滞りが起こった場合に生じる臨床上の問題、具体的な親子関係の把握の仕方などについて述べていきます。

1 母子相互作用はどのようにして確立されるか

　乳児期の親子関係というとき、ほとんどの場合母子関係のことを示しています。保育、医学、教育、心理学などなど、あらゆる分野で母親の与える子どもの発達への影響が、もっとも大きいと考えられてきました。この認識は、現実の子育てをよく反映しているともいえますが、母親だけが一方的に子どもの心

の発達を支配しているかのような誤解を招く恐れもあります。「関係」とは，お互いの間に存在する「やりとり」なのです。

　親子関係というものを，もっと具体的な行動上のやりとりでとらえていくために，母子相互作用ということばがあり，多くの発達心理学的研究がなされました。母子相互作用とは，自分の行動を相手に合わせて変えたり，逆に相手が調整してきたりというように，お母さんと赤ちゃんとがお互いに影響し合って展開するやりとりのことをいいます。

　母子相互作用は，すでに胎児のときから行われているという報告もあり，赤ちゃんは，相互作用の担い手となるための基本的能力を備えて生まれてくることがわかってきました。たとえば，生後1週間足らずの新生児でも，ヒトの声のする方向に頭を動かしたり，母乳の臭いをすでに覚えてしまっていたりします。発達段階に応じて獲得されるさまざまな能力をフルに使って，赤ちゃんからも主体的かつ積極的な働きかけをしているのです。

　一方お母さんの行動は，赤ちゃんの行動から絶えず意味や気持ちを読みとり，応答している結果であり，母子相互作用は，つねに文化的・社会的文脈の中で発展していきます。これがいわば，目には見えない「心の」母子相互作用であり，母子の基本的な信頼関係を育てていくのです。こうして，現実の母子相互作用の経験の蓄積が，第1章で述べられた臨床心理学における精神分析的な心の発達理論につながっていきます。

　母子相互作用では，子どもを互いの関係を作り出す主体的な存在としてとらえていますが，このような認識は，心理学の歴史の中でも比較的新しいものなのです。ここでは，生後2年目までの主な発達上の転換ごとに，相互作用の特徴を簡単にまとめておきましょう。この2年間の母子相互作用の子ども側の主観的体験の仕方は，乳児の発達過程によって，それ以降の体験の仕方と質的に異なっており，乳児期の保育や子育てのアドバイスを行う際に大切なものと思われます。

第 2 章　子どもの心と親子関係

1　生後 2 か月まで

　早期母子関係の最初の段階に求められることは，互いが接触して関与し合う瞬間を共有することです（Adamson, 1996）。たとえば新生児には，異なる覚醒状態それぞれに特徴的な行動や情動表出のパターンがあり，全体を通して，母親に何かを訴えます。つまり，新生児の意図にかかわらず，母親が新生児の動きに何らかの意味を見いだして注目することによって，相互作用体験がスタートするわけです。さらに新生児には，母親の声の調子や身体の動きに，自分の動きのリズムを合わせる能力があります。おのずと母子の互いの動きが引き込まれるように影響し合う，エントレインメントという現象が，新生児と母親の相互作用場面で生じています。新生児には，対人コミュニケーションを学習するために必要な能力がすでに準備されているのです。

2　生後 2 〜 5，6 か月

　生得的ないしは日々急速に獲得されていく新生児の能力に，質的な変化が起こる時期です。内発的な微笑から社会的微笑への移行が起こり，乳児は，母親に親しみを込めたかのような，笑顔を向けるようになってきます。また，相手の目をしっかり見つめることができるようになり，お互いの間に関わりが成立したと実感できる瞬間が増加します。

　このような劇的な発達変化が生後 2 か月頃になぜ生じるのかは，実はまだ完全に解明されていないのですが，この時期の母子相互作用は，乳児がよりいっそう対人的なやりとりに参加しているといえるでしょう。母親は，乳児の注意をできるだけ引きつけ，快の状態を維持しようと，絶えず，微妙に乳児への働きかけを変化させ，乳児の覚醒状態を調整しています（図 2 - 1 参照）。

　覚醒状態というのは，ぐっすり深い眠りに落ちた状態から，夢を見ているようなまどろみの状態，静かにしかししっかりと外界を見つめることのできる，自己コントロールが最適な状態，少し興奮した状態，あるいは大泣きで手の着けられない状態，というように，さまざまな水準があります。他者とよい状態

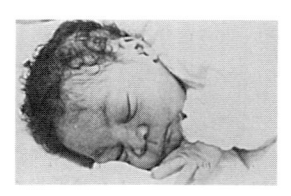

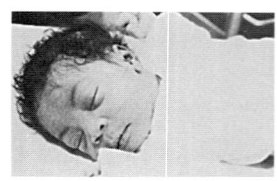

① 深い眠り（状態1）　②浅い眠り（状態2）　③眠そうな状態（状態3）

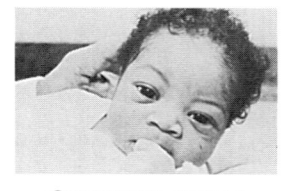

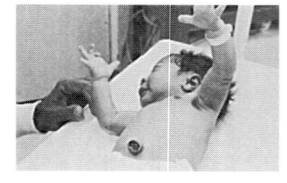

④敏活な状態（状態4）　⑤かなりの運動活動性を伴った状態（状態5）　⑥啼泣状態（状態6）

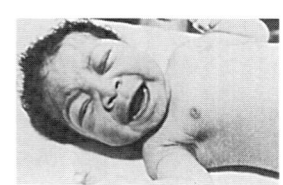

図2-1　覚醒状態の水準

（ブラゼルトン，1988より引用）

で，コミュニケーションを続けるためには，できるだけ最適の覚醒状態を保つ必要があるのです。これは，母親側の問題だけに限りません。たとえば，乳児にも個人差があって，気質的に興奮しやすく，自己鎮静力が低い場合には，すぐに，興奮したかと思うと泣き出したり，ちょっとした刺激でもち崩したりなど，どうしても他者とよい関係で長くやりとりをすることがむずかしくなってしまうでしょう。

一方，乳児も乳児なりに，相互作用を自分で中断したり，再開したりしながら，自己の覚醒状態を調整しているのです。たとえば，応答があまりに強く刺激的すぎると，乳児が関わりを拒否するように目をそらすことが，たびたびあります。それによって相互作用の流れが一瞬ぎこちなくなると，母親は即座に応答の強さを修正し，再びやりとりが開始されていくのです。

3　6〜18か月

この時期，乳児が，他者と間主観的（Trevarthen & Hubley, 1978）関わりが可能となることによって，母子相互作用は質的に大きな変化を起こします。つま

COLUMN 5　心を育てるキーワード
9か月ミラクル

　生後半年すぎ頃から，多くの子どもは事物に関心をもち始める。この頃は，手に取った事物への探索活動が主にみられるが，月齢を追うにつれて，自分の手に持っている事物のみならず，他者が持っている事物にも関心を示したりする。また，小さなボタンをうまく押せて音が鳴ったときに，その事物を他者に見せて得意げに振る舞ったり，他者のちょうだいに応えて事物を渡したりするようにもなる。自分の欲しい事物を指さすようになるのもこの時期である。

　これらは，1歳の誕生日を迎える頃に集中的に出現する現象である。もちろん，出現する時期はそれぞれの子どもによって個人差があるが，これらに共通しているのは，子ども─事物─他者という3つの項の関係づけが成立するようになったことである。これを「三項関係」という。この三項関係の成立は，他者と子どもの間で事物が共有されるようになったことを意味する。それが，たとえば，一方がものを相手に提示して，もう一方がそれを受け取るといった「やりもらい」を中心とした関わりとして表現されるようになったのである。「9か月ミラクル」とは，およそ9か月頃になると，事物の共有がなされない二項関係から，こうした三項関係への移行が起きることを指す。

　では，なぜ「9か月ミラクル」は起きるのだろうか。それは，一つひとつの行動について何かができるようになるからではなく，乳児の外界への興味のもち方そのものが変わるからと考えられている。つまり，自己や他者の意図に関心が向きはじめ，他者の意図が自己の意図とは異なるかもしれないことに気づくのである。この子どもの気づきをとらえる指標の一つとして，子どもの注意の配分が挙げられる。注意の配分とは，他者と事物との間で，子どもの注意が行ったり来たりする交互注視である。

　ただし，9か月頃は，子どもが注意を配分してやりとりに参加する力は，まだまだ不十分といえる。一部の研究によれば，大人が子どもの注意を引くようにうまく誘いかけると，子どもは大人と事物との両方に注意を向けて，積極的にやりとりに参加することが示されている。子どもの側の変化と，その子どもの力をひきだす大人の働きかけとがうまく結びついたときに，ミラクルが生じるのではないだろうか。

［塚田みちる］

COLUMN 6　心を育てるキーワード

感覚運動期

　ピアジェ（Piaget, J.）の乳児に関する研究は，自分の3人の子どもについて行った縦断的な観察に基づくものである。ピアジェは，知能を知的機能として幅広くとらえ，安定した最高の適応状態（適応状態とは，同化と調節の均衡の取れた状態）と一応のところ定義する。そして，初期の知覚，動作，習慣，感覚運動などの知能の源は，出生から1歳半ないしは2歳頃までの期間の，触る，つかむなど感覚的に外界を認識する「感覚運動的段階」にあると考え，これをさらに6つの下位段階に分けた。

　第1段階は生後1か月までの期間で，この時期は反射的な活動，反射的なシェマを使って外界を取り入れていく段階である。

　第2段階は，約3～4か月頃の時期である。この時期には手を開いたり閉じたり，首を繰り返し振るような自分の身体に限った感覚運動の繰り返し（循環反応）が見られる。これを，その後に出現する循環反応のうちの最初のものとして第1次循環反応と呼ぶ。

　第3段階になると，繰り返し反応の中に物を取り入れてくるような動作が見られる。たとえばシーツの端を繰り返し引っ張る，ガラガラを繰り返し振って喜ぶというような動作である。これを第2次循環反応といい，乳児はこのような循環反応を介して外界の事物に働きかけ，外界に変化をもたらす自分の動作に興味をもっていく。これとともに，物を示すと物に手を出す，つまり，見たものをつかむという目と手の協応動作が成立してくる。また，物の一部分を見ただけでそれが何かがわかり始める。たとえば，人形の片方の足が布の端から出ているのを見ると，第2段階の乳児では全体が見えなければ人形だとはわからないが，第3段階では足の部分だけを見て人形だとわかるようになる。つまり，物のある部分がその物を意味する記号（インデックス）ととらえることができ始めるのが，生後5～7か月頃の時期である。

　第4段階は，生後約8か月頃から始まる。この時期は乳児の発達において大きな展開が見られるが，その一つが「物（対象）の永続性」の成立である。これ以前では，遊んでいるおもちゃの上に布をかぶせても，乳児は布の下におもちゃがあるということを理解できない。しかし，この時期になるとかぶせられた布をすぐに払いのけて，その下にあるおもちゃを取り出すこと

ができる。つまり，物が見えなくなってもそれ自体は存在しているという永続性の概念が成立する。さらにこれは，隠されたおもちゃを見つける（目的）という行動と布を払う（手段）という行動における2つのシェマが協応し，しかも，手段と目的に分化した形で成立している点で注目すべき行動である。行動とは偶然のもたらす結果であった前段階までと異なり，事前に意図をもった行為が可能になるのである。この時期に意図的な動作能力が現れるということは，それが生得的でも，言語獲得に依存するのでもないことを示す意味で重要である。

第5段階は，1歳から1歳半ぐらいの時期で，子どもの行動にバリエーションのある繰り返しがみられるようになる。これを第3次循環反応と呼ぶ。繰り返しとはいってもこれまでのようなまったく同じことの反復ではなく，いろいろと方法を変えて試してみるのである。たとえば，物を落とすときも高いところから落としたり，低いところから落としたり，また投げてみたりなど自分で変化を作り出して，試行錯誤しながら，次からは最もうまくいった方法を試みるようになる。

そして，最終の第6段階ではさまざまな内面化が起こってくる。第5段階のように実際に試行錯誤しながら問題に取り組まなくても，頭の中でいろいろと試し，予想することによって実際の行動の代理をさせることが可能になる。外面的な行動を通してではなく，予想や洞察を通して活動できるようになることが，これ以降のイメージや概念などの思考活動の基本になっていく。

このように，ピアジェは乳児はイメージ概念の同化や調節を動作によって行っていると考える。そして，子どもにおいて感覚運動的動作が果たす役割と，われわれの高次の思考の中で概念が果たす働きというものは別個のものではなく，知能としては一つの連続性があると強調するのである。

注(1) 同化と調節：同化とは，「ものや外界を自己の行動シェマ（下記参照）やイメージ，概念に取り入れる」こと，調節とは「ものや外界に応じて自己の行動のシェマやイメージ，概念を変える」という作用。乳児では，動作シェマというようなものが，概念やシェマと同じような役割をしているとピアジェはいう。

注(2) シェマ：シェマとは，「自分が引き起こせる行動の型」あるいは，「行動を可能にしている基礎の構造」のこと。イメージや概念もシェマの一つである。動作と表象という一見かけはなれたものをシェマという考えの中に統合していくところに，ピアジェの非常にすぐれた点や特色があるといえる。

［櫻井聖子］

り乳児は，自分の意図や気持ちに加えて，他者にもそれらが存在することをわかり始めるのです。

　たとえば，自分の判断が不確定な場面に遭遇したとき，母親の情動表出を手がかりにして，次の動作を決める社会的参照が見られます。

　また母子の間主観的な情動の共有について情動調律（Stern, 1985）があげられます。これは，母親が乳児の行動から内的な情動状態を察知し，その情動状態を映し返すよう応答し，これによって，乳児は自分の情動状態が母親に共有されていると感じる，という一連の相互作用です。

　たとえば，乳児がうれしそうにおもちゃをグンと持ち上げて母親に向かって発声したとしましょう。母親は，乳児の手の動きや声の強さにマッチするように無意識に首を大きくうなずかせながら，「あらすごい」などと答えるでしょう。そうすると乳児は満足げにおもちゃを上げ下げして遊びに興じるというようなとき，情動調律が起こっているといえるわけです。おもちゃ遊びのおもしろさを，母親が共有してくれていることを乳児は内面で理解しており，それによって乳児の相互作用体験は，いっそう大きな喜びの体験として蓄積されていくことになります。

　このように早期母子相互作用は，子ども側の行動に母親が意味を付与しながら，やりとりが積み重ねられ，相互に情動が調整され，やがて乳児の意図や他者の心の存在の理解とともに，間主観的に体験されるようになっていくのです。母子相互作用は，情動（心）の共有体験という，乳児の情動発達ないしパーソナリティ形成に欠かせない意味をもつようになるのです。こうしてみると，生後2年目の後半に入り，乳児がことばによって他者とのやりとりを始める以前に，すでに母子相互作用の重要な質的側面は確立されていることになります。

　健康な子どもの心身の発達に，良好な養育環境が不可欠なことは，誰もが認めるところです。けれども，今日私たちの社会では，この良好な養育環境と呼ばれるものの責任を母親ばかりに押しつけてきたことへの反省が起こっています（たとえば Stern, 1995）。母子相互作用は，母子関係の中でとかく見過ごされがちな子ども側の母親への影響を考慮し，これまで語られることの少なかった

母親側の傷つきにも光を当てつつ、臨床的な援助をするために重要な視点を提供する現象であるといえましょう。

2 さまざまな臨床的問題

では次に、このような親子の相互作用に滞りが生じた場合に、子どもたちに生じる心理臨床的問題を挙げていきます。ここにあげる問題は、医学的に診断がつくかどうかというよりも、このような心配が保育場面でみられる、保育者にとって「気になる子ども」に出会ったときに、いま一度、その子どもの背景にある家庭の状況をとらえなおし、必要な援助や保育のありかたを模索する糸口として活用可能と思われます。

1 医学的に診断される子どもの心理臨床的問題

子どもの心理臨床的な問題が、医学的な診断でどのように整理されているか、表2-1を参考にしてみましょう。これは、アメリカ精神医学会が準拠しているDSM-Ⅳという精神疾患の診断基準のうち、通常、「幼児期、小児期または青年期にはじめて診断される障害」という項をまとめたものです。

精神遅滞や、学習障害、広汎性発達障害、注意欠陥性および破壊的行動障害などについては、第3章でくわしく説明されます。第3章では、発達の障害を発達の遅れ、運動機能、そしてコミュニケーションという3領域で起こる子どもの問題として整理されていました。この時期に特徴的な問題に関する精神科診断の大部分が、それらに属していることがおわかりいただけると思います。このような問題が懸念される子どもたちについては、親にどう知らせ、専門機関と連携していくか、また親が子どもの問題を受容していく過程への援助などにつながっていきます。園生活の中で保育者の気になる子どもの多くは、こうした問題が背景にあるわけです。

けれども、精神科に訪れるたくさんの子どもたちと、保育者が「気になる」

表2-1 幼児期，小児期または青年期にはじめて診断される障害

■精神遅滞（第2軸）	■注意欠陥および破壊的行動障害
軽度精神遅滞	注意欠陥／多動性障害
中等度精神遅滞	行為障害
重度精神遅滞	反抗／挑戦性障害
最重度精神遅滞	特定不能の破壊的行動障害
精神遅滞，重症度は特定不能	■幼児期または小児期の哺育，摂食障害
■学習障害	異食症
読字障害	反芻性障害
算数障害	幼児期または小児期早期の哺育障害
書字表出障害	■チック障害
特定不能の学習障害	トゥレット障害
■運動能力障害	慢性運動性または音声チック障害
発達性協調運動障害	一過性チック障害
■コミュニケーション障害	特定不能のチック障害
表出性言語障害	■排泄障害
受容―表出混合性言語障害	遺糞症
音韻障害	遺尿症
吃音	■幼児期，小児期または青年期の他の障害
特定不能のコミュニケーション障害	分離不安障害
■広汎性発達障害	選択性緘黙
自閉性障害	幼児期または小児期早期の反応性愛着障害
レット障害	常同運動障害
小児期崩壊性障害	特定不能の幼児期，小児期または青年期の障害
アスペルガー障害	
特定不能の広汎性発達障害	

（『DSM-IV 精神疾患の分類と診断の手引き』医学書院，1995）

子どもたちは完全には一致しません。子どもの元気がない，悲しげな様子が続いている，どうもよく眠れていないらしい，親子のやりとりがぎこちない，どうしてこの子だけいつまでも親子分離できないのか…というように，何となく子どもの心の健康が損なわれていると思われる状態が長びいていると感じられることが，案外多いのではないでしょうか。

　一般に，とくに3歳未満の乳幼児個人に対して，従来の精神疾患の診断カテゴリーを当てはめることは，そもそも困難なことであると考えられています。子どもたちの心の問題は，家族との関係性の状況の中に見いだされることが多いのです。それに，関係性の片側を担う親たちが，かならずしも医学的診断がつけられるような精神的な疾患があるとは限りません。関係性とは，いわば両

者のボタンのかけ違いのようなものですから,両親にこうした問題を告げる場合に,彼ら個人に精神的問題があるかのような態度をとらないよう注意することがとくに大切です。

ここでは,表2-1に関連するいくつかの問題について解説しておきましょう。

2 養育環境による愛着の障害

5歳未満の乳児や幼児に起こるこの障害は,おそらくは親のひどい無視,無関心,あるいは虐待など大変深刻な養育環境の阻害によって引き起こされます。身体の成長も大変遅く,ひ弱で,無表情,いつも悲しげで,みじめな気持ちを抱いているのか,何事も引っ込み思案です。またたいてい,やせ細っていて栄養不良の様子をしています。第3章で述べられる,発達の障害のために愛着の形成が滞っている場合とは区別されます。

このような子どもが入園してくると,はじめは,おびえていて用心深く,ぐるぐると,まわりを見回してこちらの様子をずっとうかがっているようでもあります。それにもかかわらず,普通の子どもたちがびっくりしたり,驚いて身を引いたりするようなハプニングでは,反応が鈍く,逃げ遅れてみすみす痛い目にあってしまったりします。つまり,自分を守るすべを知らないのです。

愛着形成の問題のあらわれ方には,このように身体発達に著しいダメージを受け,引きこもる形の他に,誰に対してもなれなれしい態度をとることがあります。愛着というのは通常,自分をもっとも大切にしてくれる人に対する情愛的な結びつきであり,子どもはこういう対象を起点に,親しい人,見知らぬ人,遠ざける人,というように,自然と適応的で選択的な他者との関わり方をする力をもっているものです。しかし,自分の中にきちんとした愛着対象のない子どもは,初対面であるか,男性か異性か,大人か子どもかなどの区別なく,誰にでもくっついてきて甘え始めることになります。人なつっこいという子どもの好ましい個性として落ち着くには,どうしても愛着対象となる人との安定した関係が必要でしょう。

しかし，子どもがこういう状態に陥る家庭は，社会経済的に大変厳しい境遇にある場合が多いのも実状です。親を指導することによって，望ましい養育環境が保障されるかどうか，とてもむずかしいのです。家族に対して経済的な支援をする援助，個別の心理的援助，さらに場合によっては，親の養育をいったん中断し，親子を分離させて，子どもを育てる援助となることもあります。

通常，安全な家庭的環境の中におかれると，停滞していた身体発達が急速に再開され，症状も大幅に改善されます。

3　著しい分離不安

家庭や愛着をもっている人から離れるときに，極度に不安を示します。3歳児前後の登園時の分離困難は，たいていの子どもが体験することですが，多くの子どもは次第に慣れ，新しい集団生活を楽しむことができるようになります。

しかし分離の抵抗が激しく，分離後も集団に交わることができずに，いつまでも愛着対象が出ていった門のところをじっとながめたまま過ごすような状況が続く子どもがいます。そして，登園しぶりを起こして親たちを困らせます。登園したくないのは，分離の不安のためですが，休むために本人はそれとは自覚せず，頭痛，腹痛，吐き気などの身体症状を訴えます。眠れない，悪夢にうなされる，などもあります。

第1章で解説されているように，子どもは親から安心して分離するまでに，いくつかのプロセスを踏むわけですが，心の中に情緒的な対象恒常性が獲得される前に，一度親に再接近する時期があります。発達的に見て，2，3歳がこの不安定な時期にかかるわけですが，それを越えて，年中，年長児になっても同じような様子が続くときに，分離不安障害と呼びます。

けれども，家庭内がさまざまな事情で不安定な状況にあると，子どもの不安を強くしてこのような症状を出すこともあります。分離できないことを，ただちに発達の遅れとみるよりも，それを子どもの心のサインと考えて，分離を急がず，ゆっくりと子どものペースにつき合うことが許容されるような，安心できる受け入れ環境を園で工夫すると，親子のストレス緩和に役立ちます。

第2章　子どもの心と親子関係

　分離不安は，親がショックを受けることが多く，まわりを気にして子どもを突き放そうとすることがあります。親が甘やかしているのだという態度を保育者がとると，ますますそうせざるをえません。しかし，これではかえって子どもの不安（親に捨てられる，もう会えないのではないかといった不安）を現実化するようなものですから，ますます事態を悪くします。

4　少食，拒食

　子どもの少食を心配して，無理矢理食べさせようとすると，ますます激しい拒食となり，食事中の親子のトラブルが激化します。子どもは，もともと生理的に少食になることもありますが，親が見積もっている毎回の食事量をクリアしないと，親の方が不安になって，強く叱責したり，無理強いすることがあります。そうなると，食事の時間そのものが子どもにとっては恐怖になります。

　食べられない状況が1か月以上続き，体重が著しく低下したり，成長期であるにもかかわらず，体重増加がほとんどない，などの弊害が出てくると，問題は深刻です。子どもが自力で食事をすることができるようになるまでは，つねに食事を与える大人がいるわけで，そういう意味で，子どもの食をめぐる問題は，親子の関係性を反映しやすいのです。

　親の方にしても，子どもが生まれたときに最初に気を配ることの一つが「おっぱいの飲み具合」です。自分の与えた母乳がどれくらいあったのかを知るために，赤ちゃんをはかりの上に乗せて体重増加をみます。新米の母親は，目盛りのふれに，一喜一憂します。けれどもそのうち，体重計は，必要なくなります。赤ちゃんの空腹が満たされたときの表情，乳首を吸う力，おっぱいの握り具合など，繰り返される授乳体験のなかで，そのことは自然とつかめてくるからです。

　離乳してもしばらくは親が子どもの食事のコントロールをします。食事は子どもの内側から湧き起こってくる満腹感で，統制されるのが一番ですが，遊びに気が散ったり，お菓子を食べたりと，毎回コンスタントに食べるのは，なかなかむずかしいのです。

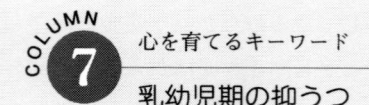

COLUMN 7 心を育てるキーワード
乳幼児期の抑うつ

●スピッツの「アナクリティック抑うつ」に関する研究

　生後1年以内における母性的養育が，乳児の心身の発達に重要な役割をもつことを示した研究として，スピッツ（Spitz, R.）の「アナクリティック抑うつ（依託抑うつ）」に関する研究がある。

　スピッツは，母親から引き離された乳児（生後1か月〜2歳児）を縦断的に観察した結果，特異な様子を見せる乳児がいるのを見いだした。その乳児たちは，泣きやすさ，気むずかしさ，接触拒否，体重減少，不眠，発達指数の緩やかな低下といった心身にわたる不調を呈していた。そして，このような様子が3か月ほど続いた後，乳児はもはや泣き叫ぶことはなくなるとともに，運動は緩慢になり，目はうつろになって顔面から表情は消え，口唇や肛門，性器を弄ぶ様が観察されたというのである。スピッツはこの反応性が減退した様子を指して，「アナクリティック抑うつ」と名づけた。アナクリティックとはギリシア語由来の造語で，"母親に寄りかかる"というほどの意味である。つまり，「アナクリティック抑うつ」という用語には，これまで寄りかかっていた母親がいなくなったために抑うつになった，という意味が込められている。この命名からわかるように，「アナクリティック抑うつ」は，少なくとも生後6か月までは母性的養育を受けていた乳児にのみあらわれることが特徴である。また，母親との別離後，3か月以内に寄りかかるべき母親（または母親代理者）の適切な養育を再獲得できれば，比較的すみやかに抑うつは解消するという。なお，スピッツは，乳児に見られるこの抑うつと，成人のうつ病のうつは異なるものとして区別した。

●抑うつの母親がその子どもの発達に与える影響に関する研究

　母性的養育を剥奪された子どもに見られるアナクリティック抑うつとは別に，最近では，抑うつの母親が乳児に与える影響についての研究が盛んに行われている。これらの研究では，母親の抑うつに見られる感情，認知，対人関係上の問題が，非常に早い時期に子どもに伝達され

　園でも，無理強いせずに，徐々に食べられるようにしていきますが，一日の子どもの食事量，食事内容などを家庭と連携を取って把握します。親と食べるときだけ食べない子ども，親以外とは食べない子ども，どんなときも食べない子どもなど，いろいろです。

うることが示されている。また，母親の抑うつと接するのが，生後数か月のうちに始まり，その後１年あまり続くような場合に，乳児に与える影響がとりわけ大きいともいわれている。たとえば，母親と乳児との相互作用を観察した研究では，抑うつの母親はそうでない母親より，子どもと積極的に顔を向きあわせることをせず，言葉かけも少なく，触覚や運動感覚への刺激を与えることも少ないことが見いだされている。このように，愛情やスキンシップを示したりいっしょに遊んだりということは少ないのに，怒りを示すことは多いというのが，抑うつの母親に特徴的な相互作用パターンであるようだ。これに呼応して，子どもの方は，注意散漫で神経質になりやすく，活動性が低下するという。もちろん，乳児の発達の阻害因としては，子どものもつ遺伝因，気質因なども考慮されるべきである。しかし，心理臨床的介入を考えるにあたっては，「母子相互作用における慢性的な相互制御の失敗が，抑うつの母親とその子どもとの間で生じており，その結果として，子どもはネガティブ感情をポジティブ感情の中で修復するというよりは，むしろ，さまざまな形のネガティブ感情を繰り返し体験することになる」との仮説が有効となろう。抑うつでない母親をもつ乳児に比し，抑うつの母親をもつ乳児により多く見られる，情動制御能力，対人・対物関係能力，認知などの障害や，母親への不安定な愛着といった多岐にわたる問題は，成長して後も形を変えるなどしてもち越され，より年齢を重ねるうちに，抑うつを含めた精神科的症状を呈するようになると考えられている。よって，早期介入をはかることが非常に重要になる。抑うつの母親をもつ子どもの早期治療については，母親への介入が不可欠であり，母子対で治療するという考え方が取られる。つまり，母親の精神的安定を目指すことで，母子相互作用に変化が見られるようになり，母子の関係性が好転する結果，子どもの状態が改善されることを狙うわけである。母親自身についてや，母子の関係性についての洞察が可能となるような心理臨床的援助がなされる一方で，より対処的な援助もなされている。たとえば，母親の抑うつムード改善に効果的な方法として，母親のライフスタイルを変化させる（子どもと２人きりでいる時間を短縮させる）ことが提起されており，母親が職につけるよう，職業的訓練や就学の機会を与えるといった形での援助がなされている。その他，リラクゼーション療法，マッサージ療法，音楽療法などを通して，母親のムード状態を変化させる試みもなされている。

〔武田（六角）洋子〕

　食べさせようとして親子の葛藤がある家庭は，それなりに悩みも深いのですが，反対に，子どもの食生活にまったく配慮がない，おやつを食べたいだけ好きなものを与えて，食事が食べられなくても何も問題にしない，という家庭があります。こういう場合には，偏食傾向が強く，健康のために生活指導が必要

です。

5　虐待の懸念

(1)　虐待の発見

　乳児期から児童期にかけて，大人からひどい虐待を受けると，心身の発達に相当な被害を被ります。児童虐待，小児虐待と呼ぶこともありますが，これらをひとまとめにして子どもの虐待としておきます。

　虐待は，表2-2のごとく，身体的虐待・ネグレクト・心理的虐待・性的虐待と4つのタイプがあり，どのタイプであろうと，心理的な外傷は大きく，子どものその後の人生の長期にわたって深い傷を残します。

　虐待を疑って，もしそれが間違いであったら…と不安になる保育者も多くおられるかもしれませんが，虐待の問題は，子どもの命に関わることもあります。虐待が起こっていない，という結果が一番よい結果であり，勘違いは許されます。けれども，勘違いを恐れて何の対処もしないまま，子どもに危険が生じるとすれば，それは許されることではありません。

　子どもに接していて，表2-3に示されるような状況が見つかった場合，虐待の可能性を疑ってみる必要があります。

　対人関係の特徴は，愛着の障害で述べたものと共通し，内向的なあらわれ（過度な警戒心）と外向的なあらわれ（過度ななれなれしさ）があります。

(2)　どこに連絡すればよいか

　虐待の可能性を察知した場合，とにかく子どもの安全の確保が最優先されます。病院などでそれが疑われたときには，子どものきちんとした処遇が決まるまでは，入院させるなどの処置がとられます。事故やけがの仕方に不自然さがあり，どうしても子どもの安全に危惧をもつこと，それが保障されるまでは，子どもを返すわけにいかないなどを親に伝えるのです。園には，宿泊設備はありませんし，そのような対処はむずかしいのですが，子どもの状態に，やはり不自然さが残り，安全に心配があるといわざるをえないところは，伝えてよい

表2-2 子どもの虐待の4つのタイプ

1．身体的虐待：身体的暴行を行うもの 　　殴る，蹴る，首を絞める，放り投げる，揺さぶる，火傷させる，毒物を飲ませる，有害な薬を飲ませる・注射する，など
2．ネグレクト：子どもの心身の健全な成長・発達に必要な世話をしないもの 　　食事を与えない，入浴させない，汚れた衣服のままにしておく，怪我・病気をしても手当をしない・病院に連れていかない，登校させない，など
3．心理的虐待：ひどいことばを浴びせるもの（ことばの暴力） 　　ばか，死ね，のろま，何もできない，お前なんかいない方がいい，どこかに行けばいい，あんたなんか生むんじゃなかった，など
4．性的虐待：性的行為を強要するもの 　　性行為の強要，自慰行為の強要，子どものポルノ写真を撮る，など

(宮本，2000より引用)

表2-3 子どもの虐待が疑われる特徴

1．身体的な虐待が疑われる特徴	2．虐待が関与している可能性がある心身の特徴
・繰り返し火傷になる ・自宅でのけがが多い ・骨折，歯を折るなど ・場合によっては，なぐられたり，抱かれたまま落とされるなどして，くも膜下出血を起こすこともある。	・不潔である（不潔なことに本人も平気である） ・成長不良 ・保護者から離れることをまったくいとわず，むしろ，帰りたがらない ・過剰なほど，まわりを警戒する

と思います。その上で，早急に専門機関に連絡する必要があります。

　具体的に，どこか？　といったとき，子どもの心身の状態が深刻なら，園と連携のとれている医療機関に運んでしまうというのも，一番手っ取り早い安全の確保です。ふだんからそうしたネットワークを作っておくことが大切でしょう。それ以外ですと，

　　○児童相談所に通告し，助言を求めること
　　○虐待防止ホットライン（都市家庭在宅支援事業）
　　○厚生労働省が助成した24時間対応の電話相談事業（地域の児童養護施設や
　　　乳児院，母子生活支援施設などの児童福祉施設で，平成6年度から実施）

などが考えられます。虐待かどうか見きわめかねている場合にも，こういうところに連絡を取って，相談しながら進めるとよいと思います。

3 親子の関係性の問題をとらえるには

ここまで，子どもの問題を主として記述してきました。しかしこれらは，非常に困難な親子関係が続いた結果として起こっているものです。子どもがそう

COLUMN 8　心を育てるキーワード

子ども虐待：日本の事情

　日本がまだ経済的に貧しく，各家庭にたくさんの子どもがいて，子どもの人権というものが十分に認められなかった頃には，貧困や長時間の重労働などの理由によって，子どもが親から過重な労働を強いられたり，身体的に虐待されることがあった。しかし，社会が豊かになるにつれて，そのような家庭に限られた子ども虐待は減少し，親の心理的な要因が影響して起こる子ども虐待が増加してきている。

　心理的な要因とは，親の夫婦関係や，社会から受けるストレス，育児不安などさまざまである。なかでも，親自身が子どもの頃に虐待された経験をもっていて，それが次の世代に伝達される，「世代間伝達」という現象が影響していることがわかってきた。このような事例では，親は，「自分は絶対に親のようになりたくない」と思っていても，気がつくと，虐待をしてしまい，それに対して非常に強い罪悪感を抱く。そして，その罪悪感が子どもとのコミュニケーションをむずかしくし，さらにあたらな虐待を招くという悪循環を形成していく。実の親が子どもを虐待するというと，「なんてひどいことをするのだろう」という印象をもつかもしれないが，虐待をしている親たちの多くは，自分自身も苦しみながら，どうしても止めることができないことで苦しんでいるのである。

　日本における虐待は，大きく分けると，2つのタイプがあるといえる。1つは，上に述べた，「世代間伝達」や夫婦関係の問題，育児不安などが原因となって生じる虐待で，親自身が虐待をしていることで，大変苦しみ，それをなんとか援助してほしいと思っていることが特徴である。2つめは，表面的には，親が問題意識をもっているようには見えず，むしろ，虐待の事実を隠そうとして，周囲の援助を受け入れないタイプである。

　1つめのタイプの子ども虐待は，核家族化にともなって，母子が閉鎖的な環境で子育てをし

した深刻な状態へと向かうことを阻止するためには，直接その親子の関わり方から，現在起こっている親子関係の滞りを把握し，すみやかに介入することがもっとも望まれることでしょう。

先に述べたように，これまで精神医学的な診断基準は，乳幼児期に子どもたちに適用するには不十分なものでした。最近既存の診断基準を補完すべく，0～3歳までの乳幼児の精神科診断の基準の作成が試みられたりしています。

なければならない状況が増えたことに加えて，理想的な母親でなければならないという「母性愛神話」の影響が，事態の深刻化の一因となっている。しかし，1990年代に入って，虐待防止協会等の活動が盛んになるにつれて，親が自発的に援助を求められる場所が各地域にでき，虐待をしてしまった後の罪悪感や虐待しそうな不安などを電話で相談できるようになった。こうした活動が，より深刻な虐待の早期介入や援助を可能にし，虐待の再発や，悪循環の形成の防止につながってきている。また，「世代間伝達」の問題がある場合には，親が個別の心理療法や，集団精神療法などを通して，自らの被虐待体験による心の問題を整理し，癒され，乗り越えられるように援助することで，「世代間伝達の連鎖」を断ち切ることを目指している。

2つめのタイプに関しては，その多くが，大けがや火傷により，医療機関に運び込まれることで明るみにでることが多い。しかし，親も虐待をされている幼児も，虐待の事実を明かさないことが多いため，医療機関の関係者や児童相談所などが，子どもの保護に動こうとしても，うまくいかないことが多い。日本でも，2000年5月に「児童虐待の防止等に関する法律」が成立し，虐待を発見したものは，かならず児童相談所に通告することが義務づけられ，それを受けた児童相談所は子どもの保護や立ち入り調査を行えること，保護者には指導や治療を義務づけることが定められた。しかし，医療機関，保健所，児童相談所，養護施設など，多種多様な機関で，さまざまな専門家が連携をとらなければ，援助はうまくいかないため，現状では，各機関の方針や足並みがそろわないために，結局援助のタイミングを逃してしまうことも多い。

虐待の問題を隠そうとする家族の多くは，人を信頼し，人の援助を受けることに不安や猜疑心が強くなっている。それに加えて，子どもを虐待しているという事実は，周囲の援助者にとって，親を非難するような口調や雰囲気が前面に出やすい。そのような援助者の対応が，ますます，援助の拒絶を助長してしまうのである。そこで，まず第一に重要なことは，親の苦労を理解し，親が少しでも弱音を吐けるような関係をつくることである。それと同時に，虐待の問題は，援助者も一人で抱え込まず，多様な機関と連携をとり，それぞれにできることを明確にしながら，ネットワークを作って支えるように心がけることであろう。こうしたネットワーク作りが，今後の日本の子ども虐待への対応における課題である。　　　　　　［塩﨑尚美］

COLUMN 9 心を育てるキーワード
子ども虐待：アメリカの事情

　アメリカにおいて子ども虐待は各州ごとに定められた法律によって犯罪と見なされている。このコラムでは子ども虐待に関するカリフォルニア州の事情と法的な通報システムを中心に説明したい。1996年にはカリフォルニア州では70万件の子ども虐待が発生し，10年前に比べて倍増している。虐待の内訳を見ると，最も多いのはネグレクトで，一般的なネグレクトと重篤なネグレクトとを合計して37％に上っている。ついで身体的虐待が約30％，性的虐待が15％，精神的虐待は5％を占めている。ロサンジェルス郡児童家族サービス局から出された子ども虐待に関するインフォメーションを参考にすると，日本における子ども虐待の4分類以外に「自己利益のため子どもが利用されている」という状態も含まれるとしている。これは児童ポルノの作成や売春行為などをさす。日本では女子中高校生の援助交際が問題になっているが，彼らは年齢的に的確な判断ができるとはアメリカの法律では見なされず，このような行為に関わった大人が法的に罪を問われるべきだと考えられている。

　次に，このインフォメーションはしつけと虐待の定義を規定している。しつけは子どもを脅かさずに限界を根気よく教えることであり，虐待とは子どもを傷つけたり苦痛を与えることである。たとえば，子どものした行為を悪いことだと教えずに「おまえは悪い子だ」と子どもの自尊心を傷つけるようなことを言ったり，体罰を加えることは虐待だと考えられている。

　日本の文化では体罰が容認されてきた歴史があり，いまでも教育的指導のつもりでお尻をたたく親もいるであろう。しかし，子どもが体罰を加える親に怯えて次第に自分らしさを出せないようになったり，たたかれたことに対する怒りの感情しかもたずに自分のした行為に思いが及ばない子どもも多く見られ，決して効果的な教育とはいいがたい。親のみならず，教育関係者，カウンセラー，ソーシャルワーカーを含め，日本の社会全体がいかなる体罰をも容認しない方向へ転換すべきであろう。

　また，子どもの精神的，身体的な安全を確保できない場合でもアメリカでは虐待とみなされる。日本では単なる事故と見られる行為がアメリカでは「ネグレクト」と判断され，親の責任が法的に問われることがある。たとえば，薬の誤飲，車内への放置，花火の際の火傷等も，たとえ大事にいたらなくても厳しく親の責任を追及されることが多い。

　虐待に対してこのように断固とした姿勢で取り組むアメリカの文化的傾向は，日本の基準では行きすぎだと見られる点もあるかもしれないが，子どもの人権が日本より明確に重んじられ，合法的に守られているからだと考えられる。その結果，親たちの虐待抑止力も高まり，子どもへの安全により気を配ろうとするであろう。

　アメリカでは，ある分野の専門家は虐待の明らかな疑いがあると判断したら，たとえ確証がなくてもすぐに電話で通報する義務があり，それを怠った場合は刑事責任を負わされることもある。たとえば，子どもを監督する立場の者（保育者，教師等），医療関係者，カウンセラー，ソーシャルワーカー，児童保護局の従業員，広告・放送・写真印刷業者などの専門家である。通報の際，上記の専門家は名を名乗らなくてはならないが，たとえ調査の結果，虐待が確認さ

第2章 子どもの心と親子関係

れなかった場合でも，誤報ということでその責任を問われることは基本的にはないとされ，その立場は法律的に守られている。

虐待に関する通報は，警察や保安官，または地区の児童福祉局に送られ，調査の上，裁判所で親に判決が言い渡される。ケースバイケースだが，多くの場合，その決定までに最低半年ほど費やされ，親の養育能力が査定される。その間，安全を確保する目的で子は虐待した親と離される場合が多く，フォスターホームで養育され，時にソーシャルワーカー立会いのもと，親と面会が許されることもある。裁判所から下される親への命令の中には，親業クラスへの参加や個人カウンセリングを受けるという義務が含まれていることが最近多くなったようである。後ほど，出欠率，親の態度がどのように改善されたかという点に関するカウンセラーやソーシャルワーカーからの報告を考慮し，最終的に裁判所が親に対して子どもと再び暮らしてもいいかどうかという決定を下す。

虐待の疑いを通報することによって子どもが親から離されてしまう可能性があるという処置方法について，通報義務のある多くの専門家が心を痛めるのも事実だが，子が心身ともに健やかに暮らす権利を守るために，安全が最優先される傾向は今後ますます強まるであろう。2001年に施行されたカリフォルニア州法により，家庭内暴力を目撃している子どもに関して，たとえ直接ターゲットになっていないにしても親から精神的虐待を受けているものと見なされ，専門家による通報義務に加えられた。たとえ隣の部屋にいて直接暴力を目にすることはなくても，親が争う声や物音から子どもが何が起こっているのか想像できるので，子どもの健全な精神的発達が阻害されるという心理学的リサーチ結果が数多くだされたからである。ただ，他の種類の虐待よりも判定がむずかしいということは否めない。

アメリカでは子どもは社会の中で育まれるという考え方が根強く存在し，親に子どもを適正に養育する力が十分にないと判断された場合，社会が親に代わって子どもの養育責任を担うという姿勢が貫かれている。実際にこのシステムによって多くの子の命が救われている。アメリカでベストセラーになった *A Child Called "It"* という，カリフォルニア州史上3番目に悲惨な虐待を経験した人の自伝の中には，どのように虐待が隠蔽され，また後に社会システムの中で彼の安全が確保されて癒されていく過程が詳細に描かれている。

現在，以前にも増して子ども虐待に関しての認識を高める教育が社会の中で盛んに行われ，親が虐待に関して正しい認識をもち効果的なしつけができるように指導され，問題のある家族がコミュニティの中で支えられることが虐待防止に役立っている。子どもたちも学校等で虐待に関する教育を受ける機会があり，自ら通報するケースも出てきている。また，市民レベルで虐待を軽視，無視しない態度が養われてきている。上記の専門家以外の人びとによる匿名の通報に対しても郡の児童福祉局はむろんすぐに虐待調査に乗り出す。

日本で最近目立つ，まわりの人が要注意と見ていた家庭の中で不幸にして子どもが死にいたってしまったというケースは，どのように子どもの安全を確保したらよいかという点に関して社会システムの見直しを早急に検討させるものであろう。アメリカは虐待が日本と比べものにならないほど多いので事情がまったく異なるという単純な判断を避け，通報と子どもの安全確保が徹底されているという社会現実から学ぶべき点は多い。

資料：Child Abuse and Neglect Education & Prevention and Outreach Program funded by Department of Children and Family Services in Los Angeles.：Dave Pelzer 1995 *A Child Called "It"*. FL：Health Communications, Inc. ［出蔵みどり］

ZERO TO THREE（1994）の提案する基準では，乳幼児に生じた状態を診断すること（たとえば，表2-1に挙げられているものに一次診断カテゴリーとして含まれるものがあります）に加えて，親子の関係性そのものについても関係性障害として診断する部分があります。育ちゆく子どものいま，ここでの養育環境をとらえることを重要な要素にしているのです。

　ただし，実際に診断がつく関係性の障害というのは，関係の滞りが強く，頻繁にそして長期にわたって繰り返されるとき，診断されます。ちょっとした親子の気まずいやりとりや，環境が急に変わったところで起こる混乱のようなものは，該当しません。ですから，関係性障害の診断カテゴリーを安直に用いて，そのラベルを乱用することは危険です。

　むしろ心理臨床家にとってこの関係性の問題の診断カテゴリーは，現在出会っている家族に必要な援助の仕方，関わり方のプランを立てる上で有効な枠組みを提供しています。また診断は，個人の主観に偏らないように，行動観察から得られる客観的情報を重視します。しかし，細かな親子のやりとりの中から臨床的に意味のある情報を体系づけていくためには，心理臨床家自身の感じ方，感受性をフルに使って状況を把握していくことが必要です。この点は，生きた人と人との関わりを重視する保育実践において，共通するところがおおいにあると思われます。

　これらの枠組みを参考にしながら，多くの保育者があげる，保育場面に見られる親子関係の問題の例をあげ，次の視点にそって整理してみます。

　保育実践において実際に気になる親子の問題を，1から3と進めて捉え直してみることによって，きっと理解が深まるはずです。

1．よくある保育者が問題と感じる親の子への関わり方を描写します。これは，実際に親子関係に保育者が疑問をもち始めるときにもつものです。
2．次に，子どもの園での生活，保育者との関わりの特徴をあげます。親の関わり方がどうして気になったのか，親と子どもの両方の様子から考えます。これは，保育者が心理的に親と子それぞれから等距離に位置して，少し冷静な気持ちで親子関係について問い直す作業です。

第2章　子どもの心と親子関係

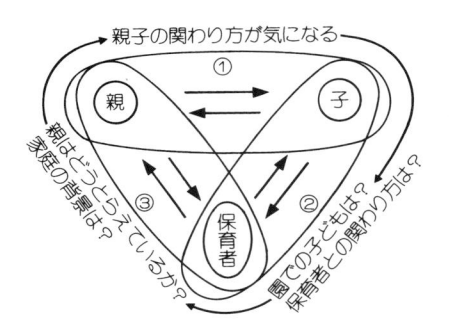

図2-2　気になる親子の理解プロセス

3. 日々の親との連絡ノートや，会話の中から得られた情報を総合して，親自身が子どもとのやりとりを，主観的にどのように体験しているかについて，検討します。これは，保育者にとって気になる親子関係のパターンがもつ，その家族の意味を理解する作業であり，これによって，その親子への効果的な関わり方が工夫されていくことでしょう。

保育者の問題意識の出発点は，園での子どもの様子や保育者との関わりの中にあると思われます。その思いの中から「親の子への関わり方」が気になり始める，というのが日常に即した流れでしょう。そしてもう1回，その親子関係について，保育者と子どもの直接的な関係を参照しながら考えてみる，というプロセスです。そういう意味では，子どもが気になるところが0番にあるかもしれません。

あるいは，親のふとした関わり方の疑問から，一見問題のない，どちらかというと保育者にとって手のかからない，ある意味で印象の薄い子どもの抱えている心のSOSを発見するきっかけになったりします。

いずれにしても1～3は，循環した過程であり，図2-2のような作業を保育者が繰り返すことだといえます。

1　子どもへの関わりが過剰すぎる

(1)　保育者の感じる親の印象

　過保護・過干渉な親，細かすぎる親に出会うことがあります。ここでの過保護というのは，子どもに甘いということではありません。むしろ，いつも子どもの生活全般にわたって，親のコントロールが効きすぎている，というようなものでしょうか。保育者と親の大人どうしの関係では，よく気がつき，子どもも清潔で忘れ物などもなく，優等生的な親ととれる面もあるかもしれません。子どもに対するコントロールがきつそうだと思っても，その人が，かならずしも積極的で気の強いタイプとも限りません。

　けれども，親子のやりとりを目の当たりにすると，子どもの視界のすべてを親が覆ってしまっているかのような印象を保育者がもってしまいます。

　たとえばお迎え時には，子どもが自分のカバンを取りに行き，クツを履いて，先生にさよならを告げることばまで，全部親が一歩早いタイミングで子どもに指示してことが進んでいくかもしれません。しかも，親の方は，通園カバンの口が開いたままフックにぶら下がっているのをとがめたり，「右と左をちゃんとたしかめてから履きなさい」「ちゃんと先生にお顔を向けてごあいさつでしょ。もう1回」などと，毎日こと細かく同じことを子どもに注文します。同じことを何度も何度も繰り返す親も親なら言わせたままにしている子も子という，どこにもありがちな光景です。

　また，子どもの方でも親のコントロールに対して抵抗を示すために，かえって親がむきになって親の言うことを聞かせようとして，トラブルが大きくなっている場合もあるでしょう。

　どちらの場合にも，その程度が気になるというとき，保育者が子どもの心に近いところに身をおきながら，親の関わり方を見ていると，こちらが息苦しくなってくるように体験され，不快な気持ちが起こります。

（２） 園での子どもの様子

　子どもの園での様子をみると，確かに従順であるけれども，自分で何をしたいのか，何をしたらいいのかということを判断する主体的なところがなく，いつも他人まかせのところがある。他の子どもに比べると，何かに熱中していきいきと過ごす時間も少ないし，何事もおっとりやさんで，出遅れます。その子のそばにいれば，保育者も，つい手を貸してしまう関係になってしまう，というようなことに気づくことがあります。

　保育者は，その子どものテンポにできるだけつき合って，自己判断する機会を増やすことでしょう。さらにお昼をゆっくりと食べ，味わったり，満腹感を自覚したりなども，自分の内側から起こる感覚に気づく大事な基礎になります。第1章に述べられたように，どんな感じがするのかということは，頭の中で起こることではなくて，身体感覚に基づくものですから，自分で感じて，自分で調整するという自主性を育てる基本になるのです。

　また親への従順さとは対照的に，園では指示されることが大嫌いで，何かと反抗したり，あたかも自分が親の立場になりかわって，思うままに友達を振り回していることもあるでしょう。

　この場合は，子どもはすでに親との関係がストレスとなり，自己感覚をいわば無意識に回復させるべく，積極的に活動しているのだ，ということになります。ですからこれを頭ごなしに叱って，抑制するように指導するのは，問題行動の表面的対処にすぎず，子どもはきっと別な形で，自己を発散させて回復させる行動を出現させるでしょう。

　親に対して直接抵抗している場合は，もっとこの問題を取り上げやすく，自分でできることを伝えようとしている子どもを支持しつつ，親へも子どもの成長の意味を好意的に伝えることができるでしょう。

（３） 親との会話から

　もし，親子の気になる状況が続いた場合，子どもについて，親がどのようにとらえているか，もう少し話を聞いてみて情報を集めてみます。ふだんから相

互交流を円滑化する努力が何よりですが，場合によっては，面接や連絡ノートなどを活用することがあるでしょう。

　親によっては，子どものペースにいつもイライラし，結果として過干渉にならざるをえないことに，すでに悩まれていることでしょう。待てない自分に自己嫌悪しておられることもあります。

　そうするとこの親子は，子どもの行動テンポと親のテンポがかみ合わないた

COLUMN 10　心を育てるキーワード

母親の「静止顔」の実験：Still-Face Procedure を用いた研究

　乳幼児の社会情緒的発達は，親子関係，生活環境，文化の文脈で培われる。人生の最初の数年間で，乳幼児は他者と関わることや，自らの情動を調整（制御）すること，さらには，他者の情緒的シグナルを識別したり，それに対して適切に反応したりすることをも学ぶ。乳幼児の健全な情緒発達は，とりわけ，母子間の相互作用過程を通して促進されていくが，この際に，母親（主たる養育者）の乳幼児に対する情緒的応答性が非常に重要な役割を担う。このことを示すものとして，トロニック（Tronick, E.）らの Still-Face Procedure という手法を用いた実験がある。

　トロニックらは，生後1〜4か月の母子7組を対象に以下のような手続きで実験を行った。母親ははじめの3分間，子どもと普通に遊ぶよう指示される。その後30秒の休憩を挟み，次の3分間は静止顔（Still-Face）で子どもを見るように指示される。実験装置は図Aのとおりである。実験の模様は2台のビデオカメラで撮影され，母子それぞれの様子は，図Bに示すとおり，1台のテレビモニター上に画面を分割して同時に映し出される。このビデオ記録をもとに，母子それぞれの発声や注視の方向，頭や顔の位置，表情，身体の動きなどをカテゴリー化し，スコアする。

　その結果，静止顔時に，乳児は，母親と普通に遊んでいた3分間とはまったく違う様子を見せることがわかった。乳児は，母親に対し，最初は歓迎の様子を見せるのだが，静止顔が続くのを見て，何か違うと認識し，用心深くなり，母親をちらっとみては目をそらすということを繰り返しながら母親の様子をモニターするようになる。そして，母親が自分に関わってくるように働きかけることを何度も繰り返す。しかし，その試みがことごとく受け入れられないと，母親に対する働きかけを断念してしまい，ついには，引きこもり，目や身体を母親からそらし，

第2章 子どもの心と親子関係

めに,ついつい親が過干渉にするパターンができ上がったととらえることができ,親との連携もとりやすいものと思われます。先程述べた,子どもがゆっくりと自分のペースで自己感を味わえる場面を増やすようにしたり,子どもどうしの関わりを増やしたりなど,保育者と親が子育てについていろいろと工夫し,話し合いながら状況が改善していくことでしょう。

ただ親と話をしてみるとどうも疎通性がなく,子どものことをとても大事に

希望のない表情を見せるにいたったのである。この一連の様子は,月齢により行動の複雑さに違いがあるとはいえ,1〜4か月児すべてに見られ,また,どの乳児も泣くことはなかったという。

静止顔によって,乳児は矛盾するメッセージを提示される。つまり,母親は目の前に存在しており,相互作用が可能な状態であるにもかかわらず,無反応であるという矛盾である。この状況に対し,どうにか母親の反応を引き出そうとする乳児の懸命さからは,乳児にとって母親との互恵的関係がいかに重要なものであるかわかる。この実験において,静止顔という形での母親の無反応時間はわずか3分間のみであったが,乳児にとっては,そのようなわずかな時間の妨害でさえ,非常にかき乱される体験なのである。このように,Still-Face Procedure を用いた研究により,乳児の情緒が健全に発達していくためには,母子が互いに反応しあいながら,社会的相互作用という目的を共になしとげていくことが必要不可欠であることが明らかになった。

図A 母子相互作用を観察するための実験装置　　(Tronick et al., 1978)

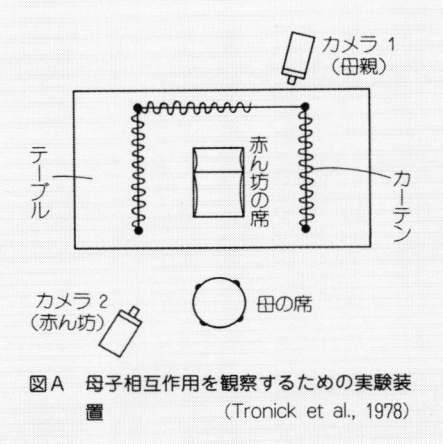

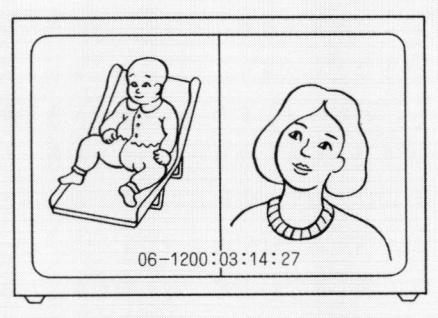

図B テレビモニターに映し出される映像　　(Tronick et al., 1978)

［武田(六角)洋子］

思っているのは伝わるけれども，ひとりよがりに子育てに没頭しているように感じてしまう場合もあります。子どもがうれしそうにしているときには，自分もいっしょにうれしく，子どもと一体感をもっており，共感的にも見える反面，親が子どもに体験してほしい感じ方が先行しがちなところがあり，子どもに実際に接している保育者には，違和感が残るのです。

このようなときには，すぐに親に問題を指摘しても，改善に向かうことは少ないのです。子どもの問題を親への批判として告げているように受け取られかねません。当分，園でできる子どもとの関わりにおいて成長を促進させつつ，親とは別個の子ども自身の感じ方，子ども自身の成長について話題にしていくことで，親の気づきをそれとなく促す地道な働きかけが続きます。

2　親子の関わりが薄い

（1）　保育者が感じる親の印象

よくいえば，あっさりしている関わり。しかし，どうみても，子どもといていきいきしている様子がなく，できる限り子どもと関わらないですむようにしているようにさえ見える，そんな親に出会うことがあります。子どもとの実際の関わり云々よりも，まず，園での保護者参加行事にまったく参加しない，やってきても非常に消極的です。親がそこにいても，子どもは，結局応答性のよいよその父兄と遊んでいて，親の存在など忘れているかのようです。不自然すぎるほどあっさりしているのです。

子どもの身のまわりの世話も行き届かず，もち帰って洗ってくるものもそのままだったり，ぼさぼさの頭に朝食べたものを顔にくっつけてきたり，歯も汚れが目立って，虫歯だらけだったり…というように，子どもの基本的生活の中に，当然あるはずの親の目配りが，ごっそりと抜け落ちている，そんな家庭です。親の忙しい事情があるのかもしれません。けれども，保育者には，やはり親の愛情不足に感じられ，子どもが不憫に思え，また心配になります。

子どものことについて，保育者と話すことを避けているようでもあり，一般的親の態度としても好ましくない印象を与えることが多いでしょう。

このようなタイプの親は，確かに疲れて見えたり，表情に乏しく，抑うつ的な印象を与える人が多いと思います。そして親子のやりとりは，先ほどの過剰な関わりをする親とは対照的に，まったく野放し，というかたちで，子どもが何をしようがそれを気にする風でもありません。たいてい，子どもの行為を注意したり叱ったりすることもない代わりに，転んで泣いたときにも積極的になだめることもありません。子どもが大声を上げて，駄々をこねたとしても，そのままそこにたたずんでいるというような，無力感の漂う応答をしており，保育者がふだんしている関わりとはかけ離れており，見ていてイライラすることでしょう。

要するに親の子どもへの関心が薄く，その結果，家庭での養育の質があきらかに低いことが懸念される事態です。

（2） 園での子どもの様子

家族といるときにけがが多い，あるいは，病気にかかりやすいということがあります。休日あけに，けがをしているとか，乳幼児ならばオムツかぶれがひどいとか，家に長時間いさせるのがかえって心配な気持ちになってきます。

親の手がかけられていなくても，子どもが早熟なこともあります。ことばの理解力も優れており，まわりの状況を察知して，自分を認めてくれる人かどうかを見抜く力があるかのようです。人なつこく，大人にかわいがってもらう機会を多く引き出しています。しかし確かに多分に生きる力のある子どもですが，いま立派に育っているからといって，けっしてその状況が平気な子なのではありません。生きるために，背伸びをしているのと同じで，心の中は非常にストレスフルで不安定なものをかかえています。見た目のお姉さんお兄さんぶりを鵜呑みにせず，人目を気にしないでも満たされることが保証される安定した保育環境を与えられるよう，やはり気を配る必要があります。

子どものけがや，不衛生などが極端な場合には，虐待を疑わざるをえません（第2節5「虐待の懸念」参照のこと）。

しかし子どもが親に愛着を示し，親もそれに答えるかのような関わりが見ら

れながらも，それが安定しないという場合，親が，すでにうつ病ないし，重症の抑うつ状態に陥っていることがあります。家族が経済的な不安や，心理的なストレスにさらされていることも考えられ，そういう場合，親の態度を直接改めさせようとする関わりでは効果が期待できず，むしろ親の生活の大変さ，心身の疲労を取り上げ，それについて援助できる機関を紹介するなどの対応が求められます。

（3） 親との会話から

　親が子どもに手をかけていない状況では，どうしてもそこから話が始まるので，いちいち親にたいして小言をいうような形になってしまい，保育者の方でも不全感をもちやすくなりがちです。「園でできることはしています。でも，これではあまりに子どもがかわいそうです…」というふうに，自分たちが，小言を言っているのではない，ということを伝えようとしているうちに，ますます，ひどい親だと責めているようなやりとりになってしまう，悪循環に陥りやすいのです。保育者としては，本当はどうしてこんな状況になるのか，親と共に子育ての悩みをわかち合いたいという気持ちでそのきっかけを探しているつもりが，結局親を追いつめる方にばかり作用してしまい，やりきれない焦りを感じさせられてしまいます。

　親の方も，自分たちの養育がうまくいっていないことはわかっていますから，話があるときは，自分たちの不備な点を指摘されるに決まっている，と思うことが多いのです。ですから，とにかく話をする機会をもつことがむずかしい。毎日，やたらに表面的にお天気の話しかしないような親，関わりをとにかく避けようと落ち着かない親，どちらも保育者と距離を置こうとしている目的は同じです。

　それが感じられるときには，子どものことを小出しにしながらよい関係を作るのはむずかしく，むしろきちんと時間をとって，園長やベテランの保育者とともに，子育ての様子や家庭の事情などを総合的に話せる場を作るか，あるいは，子どもの話題ではなく，親の仕事や関心事などを話しながら関係を作り，

家族の状況を把握していくとよいでしょう。

　たいてい親の方も，誰かに援助してもらいたい何らかの事情があることが多く，それが共有できたところで，地域の援助資源を活用していく方向を考えていくことを前提とします。保育者が1人で親と対決するような構図にだけはしたくないものです。聞いてはみたものの，とても自分では責任がおえない…と引き返すような中途半端な関わりに終わるのが，もっともいけません。

　親自身が，不幸な幼少期を送っていることもあり，うまく育てたくても，情緒的にどう子どもに応じてやればいいか，どう育てればいいのか，それがわからなくて，孤独な不安を抱えていることも少なくありません。これを支えるのは，1人の保育者だけではとうてい無理なのです。ですから園として信頼できる他の専門家，専門機関を，できるだけその地域でたくさん見つけ，つないでおく，という日々の努力が，こういうケースの親子に出会ったとき，とてつもなく大きな力を発揮します。

3　親子の間で不安や緊張が高い

（1）保育者が感じる親の印象

　この親子がいっしょになって，笑いながらやりとりするというのは，ほとんど見たことがなく，お帰りのときに親と再会する瞬間は，2人ともうれしそうな表情を見せるけれど，ふと見ると，子どもが何か文句を言って泣き出したり，親が当惑したような顔で子どもを見つめていたり，何か2人の間が居心地の悪さに満ちています。

　そして，母親がよく子どもに謝ってもいます。「不機嫌にさせてごめんね」「あら，また怒らせちゃった？」と子どもがぐずったり，不機嫌な顔をすると，何か自分が悪いことをしたせいだと過敏に思ってしまうように見受けられます。

　保育者から見ると，そこまで心配しなくてもよいのになと思うほど，子どもの健康状態や，適応状態についていつも心配して，手を焼いているし，子育てに関心の強い方もいます。無理矢理に，子どもにがみがみ言うこともなく，むしろ子どもの様子をうかがっている方です。

親子参加の行事などでも，2人がぴったりくっついて，集団の隅っこにいます。親は，順番を間違わないようにとか，全体の動きにきちんとついていこうと，それこそ緊張して身構えているようで，それがかえって親子2人して硬くなって立ちつくしているような感じです。緊張感は誰が見ても明らかで，参加者も彼らに気軽に声をかけることをためらってしまうことでしょう。
　親子で楽しんでもらいたいな，と思う保育者の企画も，この親子については，楽しんでもらえただろうか？　負担だったのではないか？　とついつい気になってしまいます。

（2）　園での子どもの様子
　集団になじみにくい子どももいて，なかなか分離できず，毎朝親にからみついているかもしれません。引き離されると，とにかく不安に満ちた顔になって，保育者になかなかついてくれず，友達とも交わることが少ないので，保育者にとっては，気になりながらも関わりにくい子どもにうつりやすいでしょう。園の生活に慣れるまで，こういう状態になる子どもはけっして稀ではありませんが，新学期の騒動も落ち着く6月を迎える頃になっても続いている場合には，他の子どもの適応プロセスと明らかに差があり，非常に気がかりな子どもになってきます。
　こちらに心を開いてくれる様子がなく，何も危害を加えるわけでもないのに，はじめから不安そうな目でじっとにらみつけてばかり。その子に友達が近づいて，ちょっといたずらをしかけると，大泣きして，相手の子どもがけげんな顔をしたりするかもしれません。
　そんな調子ですから，日中，思いっきり遊びに没頭しているということがなく，創造性や社会性など，この時期「遊び込む」ことによって促進される多くの発達機会をみすみす逃してしまいます。運動量は少ないけれど，緊張しどおしですから，疲労感をにじませて帰宅していきます。朝からずっと泣いて，最後は声も涙もかれ果てて，しかし本人は泣き続けているつもり…力つきて帰っていくという子どももいて，関わりようのない子どもと同じ部屋にいる時間が，

第2章　子どもの心と親子関係

保育者にとっても相当ストレスになり，つい声をかける回数が減ってしまう悪循環にはまってしまう危険があります。なつかない子どもに対して，よい保育をすることは，実はとてもむずかしいことなのです。

それでは，子どもは心はいつも家に帰りたい気持ちでいっぱいだから，親がくればよいのでしょうか。親子の様子をていねいに見ていくと，決してそうでなかったりします。親といっしょにいても，何かぶつぶつ居心地の悪さを訴えており，親がなだめたり謝ったりしても，すぐに機嫌を直すことは滅多にないことに気がつきます。単純に親が大好きだから他の大人を遠ざけているのだともいえないことがわかってくることでしょう。

つまり子どもが臆病で不安が高いだけではなく，親子がいつも不安を伝染し合っていて，共揺れを起こしやすく，不安が不安を呼ぶような関係のパターンが強固に作られているのです。子どもが，園で不安で泣いたりしたと親が知ると，自分の不安が的中したとばかりに，ますます子どもの適応を心配し，うろたえると，その様子を子どもが見て，またまた園生活の不安を確信するという具合です。

こういうケースは，無理矢理集団の輪に入れて，劇的に自信がつくということはあまりなく，気長に子どものペースで慣れていくことを援助していくことになるでしょう。保育者が子どもに積極的に近づいてあれこれするよりも，合間合間でそっと話しかけたり，本人がくつろげる安全な時間や場所，少数からの友達作りなどをそれとなく配慮していきながら，緊張感を和らげていくようにします。そして親が安心できる関係を作る作業を進めていきます。

（3）　親との会話から

面談などで子どもの様子を話すと，すぐに自分の子育てがうまくいかなかったからだと反省し，あれやこれや言わなくてもいい自分の失敗を話しだすようなところがあります。過剰に責任と反省を感じてしまいやすいので，かえって，本題に入れなくなってしまいがちです。先生然とした態度で話すと，親の方は身の置き所がないほど恐縮しますが，たいてい，あとあとまで立ち直れないほ

どショックを受けてしまっています。こういう面接の終わり方は，ますます親子を不安と集団恐怖に陥れてしまうので，できる限り回避します。

　とにかく子ども以上にリラックスした雰囲気を大切にして，親の心配事を聞くようにします。もともと子どものことが心配で，自分の子育てに毎日自信がない状況なので，一度関係ができると，いろいろ保育者に相談をしてくることと思います。そのなかで，過剰に子どもの力を低く見ているところ，子どもの適応の不安などについては，繰り返し，押しつけない程度に，成長の事実を伝えていきます。親に対して自信や自立心を期待しても，すいません，すいませんと謝るばかりで，結局情けない親のままです。子どもにとって早急に大事なのは，親の不安感を低減することなのだ，ということを忘れないようにしましょう。親との関係がつくと驚くほど早く子どもも緊張が解けてくることでしょう。

　ただ，親の信頼を保育者が得ると，今度は親が保育者に過度に依存するようになり，相談内容が，家庭の込み入ったものにどんどん深まってしまい，保育者が非常に負担を感じることがあります。そんなとき，大切な話をきちんと聞いてくれる場所として，子育て相談などの窓口を紹介すると，適切な動機づけをもって相談機関につながることができます。親が話をするのも保育者を信頼しているからこそなので，その先生が勧めてくださる相談機関ならばと，不安が高くて未知の相談所に出向けなかった親も，勇気づけられることでしょう。

4　親子が互いに怒りをぶつけ合い，敵意すら感じる

（1）　保育者が感じる親の印象

　とにかくいつも子どもに怒鳴り散らしたり，当たったりしている，怒りっぽい親に出会うことがあります。子どもが甘えようにも，いちいちやっかいなものを親にもち込んでくるととらえているようにも見えます。わがままであるとか，なんでも要求してくるとか，すべてそういう受け取り方をしているように見受けられるのです。何か，子どものこと以外にもいらいらする原因があるかもしれないと感じるほど，全般的にぶっきらぼうで，不機嫌な様子が伝わって

第2章　子どもの心と親子関係

きます。

　たとえば，自分に訴えてくる子どもをうるさがるだけでなく，子どもが転んでけがをしても「また調子に乗って！　どうするの！　この洋服！　まったく洗い物を増やして！」と，けがの様子をみるでもなく，ただただ面倒をまた一つ起こしたといっては，子どもを責める始末。子どもの方もまけていません。ますます反抗的に，泥をつかんで投げたり…と騒ぎを大きくして，やり合います。親子がなじり合ったりします。

　こちらとしても，いらだっている人にはどうしても声をかけにくく，園にやってくるとまわりの親たちまでも居心地が悪くてそわそわしてしまいます。

　けれども，もっと子どもに優しく語りかけてほしい，せめて頭ごなしに叱りつける回数をもう少し減らしてもらいたい，なんとかしなければ，と思わずにいられませんし，子どもを叱りつける様子に，なんだかこちらも怒りが湧いてきてしまいます。

　多くの場合，他の親たちともあまり親密な関係になることはなく，クラスや学年を越えて，自分と似たような親たちと不思議に集まります。園の行事のときに私語や文句が多く，グループで何かいつも不満を抱えているように振る舞います。ちょっと他の親たちにとっては，いやな雰囲気を作り出しているかもしれません。保育者にとっては，親の身勝手さがもっとも目に余るタイプの一つでしょう。

（2）　園での子どもの様子

　子どもが人なつこく，従順でかわいければ，なおのことその親がひどく見えるし，子どもが園でも反抗的で攻撃的ならば，この親にしてこの子…と思われることでしょう。

　しかしどちらも，毎日親に怒鳴り散らされている状況で，何とか適応して生きていこうとしているのは同じです。そして，両方とも正常な親子のやりとりが阻害されているために，発達的にも遅れがちな子どもが少なからずいるように思います。情緒の感じ方，表現の仕方も制限されていることが間々あります。

その子どもにとって怒ったり，反抗したりという情緒は，身近なものなのですが，かといって，けっして気持ちのよい体験にはなりません。叱って悪いところを矯正するよりも，ほめられてうれしい，優しく大切に扱われるときの安堵感，などなど，子どもたちにとって当然あるべき好ましい情緒体験の機会をとにかく多くもたせることです。

　また彼らは，そのような情緒体験の乏しさゆえに，年長さんくらいでも，ゆっくりいろいろと思いをめぐらせて楽しいものを作り出すというようなことができません。こういう遊びが楽しめるには，誰かとイメージや情緒をたっぷり共有する体験の積み重ねが必要です。一つひとつの行動を否定的に意味づけられて，叱られてばかりいたのでは，具体的に相手が望む行動だけを忠実にやることよりほかに，他者とよい関係でいることができません。自分で自発的に考えることをやめてしまわざるをえないのです。

　乳幼児ならば，保育者は，できるだけ１対１で密な情緒的関わりをしてやることで，ぐんと子どもの情緒発達が促進されるでしょう。もう少し年齢が上の子どもにも，たっぷりと情緒的な応答が得られる環境を作るべきです。そして，子どもが自分で好きなように楽しく遊べる機会をことさら大切にします。

（３）　親との会話から

　なかなか，よい関係を作ることはむずかしいでしょう。たいていが，自分が子どもを厄介者扱いしていることをわかっているけれど，それは，子どもが本当に厄介者で，親不孝なためだ，一番かわいそうなのは自分だ，と思っています。だから，自分を批判するような人は敵であって，そういう人のいうことはまったく耳を貸さないという構えが，頑としてあるのです。

　ただ，家庭の事情をわかる範囲で見直してみると，確かに経済的にも厳しい状況だったり，子育ての責任がすべて一人の親に集中していて，その親も家族の中で孤立しているなど，同情すべき部分がたくさんあることが多いのです。実は夫から暴力を受けながら，必死に働いて，子育てをしている…など子どもを手荒く扱う母親自身も，人としての扱いを受けていない不幸な状況があった

りします。

　あるいは，ふだんはここまで話をすることは少ないけれども，親自身の育ちの中に，優しく扱われなかった子ども時代のつらさ，憤りが根づいていることも多くあります。虐げられた人の自己評価というのは，とても低く，自分のことを支えている健康な自尊心すらもっていないので，過剰に被害的になりやすいし，それゆえに子どもが自由に振る舞うことに対しても許容できないのです。このような親たちにとって，成長していく目の前の子どもは，おそらく自分がかつてそうであったように，親を最後に罵倒して切り捨てていく存在として映ることでしょう。最後まで怒り合いながら，いっしょにいるのがこの親子なのです。

　こういうものが見えてきたとき，やはり親のしんどさを最初に受けとめていくことが必要です。子どもの良い面を伝えながら，そういう子どもをもてる親としての自尊心を育てていくことを援助するのです。これがあってはじめて，親としてしてはならないことをあらためるゆとりができます。

　しかしこういうケースは，深刻な虐待の恐れもつねにあり，毎日園で子どもの様子をチェックしていくことも必須です。親とやり合う部分をからりとさせて，子どもと話題にできるようにしておくのもよいかと思います。けんかの話を他人に言える方が，子どもも親も逃げ場ができます。

❹ 保育場面における「気になる子ども」の総括

　以上，保育者が出会う「気になる子ども」たちの問題を親子関係との関連で述べてきました。そうした子どもたちと関わる保育場面ならではの特徴と，保育者に望まれる関わり方をいくつかまとめておきます。

1　発達の遅れの問題か？　関係性の問題か？

　第3章のはじめに保育の場で気になる子どもの行動が，網羅的に述べられま

すが，ここで記述された子どもの問題も，おおいに重複するところがあります。保育の場では，子ども自身の発達の問題と，家庭というもう一つの子どもの生活体験が渾然一体となって提示されてきます。ですから，いま自分が気になっている子どもの行動をどう理解してよいのか，その判断をすることがとてもむずかしいのです。これはもっともなことですし，たとえ医師や臨床心理士などの専門家であったとしても，保育という生きた場面で起こる個々の子どもの断片的な行動から，瞬時に問題を正確に把握するなどということは，困難だといわざるをえません。子どもの発達変化の顕著な年齢，めまぐるしい年間行事，クラス運営など，多くが1年という期限つきの担任としての関わりの中で，その子にとって適切で特別な援助がどれだけ可能か，という不安も当然あることと思います。

　誰が見ても尋常ではないというほどの，極端な逸脱行動が長期にわたって続く場合を除いて，担任は，毎日おかしいな，気になるな，と感じながらも，それを発達途上に起こる一過性の問題と仮にとらえて（そうあることを願って）子どもの保育を続けるかもしれません。そして，その気がかりは，そのまま次年度の担任に引き継がれていくケースが多いのも，やむをえない部分があると感じます。

　保育の場では，親が自発的に専門機関に訪れて援助を求める可能性は少ないけれども，専門家からすると子どものメンタルヘルスの状況，予後についての心配がおおいに残る，そんな親子にしばしば遭遇します（図2-3参照）。保育者が，問題を1人で抱えて苦しむケースは，こういう一群に対するものが圧倒的に多いことと思われます。しかし，もし保育者と家庭の間に良好な連携がとれれば，子どもの不適応は，比較的速やかに改善され，またより重篤な問題に対する予防的効果が絶大です。

　保育者は，子ども自身の発達の問題か親子の関係の問題か，あるいは双方が絡み合っている問題なのかなどについては，現時点で確定することを保留にしつつも，子どもや親と保育者がしっかりとつながることを目指して，関わりの工夫を開始します。

第2章 子どもの心と親子関係

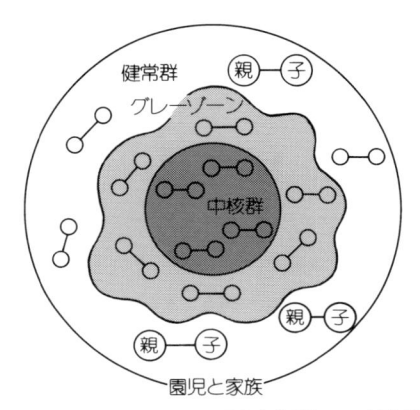

図2-3 保育における心理臨床的関わりの対象群

2　園で出会う「気になる子ども」への対処

　子どもの状態を不適応とみなすか否かは、程度や問題行動が生じる頻度、期間などによるわけですが、何らかの改善に向かう働きかけをしたいと保育者が感じる場合、園での子ども、親子関係、さらには家庭の諸事情など、できるだけ広く情報を集め、対処を考えていくことが大切です。そこには、子どもの問題の責任や原因を一つに決めようとするのではなく、みんなで子どもを育てるという、保育の原則が生かされてきます。子どもの様子がおかしいと感じたとき、子どもに関わる大人たちは誰でも心配になります。原因とおぼしきものを特定することによって、自分のせいではないということが、ひとまずわかってほっとする、ということもあるでしょう。けれども、大切なのはいまの時点から子どもをいかに伸ばすか、ということですから、子どもを取り巻く関係の中で、改善可能なものは、どんなものでも取り組んでみるのがもっとも望ましいことなのです。

　図2-4は、一組の親子を取り巻くさまざまなシステムを図示したものです。目に見える親子の関わり方、親子それぞれの感じ方の双方が改善されるためにどんなことが援助できるのか。私たちが一組の親子に援助をしようと考えたとき、援助の入り口は多様であることがわかります。

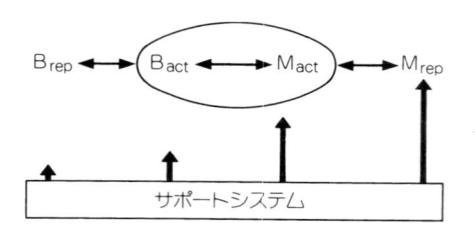

Brep：乳幼児の表象，Mrep：母親の表象，Bact：乳幼児の行動，Mact：母親の行動
図2-4　親子の相互作用を支えるサポートシステム
(Stern, 1995, 馬場・青木〔訳〕, 2000より引用)
注：図中は母親と乳幼児の相互作用として示されているが，養育者とその子どもと見なしてよい。
　　表象（第4章参照）とは，それぞれの心，主観的な体験を表している。

　援助のありかたは，子どもを親から預かって少しでも直接的な介助をすること（すなわち園での生活）によって，親の方のストレスを低減させることもあるでしょうし，親の話を聞いたり交換ノートなどを密に行うことによって，親の気持ちを支えるという関わりもあるでしょう。経済的な援助をしてくれる機関もあると思います。これらは，個人の心理療法がカバーしていない部分の援助であるものの，親子を取り巻く全体のシステムから見ると，重要な援助の一つとなり得ます。このように，親子の生きた生活の一部である保育場面では，心の深層に触れる部分から，物資のやりとり，情報の提供などさまざまな次元の援助が可能であるという点が，もっとも大きな特徴の一つであろうと思われます。
　それゆえ，援助者が保育者一人である必要はありません。子どもや親の問題すべてを引き受けることはできなくても，複数の人たちと協力することができるのです。園で協力し合って子どもを育てる以外にも，他の専門家と協力し合うことができます。

　子どもの健康な心の発達には，親子関係が大切であるという考え方は，保育者にとってなじみ深いものであろうと思われます。けれども，共に育てる役割を担う保育者もまた，よい保育をするためには，親子それぞれとよい関係を築いていく必要があります。現時点での親子関係の見立てを，保育者が自分の親

子への関わりに生かそうとするとき，よりよい保育の成果が期待できるのです。

　保育の場では，医学的な診断の有無にかかわらず，必要と思われる関わりをまったなしに進めていくことが必要となり，専門機関につながることも念頭に置きつつ，その中心的課題は，親子にいかにつながるか，ということになってきます。

　心の発達を伸ばすことが，保育における問題ある子どもへの治療的関わりの主要な部分といえるでしょう。

引用文献

Adamson, L. B. 1996 *Communication development during infancy.* Madison：Westview Press.［大藪泰・田中みどり（訳）　2000　乳児のコミュニケーション発達：ことばが獲得されるまで　川島書店］

アメリカ精神医学会母性衛生研究会　2000　解説版・それでいいよ　だいじょうぶ　厚生省

Brazelton, T. B. 1984 *Neonatal behavioral assessment.* (2nd Ed.) London：Blackwell Scientific Publications.［亀山富太郎（監訳）　川口幸義・山口和正・川崎千里（訳）　1988　ブラゼルトン新生児行動評価（第2版）　医歯薬出版］

Frances, A. 他（編）　高橋三郎・大野裕・染矢俊幸（訳）　1995　DSM-Ⅳ　精神疾患の分類と診断の手引き　医学書院

宮本信也　2000　子どもの虐待とその対応　小児科臨床　**53**　1101-1109.

Stern, D. 1985 *The interpersonal world of the infant.* New York：Basic Books.［小此木啓吾・丸田俊彦（監訳）　神庭靖子・神庭重信（訳）　1989　乳児の対人世界：理論編　岩崎学術出版］

Stern, D. 1995 *The motherhood constellation：A unified view of parent-infant psychotherapy.* New York：Basic Books.［馬場禮子・青木紀久代（訳）　2000　親―乳幼児心理療法：母性のコンステレーション　岩崎学術出版］

Trevarthen, C., & Hubley, P. 1978 Secondary intersubjectivity：Confidence, confiding and acts of meaning in the first year. In A. Lock（Ed.）, *Before speech.* London：Cambridge University Press, Pp. 183-229.［鯨岡峻（編訳）　鯨岡和子（訳）　1989　母と子のあいだ：初期コミュニケーションの発達　ミネルヴァ書房］

ZERO TO THREE 1994 *Diagnostic Classification：0-3, Diagnostic Classification of Mental Health and Developmental Disorders of Infancy and Early Childhood.*［本城秀次・奥野光（訳）　2000　精神保健と発達障害の診断基準：0歳から3歳まで　ミネルヴァ書房］

保育所保育指針　1999　厚生省児童家庭局

参考文献

青木紀久代　1997　乳幼児期の発達課題　馬場禮子・永井撤（編）　ライフサイクルの臨床心理学　培風館　Pp. 7-24.

田中千穂子　1997　乳幼児心理臨床の世界：心の援助専門家のために　山王出版
幼稚園教育要領　1998　文部省

COLUMN 11　心を育てるキーワード
アダルト・チルドレン

　アダルト・チルドレン（AC）はもともとアルコール依存症の親をもつ家族に生まれて成長し，大人になった人を意味していたが，現在では「機能不全家族」と総称される家族の中で育った人，というように広く解釈して使われている。では機能不全家族とはどのようなものをいうのだろうか。子どもにとって親に認められ受け入れられていること，すなわち家族が「安全な基地」として機能していることは，子どもにとって何よりも重要である。このような子どもにとっての「安全な基地」として家族が機能していない場合を総称して機能不全家族という。それゆえ親からの身体的・情緒的虐待を受けながらも，何とか生きながらえた成人（アダルト・サバイバーともいう）はACということになる。また父親が仕事依存で，妻や子どもにとても冷たく，子どもは恐れおののいて口も利けないといった家族や，口先では「うちの姑はできた人」などと言いつつ，母親と姑は実際には会話がないほど仲が悪く，家族内が分断しているような家族も機能不全の家族に該当する。

　機能不全家族は，子どもでありながら子どもとして存在することがむずかしい，という子どもにとって過酷な家庭環境であり，その中で生き延びてきたACの人は，小さいうちから親の不幸や親から受けた傷を，「私のせいだ」「私が悪い子どもだから」といった罪悪感として心のどこかに刻み込んでいることも多い。そのため周囲の人に気に入られ，見捨てられないために過剰なまでの努力を繰り返すのである。ACの人は多くの場合，対人関係の不適応感を経験しているが，これには自分への自信のなさ，自尊心の欠如といった要因が関連している。

　またACの人は自分が育ったような家庭を作りやすいという指摘もあるが，これは家族の中で繰り返されるある種の人間関係，コミュニケーションのパターンをそのまま身につけて育っていくので，配偶者選択などにおいても家族の影響が関係しやすいため，といわれている。こうした世代間伝達を断ち切るには，その家族で育った人が自分自身をACであると気づくことが重要かもしれない。回復には時間がかかり，その道のりは決して楽なものではないが，一方でACの概念は，自分の生きにくさの理由を自分なりに理解しようとする人がたどりつく，一つの自己認識とも考えられる。ACという言葉の中には，自分の人生に目を向け，自分自身の主体性を取り戻すきっかけが含まれているともいえるだろう。

[福丸由佳]

第3章
気になる行動と発達の問題

……この章では……………………………………
子ども一人ひとりはそれぞれ異なった個性をもっています。何かちょっと変わっているというだけで，保育者がどう接したらよいかわからないことも多いと思います。障害があるかないかということではなく，私たちが彼らをどう理解し支援していくかが大切です。この章では，発達の未熟さやアンバランスのある乳幼児が，どんなことを感じ，行動するのか，年齢によってどんな特徴が認められるのかを考え，そうした知識をまとめました。
また，保護者や保育者の働きかけにもかかわらず，発達のかたよりや未熟さから生じてくる問題に対する具体的な対処法を読者と一緒に考えていきたいと思います。
………………………………………………………

1　子どもの気になる行動

　日本には各地域の保健所や健康課が実施している「1歳6か月児健診」や「3歳児健診」というすばらしいシステムが全国どこにでもあります。健診で子どもが順調に育っているかを簡単にチェックしてもらい，育児不安なども聞いてもらうことができます。また，核家族形態が多くなった現代社会では若い親たちが子どもの育て方や遊ばせ方に不安をもちながら孤独に育児をしていま

すが，近年は各地域で子育て支援センターができ，こうしたことへの支援体制ができあがりつつあります。しかしながら，このような健診制度や子育て支援システムが，親たちに「子どもが標準並みに"普通に"順調に育っているか」「他の子どもに遅れをとっていないか」という視点のみで子どもを見てしまうことにさせてしまい，ますます不安をあおっているという感じも否めません。子どもの発達は一人ひとり違うものです。ゆっくり発達していく子どももいます。ほとんどの子どもは，親の取り越し苦労をよそに，それぞれのペースで着実に育っていきます（中川，1998，Pp. 9-19.）。

　しかしながら，その子どもの上に他の兄姉がいる場合などは，親は「何となく他の子どもと違っている」と真剣に感じ，保健所の心理の先生や小児科医に相談をします。またベテランの保育者たちは，０歳からの子どもの発達についての十分な経験と知識がありますので，その子どもの発達で「何となく違う」と思われる問題に気がつき，何とか保護者にそのことを伝え専門家につなげようとしている保育者たちも多くいます。

　保育園や幼稚園の研修会で保育者から筆者が意見やアドバイスを求められたり，健診後の母子フォロー教室で母親から寄せられる相談の中で多いのは，まだ障害とは診断されていない子どもの「気になる行動」についてです。それらの問題は，大きく分けて「ことばの問題」「対人・社会面の問題」「運動・感覚・行動面の問題」の３つに分類されます。１歳６か月児健診や３歳児健診などでは，母親からの相談や保健師からの指摘で一番多いのが「ことばの遅れ」の相談です。

　ここでは，「発達のつまずき」の問題や「障害」についてくわしく述べる前に，実際に母親や保育者たちがどんな問題を「心配な問題」としてとりあげるのかみていきましょう。

（１）　ことばの問題
〇ことばの出始めが遅い。
　・ことばが出てきたが，その後ことばの数がなかなか増えない。

- こちらの言うことがどうもわからないようだ（言語理解の問題）。
○こちらの言うことは理解はしているようだが，ことばでうまく表現できない（言語理解と表出にアンバランスがある）。
○こちらからの話しかけや問いかけを反復して言う（オウム返し）。
○ゴニョゴニョ何か話しているのだけれど，通じない（ジャーゴン）。
○自分からはたくさんしゃべるのだけれど，こちらかの問いかけに応えることがない（会話が一方的）。
- 文法的におかしなところがある（例：「紙でクレヨンにお絵描き」）。
- 会話のやりとりができない。
○相手に通じるように，順序だてて話せない。
○自発的に話しかけてくることが少ない。
○「いや」とはっきり言えない。
○イントネーションが平坦だったり，尻上がりだったり，アクセントが強くついていたりする（プロソディの問題）。
○声がやたらに大きかったり，小さかったりする。
- 発音が不明瞭，通じない。
○ことばの最初の音を繰り返したり，引き伸ばしたりする（吃音）。

（2） 運動・感覚の問題（粗大運動・微細運動機能，感覚統合系の問題）
○歩き方がぎこちない。
○抱っこされても異様に体を固くする。あるいはしがみついてこない。
○つま先立ちで歩くことが多い。
○高い所が異常に好きで，すぐに登ってしまう。
○一人でくるくる回っている。
○いつも手をひらひらさせたり，ピョンピョン飛び跳ねることが多い。
○ごろごろして床に寝そべっていることが多い。
○触られるのが嫌い（耳掃除や散髪を異様に嫌がる——触覚過敏）。
○痛みに鈍感のようで痛くてもなかなか訴えない。

○砂や粘土に触れたがらない。
○いつも臭いを嗅いでしまう。
○特定の手触りにこだわる（例：すべすべした布をいつも持っていて感じている）。
○目の端（横目使い）で物を見ている。
○聴力には問題がないのに，名前を呼ばれても反応しない。
○ある特定の音に敏感で怖がる（聴覚過敏）。
○手先が不器用でビーズのひも通しができず，ハサミや箸の使い方が下手。
○お遊戯や手遊びの模倣が下手。
○年長組になっても縄跳びができない。
○夜泣きが多い。睡眠のリズムが一定でない。
○チック（例：瞬きを何回もする，咳のような声を何回も出す）がある。
○身辺自立が遅い（例：年長組になっても排泄が自立していない，一人で着脱ができない）。
○就学前になってもよだれが出ている。

（3）　対人関係／社会性の問題

○視線が合いにくい。
○一人遊びが多く，他児と遊べない。
○幼稚園・保育園に行きたがらない。
○集団参加がむずかしい。
○園で先生から離れられない。
○母子分離不安が強く，お母さんから離れられない。
○先生とはよく話すのだけれど，子どもとは緊張して話せない。
○いっしょに遊んでいるが，楽しんでいるという実感が感じられない。
○表情が乏しい。
○いつも笑っているようで，不自然な笑いが見られる。
○他児に攻撃的になる。
○自分の頭を床や壁にごんごんとぶつけていたり，自分の腕を嚙む（自傷行為）。

○聞き分けがなくかんしゃく・パニックが多く、なかなか次の活動に移れない。
○先生に対しても指示的、支配的な命令口調で関わってくる。

　以上のようなことが相談でよく取り上げられる問題です。母親が「何かおかしい」と感じているにもかかわらず、小児科医や健診に携わる保健師や心理職が、これらの問題を「発達の遅れ（発達障害）」の深刻な問題としてとらえず、ただ「よくあることですので、ようすを見ましょう」と対応してよけいに親たちを混乱に陥れることもあります。そして小学4, 5年になり「やはりこれはただごとではない」と親が必死に対応方法を求める例もあります。ただ、やたらに「心配しすぎ」の親たちも多いことも確かです。
　健診に携わる保健師や心理・言語専門家ならびに小児科医がこれらの問題を「発達障害の症状」としてみるか、「発達上よく見られる行動」としてみるか、慎重に判断して、鑑別していく力をつけておく必要があります。また、保育園や幼稚園の先生がたはこれらの問題が観察されたときには、「気になる」子どもの実態像を、保護者の気持ちを考えながら伝え、理解してもらった上で専門家につなげていくことも必要です。
　では次に、誕生・乳児期から就学までの子どもの発達について簡単に述べます。

❷　子どもの発達

　前項で述べた保育者や母親たちがあげた「子どもの気になる行動」を「障害の症状」として捉える前に、簡単に子どもの誕生から就学前までの発達を、「感覚運動」「対人・社会」そして「言語」の3つの領域を中心に述べてみたいと思います（津守・稲毛, 1961；津守・磯部, 1965）。

（1） 誕生から3か月まで
　子どもが母親の胎内から出て，臍帯を切られた瞬間に赤ちゃんは，はじめて自分で呼吸をし，泣き声をあげます。これが産声です。ちゃんと泣いていたかどうか，しっかり四肢を曲げていて，自発的な動きがあったか，お乳の飲みはよかったか，などが運動面でのポイントとなります。もちろん，もうこのときから，いえ，それ以前に胎児のときから赤ちゃんは母親とさまざまなかたちでコミュニケーションをとっています。母親は胎内にいるわが子に声をかけたりしています。一方子どもは胎内で母親の心臓の鼓動の音，体液の流れ，母親の声などを聞いているといわれています。
　生まれてからはじめの2か月くらいは，赤ちゃんはただ，息をして，母親の乳を飲み，寝て，泣いているばかりです。「おなかがすいた」「オムツがぬれた」など，いわば訴えるための泣き声のみです。しかし，2か月頃から「あやすと笑う」，3か月頃から「音のする方向を見る」ようになってきます。

（2） 生後3，4か月の頃
　首もすわるようになる3，4か月の頃から，声にも変化が出始めます。きげんのいいときに出る声，ちょっと不快なときに出る「むずがり声」，そして「大泣きの声」など。赤ちゃんは声を使い分けているようです。この頃の母親に聞くと，「少し人間らしくなって，かわいくなってきました」と思う人が多いようです。そうすると，母親も自然に子どもを抱き上げることも多くなり，笑わせようとあやすようになります。子どもも笑い返すようになってきます。また，音や声を聞く力も次第についてきます。母親の声を聞き分けるようになり，怖い音，やさしい母親の声の調子なども聞き分けていきます。親はますます子どもがかわいいと思うようになり，お散歩に連れ出したり，タカイタカイ遊びなどをしてあやし，さまざまな形で，子どもは大人とやりとりをするようになってきます。このようにやりとりをしながら，子どもはお母さんと楽しいという感情やほかの感情を共有する（情緒の共有）ようになってきます。

（3） 6か月の頃

　生まれて6か月過ぎる頃から,「プウプウ」「バブバブ」「アワアワ」などのようなさまざまな声を出すようになります。これを「喃語」といい,どこの国の赤ちゃんにもみられます。いわば赤ちゃんの自主的発声練習といってもよいでしょう。母親の話す日本語の音もよく聞くようになり,その音を真似して出す練習もするようになり,喃語はさらに,日本語の音に近くなってきます。

　子どもは母親の声を聞くだけでなく,一挙一動もよく見ており,真似をしていきます。この頃から大人が話かけてくることを理解できるようになり,反応してきます。

　7か月の頃から「人見知りをする」ようになってきます。聴覚的に音を弁別する力,視覚的によく見分ける力がついてくると同時に,運動面でも大きな発達をします。寝返りがうてるようになり,一人で座れるようになっていくと,指先もさまざまな動きをするようになり次第に器用になって,物を"つかむ"ことから"つまむ"ことができるようになります。

（4） 9か月の頃

　手や指が自由に動くようになると,「指さし」が始まります。「指さし」は指さしをする人と見る人の間で,見る物やテーマを共有するもので,ことばの前のステップです。「わ,きれい！」とその物を指さして母親に自分の驚きの気持ちを知ってもらおうとする「感嘆・共有の指さし」,ネコを指さして「ネコがあっちにいる」と教える「叙述の指さし」,珍しい物を指さして「あれなあに」とたずねる「質問の指さし」,ジュースを指さして「ジュースがほしいよ」という「要求の指さし」など,さまざまな機能に分類できます。自分の気持ちや要求を大人に伝えるという「ことば」と同じ機能をもつ,いわば「ことば」につながっていく,「ことば」にかわるものです（やまだ,1999）。自閉症の子どもの多くは,この「指さし」が遅くまで出ません。次項で述べますが,自閉症は「言語・コミュニケーションの障害」「対人・社会性の障害」「想像力の障害」が主にあります。指さしは,人への意識があって,人へ伝えたいという気

持ちがあってはじめて出るものですから，自閉症の子どもにはなかなか出ないわけです。

9か月の頃では，名前を呼ばれると振り返ったり，「ダメ」と言われると手をひっこめたりするようになり，言われていることをかなり理解するようになってきます。その頃から身体面では四つ這いができるようになり，一人で立つようになり，ますます行動範囲が広がって，興味をまわりの物に向けます。この頃，手を振って「バイバイ」をするようになります。

（5） 1歳の頃

1歳のお誕生日の前2か月くらいから1歳4か月頃までに，多くの子どもははじめてその一歩を出すようになり歩き始めます。

その頃と時を同じくして，「ママ」とか「パパ」などの，はじめての意味のあることばが出ます。これを「初語」といい，この時期を「始語期」といいます。自立歩行と初語が出るのが同時期であるということはとても意味があります。ことばを発するためには，肺や腹筋，口腔器官などの筋肉を多く使うので，身体の粗大および微細運動機能が育っていることが必要なのです。ある研究では日本の子どもの例では，食べ物をあらわす「(ウ) マンマ」が一番多いそうです（大久保，1987a）。そのほかには，ママ，パパ，ブーブーなどが多く聞かれます。また，ことばの出始めは，男児は女児より1，2か月遅れることが多くあります。

（6） 1歳6か月の頃

運動面では，かなり長く歩くようになり，走るようにもなります。テレビの体操を真似てリズムに合わせて身体をうごかすこともします。

この頃には簡単なことばでの指示，たとえば「オムツもってきてね」を理解するようになり，言いつけに従うようになり，「お鼻どこ？　おめめはどこ？」とたずねると自分でさすようになります。1歳半にもなりますと，自分の名前がわかり，呼ばれると「ハイ」と返事をするようになります。ことばの表出面

では，「ママ」「パパ」以外にも物の名前が 3 語くらい言えます。初語が出始めてから急速には語彙は増えません。1 つのことばがいろいろな意味をあらわす時期がわりあい長くつづきます。「パンパン」ということばが「パンが食べたい」「パンがあるよ」「パンだね」と意味がその状況によって変わります。わずかな知っている単語を駆使して意思を伝えようとしているのです（大久保，1987b）。

対人面では 1 歳半を過ぎれば，困ったことがあれば助けを求めるようになり，友達と手をつなぐことができるようになったり，おもちゃの取り合いもしたりします。

(7) 2 歳の頃

2 歳近くなりますと，両足でピョンピョン跳んだり，手すりを使って階段の登り降りもするようになり，身体の動きはさらに活発になり，いたずらが盛んです。

簡単な質問に，たとえば「パパはどこ？」の質問に「パパ　カイシャ」と答えるようにもなります。色や大きい小さいもわかるようになってきて，認知的にも発達してきます。言語表出の面では，もちろん個人差はありますが，1 歳 8 か月頃から「パパ　キタ」（動作主と動作：パパが来た）「ワンワン　ココ」（主語と位置：ワンワンはここにいる）「ママ　メガネ」（所有者と所有物：ママのめがね）など 2 つのことばをつなげて言う 2 語文が出始めます。2 語文が出るようになると急速に語彙も増えてきて，2 歳半では多語文が出るようになります。「コレ，ナーニ？」「ドコ？」「ドレ？」などの疑問詞のある WH 疑問文（特殊疑問文）も 2 歳前後には出るようになってきます。2 歳半頃には「ドウシテ？」という事物の原因や理由を聞く疑問文も出てくるようになります。これは抽象的な思考ができるようになって出てくるもので，質問を繰り返しながら子どもはさらに知識欲をかきたてられ，世界が広がり，ことばや思考・認知能力がさらに発達していきます。

社会性の面でも親から離れて遊ぶこともできるようになり，「子どもと追い

かけっこもする」ようになります。また，「欲しい物があってもいいきかせると我慢して待つこと」も少しできるようになってきます。

（8） 3歳の頃

　3歳になりますと，運動機能はさらに発達し，「すべり台に登りすべる」「ブランコに立ってのる」「足を交互に出して階段をあがる」ようにもなります。多く使う手もほぼ決まり利き手も確立し始めます。人の顔を描き始めるのもこの頃で，積み木でトンネルなどの形をモデルを見ても作れるようになります。生活面でも靴を自分ではけるようになりますし，排泄もだいたい大小便とも自立します。手指の微細な運動機能も発達し，箸を使って食べるようになります。

　ことばの面では，文章で話すようになります。この頃は発音が未熟ですが，よくしゃべる時期です。自分の名前や年齢を言うこともできるようになり，「ボク」「ワタシ」などとも言うようになり，自己主張をするようになってきます。また，成人語，接続詞，時や理由をあらわす副詞，代名詞を使うようになり，語彙も豊かになり，動詞，形容詞，心の動きをあらわすことばも増え，会話が楽にできるようになってきます。ことばの概念も発達し，大小の比較，1〜3の数の理解，色や形，位置，方向など抽象的な概念もことばで表現するようになります。

　対人・社会性の面では，「友だちとけんかをするといいつけにくる」「電話ごっこでふりをして，2人で交互に会話する」ようになります。

（9） 4歳の頃

　運動面では「片足でケンケン」「でんぐりがえし」をしたりするようになり，指先もさらに器用になってきて，ボタンも自分ではめられるようになり，粗大（大まかな手足や身体全体の動き）・微細（手先の細かい動き）運動機能はより発達してきます。

　3歳の頃に比べてさらにおしゃべりになり，ことばをうまく使いこなすようになり，考える力が育ってきます。友だちと本の話をしたりテレビの話もする

ようになります。しかし，思考力はまだまだ不確実なもので，質問されて自分の考えをまとめて相手にわかるように伝えることには時間がかかります。幼稚園や保育園の友だちや先生に認められたいという気持ちから集団にとけ込もうとし，やたらに「いい子」ぶりたいのもこの頃の特徴です。

　3歳から4歳の頃はごっこ遊びを盛んにするようになり，「ままごと」でお父さんやお母さんの役などををしたり，男の子ではピストルで「撃ち合いごっこ」などもするようになります。また，大人から何か褒められると得意になって説明したりするようにもなります。また，ゲームの勝敗もわかるようになり，負けると悔しがるようになります。

（10）　5歳の頃

　運動面では，高いジャングルジムにも登れるようになますし，手先はさらに器用になりはさみでいろいろなものを切って貼りつけたりして工作もするようになります。また食事，排泄，着脱と生活身辺自立はさらにすすみ，大便の始末も自分でできるようになるなど，大人の手がかなりかからなくなります。

　5歳から6歳児はおしゃべりですが，4歳児とくらべると自分のいうことを抑制したり調節したりしていきます。グループで子どもだけで意見を言い合い調整したり，妥協したりして一つのことを決めることもできるようになります。ことばの意味を聞いたり，事物を分析的に言うようにもなります。また大人びたむずかしいことばを使用するようになります。けれども正確には理解して使っているわけではないので，間違いも多くあります。文字にも関心を示すようになってきます。

　この頃には，曜日もわかるようになって，経験したことを他の子どもにも話すようになったり，テレビの漫画やヒーローについて友だちどうしで話すことも多くなります。また，幼稚園や保育園でもよくみられますが，他の子どもが悪いことや禁止されていることをすると，注意をしたりもします。

（11） 6歳の頃

　小学入学前の年長組になりますと，身体の協応運動機能もさらに伸びてきて，ブランコをこぎながら立ったり座ったりしたり，縄跳びが一人でできるようになったり，ジャングルジムで落ちないようにしながら他の子どもと鬼ごっこをしたりするようになります。手先もかなり器用で，折り紙をきちんと折ったり，経験したことを絵に描いたりするようにもなり，早い子どもでは文字も書くようにもなります。タオルも自分でしぼれるようにもなります。
　言語面では文法的にも間違いが少なくなりますし，自分で訂正しながら話すこともします。物事の説明も上手になります。自分の住所と電話や誕生日を知っています。「しりとり」や「なぞなぞ」もできるようになります。
　対人・社会面で，ゲームのルールがわかるようになったり，友だちと物の取り合いをしたときにじゃんけんで決めるなど，問題解決能力もついてきます。また，ごっこ遊びもグループでするようになり，ストーリーのある組織的遊びへと変化していきます。

　以上のように0歳から就学前までの通常の発達について，「ことばの発達」を中心に運動，社会面も含めた全体発達を簡単に述べてみました。幼稚園・保育園の保育者の先生方や保護者から出される，運動面，言語・コミュニケーション面，対人・社会面での「気になる行動」がその子どもの年齢の発達に見合わないほど，異常である場合は，なんらかの「発達障害」を疑ってみて，発達のわかる小児科医や「発達障害」を専門とする児童精神科医に相談してみることも必要です。次の節では，おのおのの「発達障害」について述べてみます。

3 「発達障害」に関する基礎知識

1 「障害」とは

　近年来，「統合保育」の理念が浸透していき，1つの幼稚園や保育園にはかならずといっていいほど，1人か2人の障害児が在籍しています。幼稚園・保育園と併行して地域の障害児療育通園施設や療育センター，福祉センターにも，専門的療育指導を受けるために週1，2日，または月に1，2回通っている障害児もいます。「障害児」の「障害」ということばについて，まず考えてみたいと思います。

　「障害」とは，日本語では1つの言葉ですが，英語にするといくつかの単語に分かれます。大きく分けると，disorder, impairment, disability, handicap と4つの単語が当てはまります。

　最初に，disorder という単語は，日本語に訳されると，病気，障害となります。通常は診断をつける際に使われる用語です。この"disorder"は，語源からいうと"order"つまり"順番"が"狂っている"，"いつも通り機能して働いていない（心身機能の不調）"ということになります。この章では，発達の遅れについて述べていますから，言語面とか，運動面がうまく機能したり，働いたりできていなかったりするわけです。

　次に impairment, disability, handicap という3つの言葉をリハビリテーション医学の言葉で説明しましょう（三宅・尾崎，1995）。リハビリテーションとは，能力の快復（病気がよくなること）と社会生活への適応を目的としているものです。

　まず，"impairment"ですが，疾患（disorder）によって脳や身体の機能がなんらかの喪失があったり異常があるといる状態。これは一次的に身体のどこかが悪いあるいは良くない状態にあることが推測されるということです。

　"disability"とは，一次的な障害の結果，「○○ができない」「△△ができな

い」というふうに，いろんなことができないという"能力の障害"が二次的に起こってくることを示します。何かをやりたくても十分にうまくできない，あるいは人の援助を得なければできないということです。

最後に，"handicap"とは，これは，一次的な障害（impairment），そして二次的な能力障害（disability）の結果として，その本人および周囲が感じる不便さ，困難さということになるでしょう。その個人に"結果として生じた不利益（disadvantage）"であり，その個人にとって（年齢，性，社会，文化的な意味で）正常な役割を果たすことが制限され，妨げられている状態のことをいいます。この最後の"handicap"という言葉は，「ハンディキャップ」として，日本語にもなっていますが，最近は，アメリカでは"challenge"という新しい表現に置き換えられつつあります。たぶん何かをするのに一つひとつ普通の人よりも頑張ってやらなくてはいけないという意味から来ていると思われます。

このようにリハビリテーションの視点では，一般に障害を「impairment（機能障害）」，「disability（能力障害）」，「handicap, or challenge（社会的不利）」の3層の構造に分けて考え，おのおののレベルに対応した援助を行うことを基本としています。

以上を簡単にまとめると，①最初に，何かしらの疾患（disorder）あるいは状態があって，②その原因を推測すると→一次的な機能・形態障害（impairment）があり，③その結果→二次的な能力障害（disability）が生じてきていて，④また，その能力の障害の結果として→三次的な社会的不利（handicap）が起きてくるというふうになります。

そういった子どもの社会的な不利益が起きてこないように，周囲の人たちがその子どもを理解し，配慮してあげることがどうしても必要となります。その子どもの社会の中での不自由さをいかに最小にして，その子どもがこの社会の中で生きやすく，その人にとって幸せに生活できるようにしていくことが，教育と福祉の基本姿勢でしょう。また，障害児とまわりの子どもたちや大人たちが，たがいに生き合う，人どうしが生きるという共同的な生き方，どう共生していくかを考えることが，統合保育の重要な視点ではないでしょうか。

さらに、一人ひとりの子どもが必要とする配慮のことを「special needs（スペシャル・ニーズ）」といいますが、障害児一人ひとりの障害の特性にあった個別の配慮がもっとも重要です。保育の現場で、「個別の配慮を必要とする子どもたち（children with special needs, アメリカで障害児のことをこう呼ぶ）」の障害の特性を周囲の大人や子どもたちが理解し、適切な対応と支援をしていくことが必要です。"スペシャル・ニーズ"="その子どものもつ個性への周囲の理解と支援"ということになるのではないかと思います。

2　発達障害

前項の「障害とは」で「障害」に関する考え方を述べましたが、「肢体不自由」「視覚障害」「聴覚障害」などの「目に見える」障害とは異なり、これから述べる「精神遅滞」や「広汎性発達障害」「自閉症」「学習障害」などの「発達障害」は、外からみてなかなか「見えにくい」障害です。ことばを代えるならば、なかなか「理解しにくい」そして「支援しにくい」障害です。脳性まひなどの「肢体不自由」の人には「車いす」が、「視覚障害」の人には「白杖」や「視力矯正眼鏡」が、「聴覚障害」の人には「補聴器」や「手話」「読唇」などが、「能力障害（disability）」を補う手段として存在します。

これらは、いわば「社会的不利益（handicap）」を減少させるもので、「健常者の文化」と「障害者の文化」が共存できるように、両サイドから橋渡しをしてくれるものと考えることができます。「発達障害」の子どもたちの場合には、一般の人にも知れわたっているような「橋渡し」のための特別な手段がありません。その手段となる、「障害の理解と支援の方法」をこれから考えていきたいと思います。

ここでは、理解に先立ち、さまざまな「発達障害」の医学的な定義と解説を述べます。

精神遅滞

精神面の発達の遅れのことを医学的には、「精神遅滞（mental retardation）」

といいます。福祉の立場での用語としては，昔使われてきた「精神薄弱」ということばが，不適切用語ということで使用されなくなり，これに替わる用語として，厚生労働省が，1994（平成6）年に「知的発達障害」または簡略化して「知的障害」とすると発表しました。1999年4月1日施行の「知的障害者福祉法」より法律用語も「知的障害」になっています。

　昔の福祉制度上の概念での「精神薄弱」の定義（桜井，1988）を引用しますと，「出生前あるいは出生直後のなんらかの原因によって，発達期に知的機能障害があらわれ，能力低下や社会的不利を生じ，生活，学習，労働等の人間生活の営みに支障を来す可能性があるので，医療，福祉，教育，職業等の面で特別な援助を必要とする状態」とされています。

　医学的な「精神遅滞」の定義には，いろいろな定義がありますが，まず，国際的に承認されている「アメリカ精神遅滞学会（American Association on Mental Retardation）1992年の第9版の分類体系」の定義（アメリカ精神遅滞学会，1999a）をここでは述べます。この定義では，以下のような3つの特徴から精神遅滞を説明しています。

　　1．明らかに平均以下の知的機能であること。
　　2．意志伝達，身辺処理，家庭生活，社会的／対人的技能，地域社会資源の利用，自律性，健康と安全，実用的な教養，余暇活動，仕事の10の適応技能の領域のうち，2つ以上の領域で制約（うまくできない）があること。
　　3．18歳以前にあらわれたもの（その状態が認められたもの）。

　次に2.にあげられた10の領域の適応技能について簡単に説明します（表3-1）。アメリカ精神遅滞学会の定義では，発達期においてIQ70〜75以下で，かつ表3-1の10の領域の適応技能のうちの2領域以上に障害がある場合，精神遅滞と診断するようになります。

　しかしながら，実際に必要なものは，IQの測定ではなくて，本人のニードとそのニードに応える支援です。そのために，障害の程度を示すものとして「支援の程度」の分類が採用されています。表3-2が「支援の程度」です。

第3章 気になる行動と発達の問題

表3-1 適応技能の10領域

1. 意志伝達	象徴的行動（話し言葉・書き言葉・記号・身振り・手話など）や非象徴的行動（表情・動作・ジェスチャーなど）を介して要求，感情，あいさつ，批評，抗議，拒否などの情報を理解したり表現する技能のことです。
2. 身辺処理	トイレ，食事，衣服の着脱，衛生，身だしなみ，などの技能のことです。
3. 家庭生活	衣類の始末，ハウスキーピング，財産管理，食事の準備と料理，買い物の計画や予算，家の安全を保ったり，毎日のスケジュールを立てたりする技能のことです。
4. 社会的／対人的技能	他者と社会的なやりとりをする技能です。社会的な手がかりを受けとめて，状況に応じて適切にふるまうことができたりする技能を示します。
5. 地域社会資源の利用	地域の諸施設を上手に利用する技能のことです。たとえば，買い物に行くこと，地域の病院やいろんなお店を利用すること，教会に行くこと，公共交通機関・公共施設（学校・図書館・公園など）を利用すること，劇場に行くこと，その他の文化的施設を利用することなどです。
6. 自律性	自分で選択・決定する技能のことです。たとえば，スケジュールを理解しそれに従って行動すること，状態・状況・予定・個人的興味などに応じて行動すること，必要あるいは課された務めをはたすこと，必要な援助を求めること，身近に起こったことがらを解決すること，自分を必要に応じて主張してその権利を守ることなどです。
7. 健康と安全	まずは自分の健康を保つということです。たとえば，食事に配慮すること，病気の認識・対処・予防ができること，当面の応急処置をすること，性について対処ができること，運動をするなど健康を維持する努力をすること，法律・規則を守ること，シートベルトをすること，定期的健康診断（歯科的検診を含む）を受けること，犯罪から身を守ること，地域社会でふさわしい行動をとることなどです。
8. 実用的な教養	さまざまなことを認識する能力，そして生活の中で実際に役に立つような学業能力（読み，書き，計算，身体や健康・性に関する知識，地理的・社会的知識など）のことです。
9. 余暇活動	自分の好みで選んでレジャーを楽しんだり，自分の興味関心の幅を広げたり，新しい娯楽を見つけだす技能のことです。
10. 仕事	地域社会で，パートあるいはフルタイムで働く技能のことです。仕事に応じた特殊な技能，適切な社会的行動，そして関連する仕事上の技能（業務をやり遂げる，スケジュールの理解，援助を求める・自分に対する批判を受けとめる・技術を向上させる・お金の管理・財源の割り当て，仕事に通う・仕事の準備・仕事の最中に自分をコントロールすること・仕事仲間との対人関係を作ること）のことです。

（アメリカ精神遅滞学会，1999c）

　以上が，アメリカ精神遅滞学会の定義より，引用したものですが，実生活においても精神遅滞の人の行動は，知能の程度よりも生活の適応行動力に左右されることが多いことが実感されます。こうした適応の能力はそれまでにどのよ

表3-2　サポートの定義とそのレベルの例

1. 必要時だけの支援（intermittent）	必要に応じて時折一時的に支援を提供すればよい程度です。たとえば，失業したり病気になったときなど何かの場合にのみ支援が必要となります。
2. 限定的な期間の支援（limited）	支援を一定の期間必要とする程度です。たとえば，期間限定の就労訓練や学生から社会人になるための移行のための支援などです。限定的ではありますが，継続的な支援が必要です。
3. 継続的な支援（extensive）	一定の条件のもとで，支援を継続的に必要とする程度です。たとえば，毎日，職場での支援が必要とか，あるいは毎日，家庭での支援が必要であったりします。期間限定ではなく，長期的な支援が必要です。
4. 全面的な支援（pervasive）	どのような状況でも支援を必要とする程度です。つねに，しっかりとした全面的なサポートが必要となります。一生涯にわたって，生活全般にわたる介入が必要であったりします。施設入所による援助などもこれに相当します。

（アメリカ精神遅滞学会，1999b）

表3-3　療育手帳の判定基準の例（0歳～6歳）

1. 知能測定値	標準化された知能テスト，社会生活能力テストもしくは，乳幼児用の精神発達テストを用いた結果算出された知能指数およびそれに該当する指数について，以下の程度別に判定します。知能指数およびそれに該当する指数がおおむね0～19で最重度。20～34で重度。35～49で中度。50～75で軽度とされています。
2. 運動	中度の程度では"四肢等の運動機能が全般的に劣弱のもの"，重度では"運動機能がきわめて劣弱なため歩行も不十分なもの"とされています。
3. 社会性	中度では，"対人関係の理解および集団的行動がある程度可能のもの"とあります。しかしながら，なんらかの問題はあるということです。重度ですと，"集団的行為のほとんどが不能のもの"となっています。
4. 意思疎通	中度が，"言語が幼稚なため意思疎通のやや不可能なもの"，重度で"わずかな不完全な単語だけのため意思疎通の不可能なもの"となります。
5. 身体的健康	身体の発達，健康状態，合併症の有無などについて"特別の注意（中度の場合）や保護（重度の場合）が必要なもの"とされています。
6. 基本的生活	食事，排泄，着脱衣，入浴，睡眠等についての生活上の基本的な能力について，中度が"部分的介助と監護が必要なもの"，重度で"部分的介助と常時の監護が必要なもの"となっています。

（手塚・青山，1998）

うな経験をしてきたのかによって，大きく左右されるため早期からの教育的な配慮が必要です。

　それでは，知的障害というのは，実際にどのように判定されるのでしょうか。ここでは，東京都の「愛の手帳（療育手帳）」の判定基準表（0歳～6歳，就学

前)を参考にして,見ていきたいと思います。判定は知能測定値,運動,社会性,意思疎通,身体的健康,基本的生活の項目を基にして行われ,援助の必要な程度に合わせて,1度(最重度),2度(重度),3度(中度),4度(軽度)に区分されています(表3-3)。

　以上,アメリカと東京都の判定基準を示しましたが,通常の幼稚園や保育園に在籍している障害児や行動に問題がある子どもたちのほとんどが,能力的に「軽度」から正常域下部に近い「ボーダー(境界線)」領域にあると思われます。ここで繰り返しますが,障害の判定は「知能検査」「発達検査」だけではされません。統合保育の中で,「精神遅滞」による能力の障害がいかにあろうとも,その子どもの「生活・社会適応能力」を育てていくことが重要であると考えます。

3　ダウン症候群

　幼稚園・保育園児の中にもかならずといっていいほど,ダウン症候群の子どもがいます。両方の目が離れていて,鼻が低く丸顔の独特な風貌で,ぽちゃぽちゃとした体つきで,にこにこ笑っている愛嬌のある子どもです。ダウン症候群は,染色体の異常——21番目の染色体が過剰に存在する(3個ある)——に起因する病気です。一般的には特徴的な顔つきで,一見してダウン症候群の子どもであるということがわかります。眼の内側には皮膚が多くかぶさっており,両方の目の間が開いているかのように見え,眼裂は斜めにつり上がり,鼻根部が扁平であったり,舌が大きかったり,また手指が短くて太いこともあります。ダウン症候群の出生率は,約1,000人に1人といわれています(飯沼,1996a)。

　ダウン症候群の子どもの特徴を考えますと,大きく分けて次の3つがあげられます。①運動面の遅れ,②知的障害,③身体合併症の3つです。

　第1は,筋肉の緊張度が低いことです。首のすわり,寝返り,お座りなどが,1～2か月から半年近く遅れることが多く,一人歩きも半年以上遅れたりします。最近では早期療育が普及して,1歳8か月ぐらいで歩けるようにもなっています(安藤,1991)。また,身体中の関節が柔らかいのが特徴です。歩き始め

る前のハイハイの時期は膝の屈伸を嫌がり，膝の関節を伸ばしたままのいわゆる「高這（タカバ）い」をします。幼少時には腰が曲がっている姿勢が目だち，グニャリとしている，歩き方がおかしい，あるいは走ったりジャンプしたりするのがむずかしかったりします。また，微細運動の面でも遅れがあり，物をつかむ手指の動作が，健常児では生後約10か月で可能なところ，ダウン症候群の子どもでは，1歳4か月ぐらいになってやっとしっかりとつまめるようになったりします。

　以上の特徴があるため，早期の療育的なアプローチとしては，粗大運動や微細な運動（目と手の協応動作など）のトレーニングが必要です。一般にダウン症候群の子どもは，膝などの関節に負担がかかるような運動を避ける傾向がありますので，幼稚園・保育園でも軽いジャンプ運動や縄跳びなども相当年齢が進んでからでないと，できなかったり，したがらなかったりします。

　第2に，程度の差はありますが，知的な発達の遅れが存在します。ことばの発達を例にとりますと，ダウン症候群児の始語の時期は，2歳半すぎと考えられていましたが，最近は早期からの介入により，平均1歳6か月ぐらいでことばを話し始めるともいわれています。このように，教育環境の条件により知的な発達は変わってきますし，個人差もあります。ですから，ことばがない時期にも本人との心の通ったやりとりをしっかりもっていくことが大切です。知能は，通常の知能検査では低い数値であっても，絵を使った知能テストでは，IQ値が高くなることもあります（飯沼，1996c）。

　人の気持ちを察したり，状況に合わせて適切に行動したりする能力も見かけの知能以上に高いようです。ダウン症の子どもは，ことばで正確に表現できなくとも，その場にあった合理的な行動がちゃんととれることが多いものです。こういった特徴が自閉症の子どもとは大きく異なる点です。

　また，「どもり」も約半数のダウン症候群の子どもに認められますが，これはしゃべるときに何を言えばよいか迷ってしまうせいかもしれません。そして発音の不明瞭さも約4分の3のダウン症候群の子どもに認められます。これは，舌が大きいことや，声帯の緊張度や共鳴の異常が原因と考えられています。こ

とばの発音や音声の問題は，必要に応じて言語聴覚士（言語訓練をする専門家）の先生たちと連絡を取り合って治療を進めるのがよいと思います（安藤，1991）。

　第3の特徴としては，さまざまな先天的な奇形や疾患を合併している（飯沼，1996b）ことが多いということです。一人の子どもにいくつかの奇形が合併することもあります。よく認められるのが，心臓の奇形です。約40％ぐらいのダウン症候群の赤ちゃんに心奇形が認められます。次にてんかんですが，乳幼児期には1～2％にてんかん発作が起き，50歳代になると15％にもなります。このてんかんはきちんと治療をすることによって治りやすいのが特徴です。先天性の白内障が小学生の段階で，10％くらいありますが，たいていは中心視野からはずれた小さなものなので多くは手術の必要はありません。また，首関節が不安定である子どもが15％くらいいるといわれています。もしも握力の低下や手足に力が入らないとか皮膚の感覚が鈍くなったりすれば，首の骨がずれて神経が圧迫されている可能性があります。3～4歳ころに首のレントゲン検査を行い頸椎脱臼（首の骨の1番目と2番目が少しずれている）の有無を調べた方がよいようです。また，これは奇形ではありませんが，鼻かぜをひいたときなど中耳炎を起こしやすく，注意が必要です。これらの合併症を生じやすいため，子どもによっては，ダウン症候群専門の小児科，あるいは整形外科，耳鼻科，眼科などのお医者さんに定期的に診てもらい，健康管理をすることが必要です。

　もう一つの大事なポイントは，ダウン症候群の場合は，生まれてすぐにその子どもがダウン症候群であるという事実を両親が告知されることです。告知を受けたとたんに多くの親たちは，ショックを受け悲しみや怒りの感情をもってしまいます。時には「絶望のどん底に突き落とされたようで，子どもといっしょに死のうかと思った」と後に筆者に語ってくれた保護者にも会います。子どもをしっかりと受け入れて育てていこうと思うようになるのには相当な時間がかかると思いますが，育つ道筋をしっかり示し希望につなげ，育児の楽しさを実際に感じていくことが必要です。そのためにも，早期療育にすみやかにつなげて，より適切な療育支援をまわりがしていくことが重要です。

保育園や幼稚園の中では，ダウン症候群の子どもは愛嬌があり，人なつこいので，人気者であったりします。しかし知的な遅れから善悪の判断や物事の理解が困難なことも多いので，きめ細かく対応して教えていくことが大切です。自分がしたことが悪いことであっても，叱られている理由がよくわからず，にこにこして笑い，つい保育者がほほえんでしまって，きちんと教えることができないこともあります。人の心をつかんでいくことがうまいという天性をもっている上に，乳幼児期より心疾患の手術で入退院を繰り返していたりするので親としては「かわいそう」という思いが先にたち，結果として，甘やかされて育てられている子どもが多いような印象を筆者は受けています。また，どうしても自分の思いや要求を通すようながんこさもその性格の中にもっていることが多いので，保育の場面で，他の障害（これらの障害については後述）をもつ子どもたちの「困った行動」とは違った「保育のしにくさ」を感じてしまいがちです。保育者たちは焦らず，感情的にならず，一つずつていねいに教えて指導していくことが肝要です。

4　広汎性発達障害

　広汎性発達障害（PDD；Pervasive Developmental Disorder）は聞き慣れないことばかもしれませんが，保育の現場でよく見られる自閉症やその周辺の疾患のことをいいます。

　ことばだけの遅れではなく，人とのやりとり（社会性），そして基本的な生活習慣など広範囲にわたっての発達上の問題（遅れや質的な異常）が気づかれるので，「広汎性（多くの領域）」発達障害といわれています。

　WHO（世界保健機関）のICD-10という診断ガイドライン（融ら監訳，1993）に従って，広汎性発達障害の診断名をあげてみると，"小児自閉症（自閉症）""非定型自閉症""レット症候群""他の小児期崩壊性障害""精神遅滞および常同運動に関連した過動性障害""アスペルガー症候群"などがあります。

　幼稚園や保育園で「人との関係がうまくとれない」「いつも一人で遊んでいる」などの特徴ある子どもたちのなかで，上記のいずれかの診断名がついてい

第3章　気になる行動と発達の問題

る子どももいるでしょう。

　まず比較的頻度が多く見られる自閉症およびその周辺の疾患——"小児自閉症（自閉症）""非定型自閉症"そして"アスペルガー症候群"について述べてみたいと思います。

　イギリスの自閉症専門家であるローナ・ウィングはこの3つの障害およびその他の広汎性発達障害をも含む概念として（ただし，"レット症候群"と"精神遅滞および常同運動に関連した過動性障害"は除外される），「自閉症スペクトラム」（Wing, 1998a）を提唱しました。これは以下に述べる障害の3つの領域の症状が非常にはっきりとしたものから正常に近くはっきりとはしていない状態まで連続している（連続帯の）なかでみていこうという考え方です。その3つの障害の領域とは，①ことばを含めたコミュニケーションがうまくできない（言語および身ぶり手振りなどの非言語のコミュニケーションの障害），②社会的な役割や人とのやりとりがむずかしく，集団にうまく入っていけない（社会性の障害），③想像力がない，すなわち，ごっこ遊びやみたて遊びがうまくできず，思考や行動に柔軟性がない（想像力の障害）ことです。③の想像力の欠如についてはわかりにくいかもしれませんが，言い方を変えると，興味関心の幅が狭い，何度も同じ活動をやりたがり過剰にはまりこむ（同一性保持の）傾向があります。「自閉症スペクトラム」の一番の顕著な特徴は人への関心をもちにくいということです。あるいは関心はあっても，「興味のあることだけを一方的に話す」などちょっと奇異なものであったりします。

　前述の診断名に関しては，この①～③が3歳以前からしっかりと認められるのが，"小児自閉症（自閉症）"で，3つのうちの1つないし2つが欠けたり，3歳以降の発症だったりするのが，"非定型自閉症"です。そして，言語あるいは認知的な発達には明らかな遅れは認めないけれど，上記の3つの特徴のうち，②の社会性の異常と③の興味関心の範囲が限定されているという2つの領域の症状のみが当てはまるのが"アスペルガー症候群"ともいえます。"小児自閉症（自閉症）"と"アスペルガー症候群"については後でくわしく述べます。

その他の上にあげた診断名の中で，まず，耳慣れない"レット症候群"について，簡単に説明してみます。女の子のみの病気で，生後6か月から2歳ぐらいまでに発達の異常に気づかれます。それまでは正常にできていた手先の運動や言語の能力が低下してきます。特徴的な動作として，手と手をくっつけてねじってもむ常同運動（もみ手をするような行動）や急に大きくハーハー息をするような（過呼吸）動作があります。背骨が横や後ろに曲がって，身体がふらついたり，うまく歩けなかったりします。食べ物を嚙みくだくのもうまくできなかったり，しばしばよだれを過剰にたらしたり，大小便の自立がなかなかできなかったりします。社会的な関わりをもつことは少なく，つねに重度の言語および知的な障害があり，しばしばてんかん発作が出現します。一般に8歳前に出現します。

　次に"小児期崩壊性障害"ですが，社会性の障害，コミュニケーションの障害，行動の異常の3つが認められる点では自閉症と同じですが，違う点は，"2歳までは外見上はほぼ正常に発達する""2歳すぎまでに身につけた言語，遊び，基本的な生活習慣などができなくなってしまう"ことがあげられます。ある時期まではできていた大小便の自立的なコントロールができなくなったり，食事，着替えなどできていたことができなくなったりします。通常3～4歳で異常に気づきます。

　これらの"レット症候群"や"小児期崩壊性障害"は，自閉症に比べればずっとまれな病気とされています。

　"精神遅滞および常同運動に関連した過動性障害"は，アメリカ精神医学会の診断基準（DSM-Ⅳ）にはなくて，WHOの診断ガイドラインの方にだけある診断名です。これは，発達上不自然なほど落ち着きがなく，注意の持続が短く，しばしば常同行動（クルクル回る，身体を揺する等），あるいは反復的な行動パターンや自傷行為が認められ，重度（IQ＝50以下）の精神遅滞が認められるのが特徴です。

5　自閉症

前項で簡単にふれました自閉症児の行動特徴について,「3つの領域の障害（社会性・コミュニケーション・興味関心や行動パターンの異常）」を中心にして,説明していきたいと思います（内山・桑原, 2000）。

（1）　社会的相互交渉の問題——人とのやりとりをすることが苦手

他人への関心をもちにくいのが特徴です。人が関わっても知らんぷりをしているように見えたり,一人遊びが多く,子どもどうしでやりとりをして遊ぶことが苦手です。人に興味がないわけではないのですが,人とどう関わってよいかわからず,一人でいることの方を好みます。人と自分を対比して感じたり,考えたり,人との関係性の中で物事を考えていくことが苦手です。また,「相手の立場を自分に置き換えて考える」ことや,反対に,「相手から自分はどう見られているか」ということを感じたり考えたりすることがむずかしいわけです。社会生活をしていくうえで,相手の気持ちや自分を客観的に考える力は必須のもので,本来自然に備わっている力です。こうした能力が欠けていることから幼稚園・保育園や家庭でもさまざまな「変な」「困った」行動が発現されてきます。

他人への関心をもちにくいことや,人との関係性の中で物事を見ていくことができない（相手の立場に立てない）結果として,たとえば,バイバイの仕方が変（手のひらを自分の方に向けてバイバイしてしまう,手の振り方がおかしい等）,模倣が苦手,ごっこ遊びができないなどのことが認められます。

しかし,他人への関心が少ないにもかかわらず,「自分がこんな行動をしたら,相手（保育者の先生や父・母などまわりの大人たち）はいつもこんな反応をする」といった周囲の人びとの反応のパターンはよく覚えていて,自分から,周囲の注目を引こうとする言動をすることも多くあります。たとえば,お集まりの集団活動には参加しないで子どもたちの輪から離れていますが,教室のドアを開けて外に飛び出そうとすると,かならず先生は追いかけてくれることを知

っています。

　ひとり言を言うことが多いのもよく見られる特徴です。テレビのコマーシャルや，クルマや電車の名称を次々と，だれに話しかけるともなく言っている子どももいます。時には，「やーね，もうまったく」「お片づけ，早くしなさい」など，どこかで聞いた命令口調のことばを繰り返して言っていることもあるでしょう。これらは，相手を意識した上での，意味のあるコミュニケーションとしてのことばではありません。電車の中で，車掌の「次は横浜，横浜，大宮行き京浜東北線は3番線に…」などの車内アナウンスを覚えていて無意味に大声で言ったり，ぶつぶつひとり言を言って，横についているお母さんが必死でとめようとする光景も見られます。保育者やお母さんはついつい気になってしまい，「静かに！」「やめなさい」などと注意をしがちですが，あまり効果はありません。まったく反応しないか，口に手を当てて，視覚的に"しーっ"という動作をして見せることでおさまっていくこともあります。

　また，一般に，自閉症の子どもは「視線が合いにくい」というふういわれています。確かに相手の目をきちんと見て話をしたりすることが少なく，すぐに目をそらしてしまいます。しかし，視線がまったく誰とも合わない自閉症の子どもはいないと筆者は臨床経験の中から感じています。その子が相手を何か意味のある存在として意識したときや自分がとても楽しいことをしていて"やった！"と思ったときなどは，相手の目を見たり，それを手伝ってくれたそばにいる大人にニコッと笑いかけることもあります。

　いままで述べたような，人との接触を嫌う「孤立型」タイプの「自閉症」とは反対の「積極・奇異型」タイプ（Wing, 1998b）の自閉症の人もいます。このタイプの自閉症の子どもは人に積極的に近づいていきますが，同年齢の子どもよりも多くは，自分のことを世話してくれる大人，つまり自分の親や他の子どもの親たち，保育者たちに一方的に自分の要求や興味・関心のある事柄などを話したり関わっていきます。自閉症の子どもの多くが感覚の異常をもっていますが，このタイプの子どもの中には触られることには敏感であっても自分からそういった大人たちへやたらにべたべた接していったり，強く抱きしめたりし

ます。つまり，他人との適切な距離感のとり方がわからないのです。この「積極・奇異型」タイプの子どもの中には人との接触があるので，「自閉症」という診断を受けずにきてしまった子どももときどきいます。

（２） 言語・コミュニケーションの問題
――言葉をしゃべったり，相手から言われたことを理解するのが苦手

自閉症の子どもでは，3歳までの生育歴で「ことばの遅れ」がほぼ全員に見られます。名前を呼んでも振り向かなかった，指さしがなかなか出なかった，1歳半すぎても有意味なことばを一語も言わなかった，ごにょごにょと何だかわからないことを一人でしゃべっている，1歳すぎにことばが1～3語くらい出たのに2歳になる前に消えてしまった，などもよく聞かれます。4，5歳くらいになってようやくことばが出てくるようになったのですが，しゃべることばはひとり言ばかり。たくさん話すようになったのだけれど，こちらから聞かれた質問に応えることは少なく一方的で，実際に人とことばでやりとりするのは苦手だったりします。2語文，3語文は出ていても，それを会話の中でやりとりとして十分に用いることはできなかったり，文法的に正しく使えないことがあります。たとえば，お父さんが帰ってきたときに「お帰りなさい」と言うところを「ただいま」と言ってしまうなど，受け答えが反対になってしまう，また「あげる」と「もらう」も反対に言ってしまったり，自分がクッキーを欲しいときに，「クッキー，ちょうだい」と言えずに「クッキーをどうぞ」とか，「○○ちゃんにあげましょう」とか，「○○ちゃんクッキー好きですね」と言うように，ことばの使い方が奇妙なことがあります。

また，自閉症児のことばの特徴として「オウム返し」がよくあげられます。聞いたことばをまったく同じように言うことです。抑揚まで同じに言う子どももいます。たとえば，「何してるの？」と聞かれて「ナニシテルノ？」と答えたり，「どっち？」と聞かれて「ドッチ？」と答えるなどです。これは，医学的には「エコラリア（反響言語）」といい，その場で言われたことをそのまま繰り返すので，「即時性エコラリア」ともいいます。これはその場で相手に言わ

れたことばの意味の理解はできなくても，相手がしゃべった発音やイントネーションは記憶して再現することができるといった自閉症児の特徴に基づくものと考えられています。年齢が上がってエコラリアがずいぶん少なくなってきて，応答性もよくなってきた子どもでもときどきエコラリアを言うことがあります。この場合はこちらの言ったことや質問が理解されていないということなので，保育者はわかりやすく言い換えたり視覚ヒントを使うようにしましょう。

　前述の社会性の問題でもふれたように，自閉症の子どもによく認められるひとり言としては，コマーシャルのフレーズの決まった部分を何度も繰り返してしゃべっていたり，テレビドラマ（アニメの漫画であったりすることが多い）の中でよく出てくる主人公や決まったキャラクターがしゃべるせりふを言ったりすることがあります。まったく不適切な場面で言うこともあり，ある程度は状況に合わせて言うこともあります。これを普通「遅延性エコラリア」といいます。通常のエコラリア（相手のことばをそのまま繰り返す「オウム返し」）と異なり，以前の会話の内容やCMや歌の一部分を繰り返して話すことを示します。遅延性エコラリアの例を示しますと，たとえば保育園などで，ある自閉症の子どもがたとえば高いところに勝手に登ったり，触ってはいけないものを勝手に触ろうとしたり，なにかしら困ることをしようとしたときに，しばしば他の園児がそれを見つけて「せんせーい！」と保育者を呼び，先生が「○○ちゃんダメでしょー！」と叫んだりします。そうしたやりとりが保育園でなんどとなく繰り返されるためか，その自閉症の子どもは，家に帰ってもしばしば自分一人で，「せんせーい！　○○ちゃんダメでしょー！」と繰り返してしゃべっていたりします。

　話はするのだけれど，声のトーンが単調で，変な抑揚がついていたり，不自然な口調であったり，声がやたらに大きかったり小さすぎたりすることも多くあります。また，ことばにはならない，よく聞き取れない発音をただひたすらずっと「ゴニョゴニョ」「ムニョムニョ」と何かしら発声しているだけのこともあります。

　聴覚障害者のようにことばを話さない人は，手話やサインなどいろいろな非

言語的コミュニケーションの手段を用いようとしますが，自閉症児の多くは動作やサインをあまり使おうとしません。人の動作の模倣がうまくできないことはよく知られている特徴ですが，時に相手の動作や運動を正確にまねることもあります。しかしこれは，正確であっても無目的で無意味なまねであり，これを「エコプラクシア（反響動作）」といいます。この動作の模倣も相手のことばや状況を正確に理解できていないための行動であると考えられます。コミュニケーションとしてのことばがほとんどない子どもの場合は，指さしもあまりなくて，かわりに「クレーン動作」（ハンドリングともいい，人の手をつかんで何かしてほしいところに持っていく）を多く使います。人とのやりとりがことばを使って十分にできるようになると，クレーン動作はまったくなくなるのが普通です。

　その場に結びついたやりとりのある会話ができるようになるためには，たとえ，少しことばを話すようになった子どもの場合でも，そのつど場面にあったことばを具体的に状況に合わせて，教えていく必要があります。

（3）　興味関心や行動パターンの異常
　　　――同じことを繰り返したり，興味や関心に偏りがあったりせまかったりする

　自閉症の3つ目の主な特徴として，いつも同じようにものごとが進んだりしていないと不安になりやすかったり，同じことを繰り返して何度でもやったりするという行動があります。しばしば，ジャンプしたり，手指をずっと動かしていたり，手で机をバンバン叩いたり，足で床をならしたりなどする，奇妙にも見える同じような行動をします。ミニカーのおもちゃを同じやり方で繰り返し並べて床に目を近づけて斜めから眺めたり，何度もテレビで見た動作を真似したりします。これらを医学的には「同一性の保持」と呼びます。このように同じことをしなくては気がすまない，身のまわりのものが同じようになっていないと気がすまないという固執的症状は，興味・活動を限定してしまい，想像的な活動の広がりを妨げてしまいます。これをウィングは「想像力の障害」といっています。

　大人が子どもに関わろうとしたとき，その子が関心のあることだと，すぐに

反応してくれるのに，関心のないことだと全然見向きもしないということがよくあります。また他の子どもといっしょに何かのふりをしたりするごっこ遊びは苦手です。また集団の中でのお遊戯や，みんなが守るルールに従って遊べない傾向があります。

　身のまわりの変化に弱い例として，新しくカーテンを変えたとか，夕食時の座る位置が変わり他の人が座っていたなどの変化や，ちょっとした洗面台上の歯磨きチューブの位置の変化などで泣き叫ぶことがあります。

　他によくある傾向として，あることに強い興味を示したりします。たとえば，ドアを開けたり閉めるたりすること，回っているおもちゃの車輪や扇風機，その他エアコンの室外機など早く回転する物体をずっと見る，水道の水で飽きもせず水遊びを続けるなどです。また，たとえば，1本のヒモ，輪ゴム，ガーゼや特定のおもちゃをいつも手に持っているなど，特定な物への強いこだわりがあったりします。

　これらの自閉症児に見られる「こだわり」は，見る・聴く・触る・臭いをかぐ・味わうといった五感の感覚の情報処理の偏りがその原因となっている可能性が高いと考えられています。たとえば，「換気扇をずっと見つめる，トランプを宙に投げて散らばる様子を見る，手を眼の近くでかざして振る」「物をなんでも回転させて遊ぶ」といったこだわりは，視覚的な情報が普通の子どもとは違ったかたちで処理されるために，特別に楽しい事柄として体験されるのかもしれません。また，「泥や砂，水を使っての感触遊びに没頭したり，逆にのりや粘土などのねばねばしたものに触るのを嫌がる，大人に抱っこされたり触られるのを極端に嫌がる」などのことは触覚的な情報の入力を処理する脳の働きが他の子どもと異なっているのかもしれません。また，ある特定の決まったものしか食べないといった偏食がひどかったりするのも，味覚や口の中の触覚に関する情報を脳で処理するときの異常があるのかもしれません。聴覚の情報処理の偏りとしては，「名前呼んでも振り向かないのにチョコレートやお菓子の包み紙を開ける音ですぐに反応したり，花火や赤ちゃんの泣き声などの突然の大きな音や声は耳をふさいで嫌がるけれど，特定の音の出るおもちゃをとて

も喜んで扱う」ことなどがあります。臭覚的な情報処理の偏りとしては,「食べ物ではないものの臭いをかぐ,はじめて食べるものはかならず臭いをかぐ」などがあります。

これ以外の感覚の異常としては,痛みに鈍感だったり（痛覚の異常),ずっと長い間振動している台の上や回転し続けるハンモックの中に乗っていても平気だったり（前庭感覚の異常),寒くても薄着をつらぬいたり,靴下をはかなかったり,あるいは一度靴下をはくことをおぼえるとずっとはいていたり（温冷感覚の異常）などの,体性感覚の偏りや異常が見られることもしばしばあります。

最後に自閉症の頻度についてふれますが,自閉症の発生率は,男子で女子の4～5倍高いといわれています。発生頻度は1万人に2～5人とされていましたが,近年（1980年以降）は,1万人に10人以上という報告が多くなり,1990年代後半には1万人当たり20人を越える報告が出されるにいたっています（本田・清水, 2000)。そして最近の報告では男女比も2：1程度に接近してきています。

以前はたいていの症例では,精神遅滞をともない,遅滞の程度は中等度（IQ35～50）の場合が多く,およそ4人に3人の自閉症の子どもは知的な発達に遅れが認められるといわれていました。しかしながら最近の調査では,広い裾野をもつ病態であり,自閉症グループ（自閉症スペクトラム）は100人に1人近くもいる（Wing, 1996）ことがわかってきました。また知的障害をもたないものの割合も4～5割近くに達する（本田, 1998）という報告も出てきています。

脳波異常は,たとえ発作がなくても認められることが多いようです。4人に1人は（青年期までの間に）てんかん発作が生じるともいわれています。てんかん発作をはじめて起こす年齢は就学前に小さなピークがあり,思春期前後に大きなピークがあるといわれています。

このように自閉症児はさまざまな行動の特徴を見せ,脳波異常も多く認められますので,発達障害を専門とする児童精神科医の診断を早期に受けることが必要です。そして,その子どもにもっとも適した家庭での養育法と幼稚園・保

育園での教育について，医師をはじめ心理，言語の専門家のアドバイスを参考にしてきめ細かく対応していくことが重要です。

6　アスペルガー症候群と高機能自閉症

　アスペルガー症候群を自閉症と区別して考えた方がよいかどうかは議論となるところですが，現在の国際的な診断基準では自閉症とアスペルガー症候群を区別して診断することになっています。

　アスペルガー症候群の自閉症との一番大きな違いは，「明らかな言語面・認知面での遅れが過去から現在までに存在しない」ということです。自閉症であっても5～6歳の時点ではもうすでにことばの発達が追いつき言語の遅れがみられない子どももいます。診断基準の定義からすると自閉症であれば3歳以前になんらかの言語や認知的な発達の遅れや異常が認められているはずです。3歳以前に言語および社会性の発達の遅れと興味関心の偏りが3つともそろってあり，3歳以降に言語あるいは認知的な発達において遅延や遅滞が認められなくなった，知的能力が境界域以上の自閉症を「高機能自閉症」といいます。

　自閉症の場合は，3歳以前より，ことばの遅れやその場でのオウム返し，遅延性エコラリア，意味不明のひとり言のような発語，一方的な発語はあるもののやりとりのある会話に乏しい，やたらと質問が多い，しゃべるわりに言われたことを理解できていないなどの言語・コミュニケーションの面での異常が認められ，また行動面では自分勝手な行動，視線をしっかり合わそうとしない，ぎこちなく不自然な身体の動き，横目使いで見る，表情や抑揚の乏しさなどが認められます。

　自閉症と異なり，アスペルガー症候群の場合は，上記のような様子が多かれ少なかれ認められるものの，3歳以前のことばをはじめとした知的な発達には明らかな遅れを認めないことが特徴です。1歳6か月児健診や3歳児健診でほとんど問題を指摘されることなく育っていたのに，幼稚園や保育園に入園後はじめて，「なにかしら集団によくなじめずに浮いてしまっている」とか「ちょっとしたことでかんしゃくを起こす」など「ちょっと変だけど，知的には知っ

ていることが多くて遅れはなさそう」「集団で同じ行動がとれない」「大人が使うようなむずかしいことばを使うわりに，普通の会話にまとまりのない子」といったことに気づかれます。

　どうしても保育者たちは，遅れがなさそうなのに「他の子どもといっしょに遊べない」とか「いつも孤立している」「友達がいない」というと発達の問題ではなくて，家庭環境や生育環境からくる心理的な問題があるのではと考えがちです。また，家族もその子どもがちょっとおかしい，あるいは変だとは感じてはいながら，「他の園児になじめなく，すぐキーキーいってかんしゃくをおこす」のは「ちょっとカンの強い子」といった言い方ですましてしまいがちで，1歳6か月児健診や3歳児健診で，「この子はおかしい」としっかりと自覚して母親や父親が感じることがなかったような子どもが多いのも特徴の一つです。そのため小学校や中学校に入り著しい不適応を起こした後ではじめて，アスペルガー症候群と診断されたりします。

　しかしながら，何かしら問題が起こって病院に来てから保護者に過去の幼児期の生育歴をさかのぼって聞くと，幼児期に「かんしゃくを起こしやすかった」とか「奇妙な自己刺激行動ともとれる常同的な身体の動き（たとえば，ヒラヒラした歩き方，つま先歩き，全身のぎこちない動き，不自然なとびはね等）が認められた」「ごっこ遊びをしないで，砂場などで一人遊びにふけっていた」「電車やカタログ絵本，国旗，道路標識，昆虫など自分の興味のあることにだけにこだわり続けていた」「表情が乏しかった」「不自然に笑ったりヘラヘラしていた」，逆に「不愉快そうな顔をしていた」「睡眠が不規則で夜泣きが目立った」「喃語が少なく3歳の頃までことばがやや遅かった」などのエピソードが認められていたりします。典型的な幼稚園保育園のころの特徴としては，「園の学芸会やお遊戯などの集団場面にみんなと同じ行動や動作で振る舞うことができなかった」ということがあげられます（杉山，1999）。

　最後にもう一つの特徴としては，「全般的な知能はほぼ正常であるが，著しく不器用であることが多い」とされています。男女比は8：1の割合で男児に多いとされており，アスペルガー症候群の頻度については，300人に1人という

報告もありますが，有病率については今後の調査が待たれるところです。

7　ADHD（注意欠陥・多動性障害 Attention-Deficit/Hyperactivity Disorder）

　幼稚園や保育園にいつも動き回っている子ども，一つのことに注意をしっかりむけて集中することができない子ども，忘れ物ばかりする子ども，先生の指示が聞けないけれど自分の好きなことには集中できる子どもなど，知的には問題がなさそうなのに行動が変な子どもを見かけます。前述の精神遅滞や広汎性発達障害の自閉症ではなさそうなのですが，「あの子は何か変」「皆と同じ行動がとれないのに先生と1対1では課題に取り組むことができる」「乱暴ですぐに怒る」「自分勝手」あるいは「とてもユニークでおもしろい」と思われている，保育者たちにとっては「困った行動」をする子どもたちです。これらの行動が他の同年齢の子どもたちとかけ離れていて，6か月以上も長く続き，本人にとってもまわりにとっても園生活や家庭での生活に問題が多く，生活していく上でさまざまな困難がずっと続いてしまっている場合はADHD（注意欠陥・多動性障害）を疑ってみます。こうした困難さのために，もちろん他の障害と同じようにまわりの理解と援助がどうしても必要となってきます。

　さて，ADHDとはどういう障害なのでしょうか。

　教科書（診断基準のテキスト）（中根ら，1994）などに照らして，この特徴をみていきますと，注意欠陥・多動性障害（ADHD）とは3つの特徴からなっています。1つは不注意，2つ目が多動性（過活動），3つ目が衝動性です。世界保健機関（WHO）の診断基準では，「多動性障害（Hyperkinetic Disorders）」と呼びます。この障害に基づく特徴的な行動は就学前（通常生後6年以内に生じる）に始まっており，かつ長く持続します。

（1）不注意

　勉強や身支度などやるべきことをなかなか始められない。やらなくてはいけないことを最後までやらないうちにやめて好き勝手なことをしてしまう。なにかに取り組んでいてもちょっとしたことですぐに気がそれてしまう。何かをや

り遂げたり，順序立ててやったり，整理整頓や片づけが苦手。先生の話などを集中して聞けていない。そこにものを置いたことを瞬時に忘れてしまい，ものをすぐになくす。忘れ物が多い。何度も繰り返し言われたことでも30分もたつときれいさっぱり忘れてしまい，結果として言われたことがまったく実行できない。面と向かって言われたこともちゃんと聞いていないように見える。先生の話を集中して聞けない。すぐにうわの空になっている。所持品の始末ができず，自分の持ち物があちこちに散らばっている。身だしなみや行動がだらしなく見え，いちいち指図されないと身辺処理が一つひとつできない。うっかりミスがやたらと目立つ。

(2) 多動性（過活動）

みんながおとなしくなにかやっているときに一人で突拍子もないおもしろいことを始めてしまう。みんながやっている活動が終わらないうちにその場を離れていってしまう。みんなが座っている状況ですぐに席を離れてしまう。あるいは他の子がおとなしくしているときに，ひどく走り回ったり，よじ登ったりする。遊んでいても過度に騒がしかったりするので，みんといっしょの余暇活動に適切に参加できない。社会的におとなしくしていなければいけない場所（例：病院，冠婚葬祭の式場）や状況（卒園式，入学式，私立小学校の入学試験の面接）でもじっとしていられなかったりする。歩き方もだらだらしていたり，妙にすばしこかったりする。とりあえず座ってはいても身体のどこかを動かしていて，ソワソワ，モゾモゾしている。椅子に座っていても姿勢が悪く，椅子をガタガタさせたり，クネクネしたり，のけぞって座っているうちに椅子からずり落ちたりする。2～3歳の頃は手を離すとすぐにどこか興味のある方にどんどん行ってしまい，迷子になっても泣かずにケロッとしていたりする。

(3) 衝動性

はじめにしっかり考えないで始めてしまう。大きなバルーンの上に乗ろうとするときも，力の加減や姿勢の調節など考えずに，突進して行くため勢い余っ

て反対側の床に転がり落ちたりする。慎重に考えて行動しないため，何度も同じ失敗を繰り返したりする。思いつくとすぐやろうとするため，その場の状況をわきまえないでとっさに行動する。他の子どもとちょっとぶつかっただけで，「なんだよー！」と言って相手を殴ったり突き飛ばしたりする。質問が終わらないうちに出し抜けに答える。列に並んでじっと待ったり，みんなと遊ぶときに順番を待てないなどの軽率な規則違反を犯す。他の子が先生と話しているところにいきなり割り込んできてしゃべったり，他の子どもがなかよく遊んでいるところにいきなり邪魔しに入ってきて勝手にかき回したりする。自分がどこかに行こうと思ったとき，周囲に誰かがいてもお構いなしに動くので，容易に人にぶつかってしまう。ぶつかった相手に（自分が不注意でぶつかっておいて）文句を言ったりする。なにか注意されたり，言われたりしても「なんでー！」「どうしてー！」と口答えをして，自分なりの屁理屈をこねて，なかなか素直に「うん」とか「わかった」と言うことができない。なにごとをさせるのにも一筋縄ではいかない。社会的に遠慮すべきところで，不適切なほどに過剰にしゃべる。

　上記の3つの特徴がいろいろと組み合わさって認められるのが普通ですが，不注意が主なタイプや過活動が主なタイプ，衝動性が目立つタイプなどさまざまです。必ずしも3つの特徴がそろうわけではなく，1つあるいは2つの特徴だけが目立つケースもあります。
　上記の特性以外にも社会性の問題などで，友達をつくったり，なかよくいっしょに行動するのが苦手だったり，集団の中でのルールを守れなかったりします。また身辺自立の問題では，不注意とも関連しますが，毎朝，幼稚園や保育園に行く支度がなかなかはかどらず，いちいち母親がやってあげたりしてせっつかないとできず，着替え，洗面，食事，歯磨きなどの一つひとつにすごく時間がかかったりします。食事の面では偏食というほどのものではなくとも，好き嫌いが激しくて，あれは嫌，これも嫌などと言ったりします。夜は夜でなかなか食事，入浴，着替えなどがはかどらなくて寝れず，寝つくまでにとても時

間がかかって睡眠も十分にとれなかったりします。夜尿が目立つ子どももいます。またこれは感覚の過敏さと関係があるようですが，洗髪や髪の毛を切ったり，耳掃除されるのをとても嫌がる子どももいます。

　さらに衝動性とも関連しますが，しばしば思うようにいかないために腹を立てて怒るとか，他児や家族に暴力をふるったり，かんしゃくを起こすこともあります。大人に対しても，口論をしたり，反抗的な態度をとったりします。よくあるのは，親に対して「〇〇を買ってくれないと許さないぞ」「どうして買ってくれないんだよー！」「買ってくれるって言っただろー！」などおもちゃへの要求が激しく執念深いため，要求がエスカレートしたりします。平気で意地の悪いことや残虐的な行動をしたり，そうしたことをしゃべったりすることがあります。

　ここで重要なのは，万が一，実際に動物へのはっきりとした虐待行動が認められた場合には児童相談所に相談に行くなどして，早急に周囲のみんなで協力して対処法を考えていく必要があります。このように周囲の大人や子どもに対して著しく反抗的あるいは非社会的な行動が目立つ場合にはそういった問題がどうして起きてきているのか，どうすれば防げるのかということを医療機関を含めた信頼できる専門家と相談しながら検討していかなければなりません。

　原因の1つには，その子の不注意・過活動・衝動性の問題からくる，感情や行動をコントロールする力が未熟というその子ども本来の一次的な脳機能の未熟さそのものからくる問題があります。次には，そうした一次的な障害の結果として，さまざまなことがうまくできず，周囲のみんなから注意や非難を受けたり，バカにされたり，のけ者にされたりした結果として，自信を失い情緒的に不安定となり，ますます欲求不満がたまって周囲に対して攻撃的な態度に出てしまうという二次的な情緒的・心理的な障害が考えられます。あるいは，そういったストレスが積み重なった結果，精神医学的にいう気分（感情）障害を合併していることもあります。子どものうつ病は，ADHDに合併して認められることも多く，症状はイライラ感だったり，気まぐれに気分がころころ変わったり，以前はやっていたことに対して「いやだ，やらない」と言ったり，爆

発的に怒ったり，相手を非難するといった反抗的な態度としてあらわれることがあります。

　現在広く用いられている世界保健機関（WHO）やアメリカ精神医学会の診断基準では，ADHDは主として，「行動の障害」としてとらえられています。しかしながら，実際にADHDの（あるいはADHDが疑われる）子どもに接する際には，やはり医学的な意味でいうと発達障害の中の，一つの状態として考えていくことになります。前述の「自閉症」や「アスペルガー症候群と高機能自閉症」などの項で述べました発達面での問題が，ADHDの子どもたちの生育歴の中でもみられることがあります。ADHDと診断を受けた子どもの中には，「ことばをしゃべりだすのが少しだけ遅かった」「ことばは早かったけど，自分の思うことをうまく表現できずに『えーっえーっと』と話すのが自分でももどかしそうでイライラすることがあった」とか，「発音が不明瞭あるいは吃音（どもる）」「ことばはあっても，自分が経験したことをうまくまとめて話すのが苦手」「ごっこ遊びはもともとあまり得意でなく，同年代のお友達どうしのなかではどちらかというと一人でマイペースに遊んでいた」「分離不安が強く母親から離れられなかった」「幼稚園の先生にいやにベタベタして離れなかった」「聞き分けがなく過度に自己中心的」「首のすわりやおすわりの時期が少しだけ遅かった」「からだの使い方のぎこちなかった（ヒラヒラした歩き方，不自然なとびはね等）」「夜泣きが多く睡眠が不規則だった」などのエピソードが多くあります。これらの特徴は高機能広汎性発達障害の子どもにも共通してよく認められることがらです。また，ADHD（あるいはそのリスク児）の子どもの中には，運動面でも，自転車・三輪車，片足立ち・ケンケン・スキップなどの運動が苦手だったり不器用であったり，力のコントロールがうまくできないことが多くあります。本人としてはちょっと気軽に叩いたりしただけのつもりが，力の調節が著しくへたであるために叩かれた方はすごく痛い思いをしたりします。書字の面でも，筆圧が弱すぎたり，強すぎたりしてすごくへたな字を書いたりしますし，小さな枠の中におさまるように字を書くことができず，枠からはみ出したりします。社会性の面でも周囲の状況に合わせての適切な判断や自分の

気持ちをコントロールすることが苦手だったりします。

　まとめとして，ADHDの子どもの症状は，不注意，過活動，衝動性といった3つの特徴的な症状だけにとどまるよりは，むしろ過去に言語発達の未熟さが認められたりして，現在でも運動面での不器用，社会性の問題，あるいは読み・書き・計算などの学業面の困難さが合併して認められることの方が多いというくらいに考えていてもよいかもしれません。

　ADHD（注意欠陥／多動性障害）の発症年齢および発生率（太田，2000）について触れてみたいと思います。発症年齢は，7歳以前と診断基準（中根ら，1994）ではされています。通常生後5年以内に生じますが，3，4歳まではどの子どもでも，少なからず多動の傾向がありますし，注意の持続を求められるような場面があまりないため，4～5歳以下の子どもでADHDとの診断を下すのはとくにむずかしいと考えられています。逆に幼稚園・保育園に入園して注意の持続を要求される課題場面や，集団の中で静かに座っていなければならないという場面に遭遇してはじめてADHDが疑われることが多くあるわけです。

　発生率は一般的には，学童の3～5％がADHDと考えられますから，20～30人に1人と考えて，クラスに1人か2人はいるという計算になります。男女比は，4：1ぐらいで男の子の方が多いのが特徴です。日本では，国立精神・神経センター精神保健研究所児童・思春期精神保健部部長の上林靖子先生たちが1993年に行った千葉県でのアンケート調査（対象は4～15歳）では5％ちょっとの子どもにそうした症状が認められ，診断基準を満たすのはやはり3～5％ぐらいではないかと推定される（上林，2000）そうです。

　薬物療法は，通常は療育的な対応だけではうまくいかない子どものケースに6歳以上（かつ体重も17～18kg以上）で用いられることが一般的です。中枢神経刺激薬としては，メチルフェニデート（リタリン）が多く処方されます。この中枢神経刺激薬は，60～70％のADHDの子どもの不注意や多動に効果が認められ，服用して30分ぐらいで効き始め4～5時間は効果が持続します。中枢神経刺激薬で効果がない場合は，抗うつ剤でADHDの子どもに効果があるとされている薬を使用したりもします。また，6歳より低年齢でどうしても服薬

が必要なケースや衝動性が強かったり，あるいは脳波異常があったり，てんかん発作があったりする場合は抗てんかん薬などを感情や情動面のコントロールの目的で使用することもありますが，幼稚園や保育園に通うADHDと診断された子どもの場合は，年齢的なこともあり，著しい生活上の不適応行動がなければ，あまり薬を使用しないのが普通です。たとえば，メチルフェニデートの6歳未満での使用については原則禁忌とされています。

　薬物療法では期待できる効果は限定的であり，補助的に使用するにすぎません。対応の基本は本人にとってわかりやすく，集中しやすい環境を準備することです。日常の身辺自立の習慣や社会性のトレーニングもわかりやすく具体的に教えるようにしていくことが大切です。指示の内容は単純かつ具体的にすることが必要です。たとえば，「なにやってんの！　そんなことしてると遅れるよ！」とか「どうして何度も言ったことができないの」「ちゃんと片づけないとなくなっちゃうよ」と叱りながら指示するのではなく，「このシャツをいますぐ着なさい」「そのおもちゃはこの引き出しにしまいなさい」と落ち着いて明瞭に言っていくことが必要です。また，視覚的な認知に大きな問題がない場合には，ADHDの子どもの多くは，耳から指示を聞くよりは，目で見て理解する方が得意（セリコウィッツ，2000）ですので，口頭で指示するだけでなく，実際の物や絵・写真を使ったり，指さしや文字，動作で示してあげることがより効果的です。たとえば，スケジュールを紙やホワイトボードに書いて示したり，おもちゃの種類別の片づけ箱を用意したり，タイマーをセットして終わりを明確にするなどの工夫が有効でしょう。

8　学習障害（LD : Learning Disabilities）

　保育の現場で「知的には正常なのに，どうもことばの理解が悪い」「うまくお話ができない」「とっても不器用でお絵かきが描けない」などの「ちょっと気になる子ども」が増えてきて，近年来「LD（学習障害）」ということばがよく聞かれるようになってきています。保育園や幼稚園でも子どもがちょっと変な行動をとると「あの子は学習障害ではないか，ADHDではないか」と保育

者の間で安易に話されることも多くあります。ここでは,「学習障害」「ADHD（注意欠陥多動性障害）」について正しい理解を深めたいと思います。幼児期にLDと確定的に診断することは可能でしょうか。

　学習障害あるいは,LDという用語は,医学的なことばではありません。教育上特別な配慮が必要なある種の状態像をあらわしていることばです。これは,それらの子どもたちに教育的な対応を充実させるために作られた文部科学省の協力者会議（『学習障害及びこれに類似する学習上の困難を有する児童生徒の指導方法に関する調査協力者会議』）で,話し合って報告された定義（文部省,1999）に基づいています。その定義（1999年7月2日）によると,「学習障害とは,基本的には,全般的な知的発達に遅れはないが聞く,話す,読む,書く,計算する,又は推論する能力のうち特定のものの習得と使用に著しい困難を示す様々な状態を指すものである。学習障害は,その原因として,中枢神経系に何らかの機能障害があると推定されるが,視覚障害,聴覚障害,知的障害,情緒障害などの障害や,環境的な要因が直接の原因となるものではない」とされています。

　もう少しくわしく説明しますと,学習障害とは,「知能検査等の結果から,基本的には知的障害のような全般的な知的発達の遅れは見られないが,学業成績,行動観察,詳細な心理検査などにより,学習上の基礎的能力である聞く,話す,読む,書く,計算するまたは推論する能力を習得し,使用することについて,1つないし複数の著しい困難があると見られるさまざまな状態の総称」とされています。なお,「推論する能力には,図形や数量の理解・処理といった算数や数学における基礎的な推論能力が含まれていることに留意する必要がある」と報告書には書かれています。

　ちなみに,医学的に小児神経科あるいは,児童精神科医師が診断する場合は,世界保健機関（WHO）が作成したICD-10やアメリカ精神医学会作成の診断基準DSM-Ⅳを用いて,それぞれ「学力（scholastic skills）の障害（disorders）」,あるいは「学習（learning）の障害（disorders）」という名前で"学習上の基礎的能力"の問題が示されています。その内容は,読みの障害,書字の障害,計算の障害の3つの領域にほぼ限定されています。言語発達の問題や運動機能の問

題は，学習上の問題と区別され，別の診断名がつけられます。

　学習障害には上記の定義のようにさまざまな状態があります。日本では，「言語性LD」あるいは「非言語性LD」ということばを専門家がよく使っていますが，これは，人によって定義が微妙に異なり，絶対的な定義というものはまだないように思われます。

　そこで，ごく簡単に紹介しますと，「言語性LD」（加藤，2000）とは，一般に視覚認知（主に絵や図形・記号などの理解・表出・操作など）のよさに比べて，ことばに遅れが見られるような発達上の偏りがある場合に使われることが多いようです。具体的には，①ことばの理解と表出の遅れがとくに目立つ場合，②ことばの理解は年齢相応によくても，ことばの表出だけが遅れている場合，③ことばの理解と表出は十分できても，字そのものがうまく読めない，したがって書くことも苦手な場合，④話すことも理解することも読むこともできるけど，書くこと（字の形が誤っている，鏡文字が目立つ，特定の文字がどうしても書けないなど）だけが苦手な場合があります。まとめると，①言語理解・表出の遅れ，②言語表出の遅れ，③読みの障害，④書きの障害，に大きく分類されます。算数（計算）の障害が5番目として，これに加わることもあります。

　次に，「非言語性LD」（中根，2000）とは，言語面での機能（話す，聞く，読む，書く）は優れているのに，非言語面の機能が劣っている子どもたちのことを示します。この非言語面の問題とは，左右・前後や東西南北のような方向，自分の身体の位置などの概念が身につかないなどの状態です。時間の判断（時間の意味がわからず遅れる，まごつく），土地の感覚（いつも迷ってしまう），関係の判断（大－小，遠－近，重い－軽いなどの判断），位置感覚（東西南北の感覚），運動能力（歩く，走る，はねる，登る），手先の器用さ（ハサミを使う，ボタンかけ，ボールをつかむ，書く），社会的行動（協調性，注意力，適応力，社会的な相互関係のまずさ，状況理解の悪さ）が著しく苦手であったり，自然に身についていかないといった特徴があるということです。

　この「非言語性LD」については現在多くの議論がなされており，どこまでを非言語性LDとするかが専門家の間では問題となっています。多少専門的に

なりますが，運動や手先の器用さの問題は医学的診断基準では「発達性協調運動障害，あるいは運動機能の特異的発達障害」であり，社会的行動の障害は「広汎性発達障害（自閉症スペクトラム障害）」の概念でとらえたほうがよいのではないか，という議論があります（杉山，2000a）。

　また，「注意欠陥多動性障害（ADHD）」がある子どもが学齢期になり学習障害の様態を示すことも多くあります。もちろん，医学的な診断名とLDというのは，しばしば合併しうることではあります。計算を含めた言語性のLDというのは，医学的な診断とも合致しやすく，割合とわかりやすいですが，視覚認知の発達が遅れて，距離感および方角・時間感覚が障害されていて，それが原因で社会性に問題が生じる非言語性のLDというのは，医学的な診断名でこれに対応するものがなく，定義も現段階では，まだはっきりしないようです。

　上記に述べました定義のように，一般的には就学前にLD児だと断定することはできませんが，就学後の学習障害の問題を予測することは可能です。LDになる可能性が疑われる場合（LDリスク，LDサスペクト——LDになる可能性のある子ども）は児童精神科医や心理言語専門家などのくわしい心理検査や行動観察，言語検査，実際の学習能力や情報処理の力などのチェックを受けることが必要です。就学後に予測される問題を未然に防ぐために，子どもへの直接的指導に加えて，保護者や園の保育者たちへどんな対応をしたらよいか，適切な対応法などについてのアドバイスなどを受けておくことも重要です。というのは，これらのLDリスクの子どもたちはその発達上の問題ゆえの，理解の困難さを抱えており，幼児期にすでに自信をなくしていたり，できないことから不安を絶えず感じていることが多く，情緒的に不安定になっていることがあります。このような二次的な症状を防ぐためにも，まわりの人たちの理解と適切な援助が必要だからです。

　ただし注意しておきたいのですが，幼児の場合は，発達するにつれて状態がかなり変化していくことも多くあります。当初，言語の表出だけが少し遅れていて，言語性LDリスクかなと思われていた子どもが，経過観察中に言語の表

出が伸びて，表出が改善されると，協調運動の問題や社会性の問題が顕著にあらわれてくる場合もあります。医療機関を受診すると今度は，高機能広汎性発達障害という診断を受けたりすることがあります。以上のような例もあるために，幼児期に「学習障害」と断定的に診断することはできませんし，診断には他の障害と同様に慎重でなければなりません。

4　保育現場での具体的対応

　保育現場での相談で，「保護者への対応」の次に多いのが，「集団活動に参加できない」「行事に参加できない」「かんしゃくやパニックを起こしてしまう」「まわりの子どもたちへの理解はどう進めたらよいか」などです。
　「気になる子どもたち」の「気になる行動」が明らかに「困った行動」になるのは，保育者が計画している保育活動や他の子どもたちの活動を邪魔してしまう行動です。「困った行動」をまず記録して，分析していくことも対応法を考えるのに大切です。誰にとって困った行動なのか，いつどのようなときに起こるのか（登園時，降園時，給食時，自由遊びのとき，お集まりのとき，製作などの課題のときなど），どこで起こるのか（教室内，廊下，職員室，園庭，園外活動時，プール，家のどこで），どのような状況で起こるのか（先生が指示するとき，友だちがじゃまするとき，先生以外の大人が入ってきたとき，等）を，時間をとって記録してみると，その子どもの問題となる行動を予測することも可能になってきます。予測できるようになると，その原因となるようなことを先にその子どもに知らせておくなど，そのような行動への対策がたてられます。では，次に「困った行動」への具体的な対応方法を考えてみましょう。具体的対応法は子ども一人ひとり，状況によっても異なりますので，ここに書かれたことを参照して，保育現場ではその子どもに適した方法を工夫して取り組むことが必要です。

第3章　気になる行動と発達の問題

1　集団活動への参加

　集団活動に参加しない子どもにも，自閉症の子ども，知的障害のある子ども，行動に落ち着きがない子ども，知的障害でも自閉症でもないのに何か集団活動を嫌がる子どもなど，いろいろいると思います。ここで，なぜ集団に入れないか，その理由と対応について考えてみましょう。

（1）　説明・指示が理解できない

　先生の言っていること，先生の説明や指示が理解できなくて，何をしたらよいかわからないので，不安になり集団活動に入れないことが考えられます。自閉症・その他の広汎性発達障害の子どもにはことばの理解が困難な子どもが多くいます。また，ADHD（多動性障害）の子どもの場合にも集団での活動がむずかしく，指示に従えなかったりします。そのため，知的障害や自閉症を含む上記の障害が疑われる場合には，子どもたち全体に先生が話した後にもう一度その子に個別で言ってみるようにしてください。

　これからすることを見せたり，やっていることをそばで教えてあげたりするといいでしょう。子どもによっては，ことばだけの指示ではなく，具体的なもの（実物），絵や文字を使ったカード，写真，動作などを組み合わせて，子どもの目，耳，身体を通して教えていくことが必要です。

（2）　周囲の動きが把握できない

　次に自閉症や広汎性発達障害の子どもに多いのですが，ことばの理解の困難さに加えて，子どもたち全体が何をしているか，よく見えずに状況がわからなくて，不安になってしまっていることも多くあります。細部はよく見えるのだけれど全体の把握が困難という特徴をもつ自閉症の子どもによくみられます。自閉症の子どもの中には，高いところが好きで机の上に登って，そこから他の子どもたちのお集まりの様子を見ているという子どももときどきいます。これは抗重力のアンバランスという感覚の問題も考えられますが，クラスの子ども

たち全体の動きを，見やすい高い所から状況を把握しようとしているのかもしれません。こうした場合もいまみんながやっていること，やろうとしていることを，わかりやすいことばで説明したり，実物や絵で示すとよいでしょう。

（3） 人が多くいる場所が苦手

　これも自閉症・広汎性発達障害の子どもによく見られます。自閉症の症状として，人との関わりの障害，言語コミュニケーションの障害，想像力の障害（同一性保持）などがあげられますが，人と交わることがなかなかできずに人の中に入っていくことに不安を強く感じる子どももいます。このような子どもについては，あまり無理をせずに徐々に不安をとりのぞきながら集団に近づけていきます。手に何か持つことで安心しているならば，それを持たせて集団に入れてあげてもよいのです。また，お集まりのときに，他の子どもたちの輪の中ではなくて，多少離れたところにその子どもが座る場所を決めてみてもよいと思います。その子どものマークのついた椅子を同じ位置におくこともしてみてください。はじめは教室の外からちらりと見ていた子どもが，教室内に入り，部屋の片隅で見ていたらしめたものです。次第に近づいてきます。ただ，2,3日で入ってくるようになるとは考えないでください。1か月も2か月もかかります。長い目で見守ってください。

　また，集団の人の多さが原因となるもの——そこからくる音，ざわつき，歌声，挨拶の声が耐えられないものとなっている場合もあります。発達の未熟さのある子どもには，感覚の異常がよく見られます。音が耳に突き刺さるように聞こえてしまっていること（聴覚過敏）もあるのです。私たちですと，かわいい声と聞こえる声でも針で刺すような不快な音として聞こえるかもしれません。その場合も徐々に慣らしていくことも必要です。ただし決して無理をしないでください。

（4） こだわり（同一性の保持）

　自閉症・広汎性発達障害の子どもは同一性保持という特徴的症状をもってい

ます。自分がやりたいことをし続けてしまい，なかなか言われたことやしなければならないことに転換することがむずかしいことがあります。自分が納得するまでやって，それから次の行動に移る場合もありますが，保育園や幼稚園の集団場面の中では，ずっとその活動をさせるわけにはいきません。時間を区切って，「この時計の針が6になったら（10分経ったら）やめて，○○をやろうね」と止める時間を見せたり，「ブーと鳴ったらやめようね」とタイマーを使ってみるのも効果的です。次にやることを明確に示してあげることは，（**1**）や（**2**）で述べた通りです。

　どの子どもの場合でも，集団活動への参加の促し方の基本としては，前述のようにいきなり集団の中にいれることを目的とせず，1対1の関係を大切にして，それから少しずつグループに参加させることを考えてください。まず保育者と子どもの信頼関係を確立することが必要です。子どもをつねに保育者の視覚の中に入れ，実際にはその子を追いかけず，目で動きを追うようにしてください。集団の動きに興味を示し，入りたいというようなちょっとした動きを示し，少しずつ集団の輪に自分から近づいてくるようになりますので，注意深く見る必要があります。集団に入れるタイミングをみることが大切です。

　集団活動のなかでも行事への参加は，いつも保育者たちが苦労するところです。運動会，夕涼み会，学芸会，卒業式，お泊まり保育など，いつもとまったく違った活動はこのような発達に問題のある子どもたちには参加しにくい，不安ばかりが強まってしまうほどの，緊張する活動です。とくに運動会はあの大勢の人がいる場所，ピストルや大音量の音楽，お遊戯や組体操，かけっこなどの競技の連続などなど，運動会の2か月前から練習が始まり緊張は続きます。この時期，これらの発達障害の子どもは登園をしぶったり，腹痛を訴えたり，泣くことが多くなったり，友だちとのトラブルが多くなったりします。また，母親たちも「うまくやれるかしら」など緊張し，家庭でも子どもは緊張感にさらされ休まることが少ないことも多いようです。子どもが不安を感じないように，信頼できる介助の先生をしっかりつけるなどの援助が必要です。しかし，

あまりにも運動会など行事そのものが，子どもや保護者の緊張感や不安を高めるようでしたら，かけっこだけ参加するなど，子どもが嫌がらない程度の参加を促し，校庭の隅で介助の先生とみているなどの臨機応変の対応が必要です。無理に運動会や行事参加を強いることはしない方がよいでしょう。

2　パニックやかんしゃくへの対応

前項のように集団に参加できなかったり，自分のやっていることを止めることができない子どもの中には，少しでも強く集団活動へ参加することを促すと，泣きわめいてしまう子どももいます。また，その子どもが何か描いていたり，製作していたりしているときに，保育者が「こうすればもっと簡単だよ」などと教えようとすると，怒って拒否したり，他の子どもがちょっとでも触っただけで泣いたりする子どももいます。激しく泣いて，ちょっとでも声をかけようとすると，さらに泣き声はボリュームアップして，床に転がり足をばたばたしたり，果てはそばにいる子どもや保育者に乱暴をしてきたりする子どももいます。まったくこちらが理由もわからないまま，突然泣きだし大騒ぎする子どももいます。こういうときはまわりの子どもも困り顔になり，保育者としてはどう対応したらよいかわかりません。

パニックやかんしゃくをよく起こす子どもの要因をここで考えてみましょう。子どもの興奮しやすい性格による場合や生活環境や人間関係に問題がある場合もあります。また，前述のような，知的障害（精神遅滞）や自閉症やその他の広汎性発達障害などのように脳機能に問題がある場合などが考えられます。これらの原因はたがいに重なり合っている場合も多いのです。健常な子どもでも，知的障害や自閉症（広汎性発達障害）の子どもでも，母親や身近な大人（多くは保護者）がしつけなどに厳しすぎる対応をしていて，その親との関係がねじれて歪んでいることが原因で，ちょっとのことで，パニックを起こすことも考えられます。この場合は生活リズムをまず整えて，親が細かいことをいちいちとがめずに，その親との関係を改善していくことが大切です（荒木，1999）。つまり生活環境の中から不安感を取り除いてあげることが必要なのです。

第3章　気になる行動と発達の問題

　知的な遅れがある場合（知的障害）や自閉症，その他の広汎性発達障害の場合は状況の変化や突発的な状況に適切に応じていけなかったり，遅れてしまったり，次に起こることやしなければならないことを予測することができないために，つねに強く不安感をもっていると考えられます。また，さまざまなことが理解できないため，いつも不安で不満がある場合もあります。そのため，ちょっとしたいつもと違う活動でかんしゃくやパニックを起こすことがあります。

　ことばの表現力がまだ十分でなく，自分が思っていることや言いたいことが伝えられずに，泣いたり，暴力をふるうことで訴えることもあります。この場合は表現力がついていくにつれてかんしゃくやパニックの頻度は減少していきます。

　また，自閉症児によくみられる現象ですが，過去に嫌だった経験をあることがらから思い出して（タイム・スリップ現象，杉山，2000b），突然泣き叫んでパニックになることもあります。この場合はまわりの大人たちがそのパニックの原因をいくら考えても思い当たらず，困惑してしまいます。

　次にこのようなかんしゃくやパニックを起こした場合の具体的なその場での対応を考えてみましょう。かんしゃくやパニックを起こしてで泣き叫んでいるときに，「どうしたの？　どうして泣いているの？」などと，理由を聞いて問いただしたり，「○○ちゃんが悪いのよ。そんなことをしないの」などと，説教をしたりしても，その子どもには伝わりません。こちらからの声やことばがより刺激となり，さらにパニックに拍車をかけるようになってしまいます。こうした場合は，ことばかけはせずに，黙って抱きしめる，そばにいてあげる，そっとしてあげて遠くから見守るなどしてあげることが有効でしょう。

　また，タイム・アウトといって，その場からその子どもを離して別な静かな所に一人でいさせることも必要です。保健室，職員室の片隅，教材室，廊下などが考えられますが，教室以外の所に出せない場合は教室の中のコーナー，ピアノの下，先生の机の側，カーテンの後ろなどのちょっと隔離した場所がよいでしょう。そこで子どもが落ち着くのを待ちます。気持ちをクールダウンさせていきます。子どもがこちらの方をうかがうようにして，泣き声を強めても反

応しません。ただひたすら落ち着くのを待ちます。こうしているうちにかならず泣きやみます。そうしたら，「よく泣きやんだね」とまずほめて，そして気持ちを聞いてみてください。

　パニックやかんしゃくを起こすのではないかと恐れ，腫れ物に触るような対応ではなく，園生活や家庭生活の中で，めりはりをつけて，わかるようにしっかりほめて，また，悪いことをした場合はしっかり叱ることも必要です。繰り返しますが，日常生活の中での不安を取り除き，まわりの大人たちが自分の気持ちを受け止めてくれているという実感をもたせ，子ども自身の気持ちを満たすことが大切です。

　けれども，このような対応をしていっても，かんしゃくやパニックがいっこうに改善されず，長く続く場合もあります。このような場合は，自閉症などの発達障害を専門とする小児神経科や児童精神科の医師あるいは心理の専門家などに相談することが必要です。

3　他児に暴力的になってしまう

　自分の思いが相手に通じなかったり，相手のちょっとしたことが気に入らなかったりすると，すぐに手が出て相手の子どもを叩いてしまったり，嚙みついたり，相手に向かって物を投げたりすることがあります。

　いくつかの要因が考えられます。

　自閉症やその他の広汎性発達障害のように，まだ社会性が十分に育っていないものの，他の子どもと遊びたいという気持ちが芽生えてきている子どもの場合，自分の遊びたいという気持ちを適切に相手に伝える行動が身についていないことが多くあります。相手の手をぎゅっとつかんでひっぱり，背中を押したり，叩いたり，髪の毛をひっぱったりして自分の方に注意を向かせようとして，相手の子どもを泣かせてしまうことがあります。その行動は「乱暴だ」「いじわるだ」との誤解を受けやすく，ますます子どもの集団からかけ離れていってしまう事態を招きかねません。相手の子どもと遊びたい気持ちを代弁しながら，相手の子どもの注意を得られるように，たとえば軽く肩をたたき，力のコント

ロールを教えます。このように園の日常生活の中で実際にやり方を見せながら，正しい行動の様式をそのつどていねいに繰り返し指導することが必要です。「あの子は障害があるから仕方がない」などと，周囲の子どもも含めた人たちが，繰り返し教えていくことを諦めたり，当たらず触らずのあいまいな対応はよけいに混乱を引き起こしてしまいます。

　次に考えられるのは，その子どもの家庭や幼稚園・保育園がその子にとって楽しみの少ない環境であって，他児に乱暴をすることで，相手の子どもが泣いたり，まわりがすぐに反応することが一つの刺激となっていることも考えられます。「他児を叩く」という行動がすぐにまわりの注目を引くということで，楽しくなり繰り返し行ってしまうことがあります。これは自分でなかなか楽しみを見出せない知的障害の子どもに多くみられたりします。この場合はその子ども自身を指導しようとするよりも，まず，家庭や園の活動を，その子どもの興味のもてるように工夫していくことが必要です。そして悪いことは悪いときっぱり禁止し，それができたときはその子どもが喜ぶ方法でほめ，興味のもてる活動に誘っていきます。

　他に感情が簡単に興奮してしまうような障害が考えられる場合もあります。
　幼児期には診断は困難と思われますが，将来「反抗挑戦性障害（oppositional defiant disorder）」といった診断が合併してついてしまうような ADHD の子どもがいたりもします。一般にいえることですが，重大な両親の不和が認められるような家庭や母親の気持ちが非常に不安定であったりする場合には子どもが反抗的な態度をとったり，ちょっとしたことに過敏に反応したりすることがあるといわれています。

　誰かが近寄ってきたり，目があったりしただけの，ちょっとした刺激がとても強く感じられてしまうことがあります。相手の動作や顔の表情の意味が読みとれず，何かされるのではないか，いじめられるのではないかと防衛的に相手に向かっていってしまうことも考えられます。その子どもをやたらに叱りつけるのではなく，相手の動きや言うことをわかりやすいように伝えて安心させることも有効です。保育者の注意や大きな声を恐怖に感じないように，保育者は

落ち着いて子どもに接することが必要です。相手の子どもに適切に関われたときにその行動をほめて，正しい行動の仕方を身につけさせていきます。乱暴な行動があまり改善されず長期にわたる場合は，その原因をしっかりと考えてみるために，保護者に児童精神科医に行くことをすすめるとよいでしょう。

4　自分の頭を叩いたり，手を噛んでしまう

自分の頭を叩いたり，壁や床に打ちつけたり，手や腕を噛んでしまうなどの行為は「自傷行動」と呼ばれ，さまざまな原因が考えられます。

前項の他児を叩いてしまう行動をとってしまう子どもに見られたように，自分の要求や気持ちが伝わらなくて，強く不満を感じている場合があります。また，まわりの大人たちの注目をひきたくて，このような行動に出てしまうこともあります。遊びや人との関わりに楽しみが感じられずに，刺激が不足していて自分で自分を刺激せずにはいられないことも，症状の重い自閉症児にみられることがあります。また，感覚障害があり，触覚や痛覚が異常に鈍くて，強く頭などを打ちつけたりすることが快感を引き起こす場合もあります。また，家庭ではこのような自傷行為が見られず，保育園や幼稚園でのみ見られる場合もあり，またその反対もあります。子どもをよく観察して，その自傷行為はどのようなことのあらわれなのか，自傷行為で何を訴えたいのかなどを考え，その子どもを囲む環境を改善してみることが必要です。子どもが遊びに興味がなかったり，自分から遊びを見いだせない場合は，大人が積極的に関わりをもって遊ぼうとする姿勢が必要です。ただ「してはいけません」と叱るのではなく，子どもの手をとって手遊びをしたり，体を振り回すような「飛行機遊び」「肩車」「ぐるぐる回り」など大きく体を使う遊びをしたり，「水遊び」「ちぎり紙」「砂遊び」「粘土遊び」などを保育者や保護者が積極的に楽しんでいっしょに遊ぶことが，自傷行為を止めさせることにつながります。

5　高い所に登ってしまう

保育園や幼稚園の窓の枠や机の上，ピアノの上などに平気で登ってしまう子

どももよくいます。落ちてしまうのではないかと，保育者をはらはらさせますが，登っている子どもは恐怖心をまったく見せず楽しそうにしています。園庭ではジャングルジムや高い滑り台の上，果てはブランコの高い枠の上，木の高い枝に登ったきり降りてきません。また，ブランコを鎖が切れるほど激しく揺らしたり，1時間でも2時間でもブランコをこいでいて，他の子どもに順番をまったく譲ろうとしません。このような行動も園では保育者が困ってしまう行動の一つです。

　発達障害の子どもに多く見られるのが「感覚の障害」です。前項の「自傷行為」の一つの要因として「触覚や痛覚の異常」について述べましたが，高い所に登る，揺れを異常に好むなどの行動に関しても「感覚の異常」が考えられます。人間に本来動物として備わっている体性感覚の一つである「前庭覚」や「固有覚」などの感覚統合の異常があると考えられます。どうしても「高い所に登りたい」「揺れをずっと心地よく感じていたい」という要求を抑えられないとも考えられます。けがをする恐れがありますし，また，保育園や幼稚園では他の子どもが真似してしまいますので，危険なことは禁止しなければなりません。そのつど，繰り返し，繰り返し危険だということを教えることが必要です。しかし「登っちゃダメ」「そんなに強くブランコを漕いじゃダメ」「早く降りてらっしゃい」と声かけして，無理に引きずり降ろしたりしても，またすぐに同じことをしてしまいます。「登っちゃダメ」のかわりに「下でこの遊びしようよ」「ブランコを5まで漕いだら，この遊びしよう」と次にする遊びに誘います。次の遊びはその子どもが大好きで保育者がいっしょに遊ぶような遊びでなければなりません。また，あまりに激しい場合は，なにかしらの発達面での未熟さがあることが推定され，自閉症その他の発達障害の可能性もあります。療育施設や福祉センター，病院などに行き，作業療法士と相談するとよいでしょう。そこで「感覚統合訓練」などの運動を保護者と協力して進めていくことによって，次第に他の遊びに興味を示し始めて，危険な行為も収まってくるでしょう。

6　こだわりがある

　砂場に行くとずっと一人で砂を無心にいじっている，水が大好きで，教室や廊下の蛇口に飛んでいって他の子どもたちがいろいろな活動をしていてもまったく眼中になく，ただひたすら水を手で触りながら楽しんでいる，雨の後の園庭にできた水たまりに足や手を入れてニヤニヤしながら全身をびちゃびちゃにして，いくら注意してもやめようとしないなど，水や砂が異常に好きな子どもも園に1人，2人はいます。これは自閉症や広汎性発達障害の特徴の一つであるこだわり（同一性保持）と共通ですが，砂や水は触覚を使った自己刺激的な感覚遊び，つまり水や砂の感覚を一人で楽しんでしまっている遊びと考えられます。

　このような感覚遊びは，自閉症の人でも，年齢とともに変わっていったり，軽減したりするため，脳の発達の未熟さからくるものと推測されます。自閉症の子どもでもこのような感覚遊びをずっと続ける子どももいれば，成長するにともなってまったくなくなる子どももいます。また，ADHDと診断される子どもでも幼児期にはこのような感覚遊びに没頭していたりすることもあります。

　こういったある種の自己刺激的な感覚遊びは，人といっしょに砂山を作るような砂場遊びや，プールで水のかけ合いっこをするような，意識的な遊びとは異なります。例をあげるなら，指しゃぶりや性器いじりと同じような感覚と考えてもよいかもしれません。これは年齢の低い子どもや知的な障害のあったりする子どもに共通して認められる特徴です。こうした感覚遊びで保育者が困ることには，教室内や廊下での水遊びは，床や壁を水浸しにしますし，他児との活動への参加を阻んでしまいます。

　手を洗うとき以外は教室内や廊下で，水で遊んではいけないことを教えるためには，蛇口に器具をつけたり，廻らないようにはずしておくことも効果があります。また，使うときはカードを見せて，手を洗うことを教えます。「いまは水は使えない」という「×」マークを蛇口に貼っておいて「見せる」ことも，なんらかの障害がある子どもの場合には必要です。

　また前述の自傷行為や他害行為などの項でも述べましたが，その子どもの好

きな遊び，積極的に楽しめる身体を使った遊びなどをすることで，自己刺激的な感覚遊びに没頭してしまうことを少なくすることが可能となります。子どもが不安なく過ごせて，その子なりの活動を保障する環境を整えることが一番ではないでしょうか。

　自閉症や広汎性発達障害の子どもに多いのですが，水や砂以外に電車やクルマなどの乗り物，昆虫，マーク，色などにこだわる子どももよく見られます。絵本は乗り物の本しか見ない，昆虫の図鑑を飽きることなくページを次つぎにめくって見ている，クルマを一直線に並べて床に寝そべって横から見ている，プラレールだけでしか遊ばない，など遊びも限られており，他の遊びに切りかえることができない子どももいます。このようなこだわりも上述のような同一性保持の症状の一つです。

　このような自閉症や広汎性発達障害の子どもに，こだわっている活動を無理にやめさせることは，なかなか困難です。製作活動や集団活動をするにも，時にはその子どもがいま夢中になっていることに関連させたなんらかの活動への参加を促すような工夫も必要です。もし子どもが手にクルマを握って離さない場合などでは，無理に手からもぎ取るのではなく，いまはクルマを他に置いておいて，その活動が終わったら返すことを約束して子どもが納得した上でクルマを手放させることが必要です。また両手を使わなければならない楽しい活動をしていくうちに，自然にクルマを手放していることがありますので，軽く声かけしてクルマを他の場所に置くこともできます。活動に参加した後に参加できたことをほめて，クルマを返してもよいでしょう。

　物へのこだわりではなく，同じ質問をこだわって何度も繰り返す子どももいます。同じ質問を繰り返すのは，質問をすることで相手とのコミュニケーションをとっていると感じているかもしれませんし，また，質問にいつも同じように答えてもらうことで安心しているのかもしれません。自閉症の子どもではなにかしら不安なとき，同じ質問・同じ答えに固執することがあります。その子どもがその質問を繰り返すことが何を意味しているのか，「ああ，また同じ質問か」と思う前に，まず保育者が考えてみることが必要です。子どもが遊んで

ほしい，保育者の注目を引きたい，関わりたいと思っているようだったら，一時の間でも手をとめていっしょに遊んだり活動してみてください。また，子どもが次に何をするかが理解できずに不安であるようならば，写真や絵カードを使って次の活動をていねいに教えることが必要です。その子どもなりのスケジュールを示すカードや表を作って，先を予測できるように見せてあげることも必要です。

　以上のように発達障害の子どもたちは，幼稚園や保育園の中で保育者が予想もしないようなさまざまな「変わった」「困った」行動を見せてきます。基本的姿勢として，その子どもの行動をよく観察して何がしたいのか，訴えたいのかを保育者が理解していくことが，まず必要です。つまり「感度のよい」保育者であることです。「困った」行動があった場合，まず最初に疑ってみることとしては，もしかすると"その子がいまやるべきことをちゃんと理解できていない"からそうした行動になってしまっているのではないかと考えてみることです。ことばの理解や表出につまずきのある子どもの場合には，結果として「困った」行動になってしまいます。ですから，子どもが不安をもたないように環境を整備して，子どもが少しでもその子なりに園の活動に楽しく参加できるようにしていくことが必要ではないでしょうか。

7　ことばの問題への対応

　ことばの遅れなどのことばの問題は，1歳6か月健診から幼稚園・保育園に入っても，お母さんや保育者たちの大きな関心事で，どうことばの発達を促せばよいかという質問が多く聞かれます。

　物の名前や，動きのことばだけをやみくもに教えたり，あいさつを強制的に言わせたりしても，コミュニケーションの道具として，相手に対して使っていかなければ，話していることにはなりません。ことばの発達を促すには，まず相手といっしょにいて楽しい，もっと関わりたいという気持ちを育てます。共感の気持ちを育てながら，相手に自分の気持ちや要求を伝えたいという，コミュニケーション意欲を育てていきます。せっかくその子どもが保育者に寄って

きて先生の手をとったとき，「○○ちゃん，何？」「何がほしいの？」「どうしたの？」と先生が聞いてばかりいる場面をよく見ます。何かをしてほしくて，先生の近くに来たのですから，「○○ちゃん，この色紙がほしいのね」などと，その子どもの表情や動きから子どもの要求や気持ちをくみ取って，子どもに伝えて，渡します。子どもは，自分がした動きや時には発声を通して「要求を先生に伝えること」ができたことに気がつきます。次も同じように寄ってくるでしょう。このように，まず保育者が感度のよい，子どもからのメッセージの受け取り手になることが必要です。子どもが指さしをして何かをほしいというメッセージを出しているにもかかわらず，「○○ちゃん，『ちょうだい』は？」と何回も言って，子どもがほしい物を渡さずに「ちょうだい」ということばを無理に言わせようとしていることがあります。「ちょうだい」を言わせることよりも，「これがほしいのね」「これ，『ちょうだい』なんだね」と言って渡してあげるほうが，子どもは「ちょうだい」の意味を理解していきます。また，保育者が子どもの持っている物や子どもの近くにあるものを指さして「これ，ちょうだい」と子どもに何か頼んでもよいでしょう。

　物の名前や動きのことばも，子どもが楽しい経験をしていくなかで覚えていきます。実際の興味ある体験をさせていきながら，ことばをタイミングよく先生が子どもに対して使っていくことで子どもは覚えていきます。子どもが「これ，何？」と聞いてきたり，関わってきたときは，タイミングをはずさずに教えていきます。

　幼児期には正しく音を聞き取る力や発音する力が完全に大人のように育っていませんし，発達障害の子どもは口唇を器用に動かすことができなかったり，聞き取りが苦手な場合が多く，「発音（構音）」の誤りもよくあります。「さかな」が「シャカナ」，「きりん」が「チリン」，「らっぱ」が「ダッパ」，また，音の順序が違っていて，「くつした」が「ツクシタ」，「ヘリコプター」が「ヘリプコター」などと言ってしまうことがあります。また，「お母さんをパンにあげるよ」（お母さんにパンをあげるよ），「○○ちゃんがクルマ」（○○ちゃんのクルマ）などの助詞の使い方の間違えや他の「文法」の誤りや，「ただいま」と

言うべき場面で「おかえりなさい」と言ってしまうなど「ことばの使い方」の誤りも発達段階の中では多くみられます。発音（構音）や文法，ことばの使い方の間違いを，「違うでしょ」「こういうふうに言ってごらんなさい」と子どもが話しているそばから直していっては，子どもは「話したい」意欲をそがれてしまいます。子どもが言ったことばや文章を，決して無理に直さず，そのまま正しい発音や正しい助詞を使って，繰り返して言って返すことが効果があります。あまり発音の誤りが多く，それが原因でいじめられたり，本人も気になっている場合は，言語聴覚士の先生に相談にいくように保護者にすすめるとよいでしょう。

8　まわりの子どもたちへの対応

　幼稚園・保育園の保育者のどの先生も，障害のある子どもを，障害のない子どもたちがあたたかく仲間として受け入れてくれて，互いに助け合って育ってほしいと，統合保育の理念の中で願っています。けれども，現実の子どもの世界はなかなか教科書の理想通りにはいきません。まわりの子どもたちがだんだんに障害のある子どもから離れていってしまう，世話をやいていろいろお手伝いをしてくれるのだけれどまるで赤ちゃんやペットのように扱ってしまう，手をつなぐのを嫌がったり同じグループになるのを嫌がったり，また先生の目の届かないところでいじめることさえあるなど，現場の保育者の先生から相談を受けることがあります。これは現場で一番心を砕くむずかしい問題ではないでしょうか。どうしたら，まわりの子どもたちにその障害のある子どもの理解を促して，いっしょに楽しく育ち合っていくかを考えてみましょう。

　「どうして〇〇ちゃんは，お話しないの？」「どうしてみんなと同じお遊戯をしないの」「なぜお水で遊んでばかりいるの？」「ねえ，あの子赤ちゃんみたい」とはじめて障害児に接した子どもたちは正直に保育者に聞いてくるでしょう。自分や他の子どもたちとは違った特徴をもっている子どもを不思議に思ったり，興味深くしげしげと見たりするのは，子どもたちにとってみれば当然なことかもしれません。「〜〜ちゃん（障害のない子ども）は，高いブランコまだ

上手にのれないよね。○○ちゃんはことばがいまはよくわからなくて，上手に話せないんだよ。練習して少しずつお話できるようになるから，応援しようね。～～ちゃんも，ブランコ上手にのれるように，みんな応援しているよ」とわかりやすく，障害のある子どもについてたずねた子ども（～～ちゃん）やまわりの子どもたちに，その子どもの行動の特徴をわかりやすく説明することも大切です。基本は「～～ちゃんも，○○ちゃんも，どの子どもも，どの人たちもみんな同じ人間どうし」という理念や姿勢をつねにもっておくことが大切です。

　障害のある子どもに対して，熱心な保育者ほど，きめ細かく対応して，ついつい甘やかしてしまい，その反面どうも健常のまわりの子どもには理解や手助けばかり要求してすげなく関わってしまがちです。子どもたちは「ずるいよ，○○ちゃんばかり抱っこして」「○○ちゃんばかり，やらせてもらって」と保育者の不平等さに気がついて言ってきます。とくに保育園では，どの子どもも少しでも保育者と長く遊びたい，甘えたいという気持ちが強いのです。まわりの子どもたちの気持ちを受け止めることも忘れてはならないことです。

　障害のある子どもも，自分でできることは自分でさせるように保育者が導いていき，障害のある子どもだけに対応するのではなく，まわりの子どもが手伝ってくれたときは，おおいにほめて「ありがとう，手伝ってくれて。○○ちゃん，助かったね」「でも，この次は○○ちゃんが自分でやれるか，そばで見ていてね」と話していきます。障害のある子どもが一つずつ自分でできるようになったり，ことばを発するようになったり，お集まりのときに参加するようになったりするのを，まわりの子どもたちと保育者がいっしょに見守り，励まし，喜び合うことで，「僕たちみんな仲間だよ」という意識が育っていくでしょう。それには，保育者も前述のように「○○ちゃんは，仕方がない」とあきらめないで，いけないことはいけないと教え，適切なとるべき行動を繰り返し教えていく，自分でできることは甘やかさないでやるように，自分でできることを増やしていくように対応していくことが，まわりの子どもたちの理解を促し，自分たちの仲間として受け入れていくようになっていくと思います。これが，「共に育つ」の統合保育の理念ではないでしょうか。

5 保護者に問題を伝えるとき
保護者のつらい気持ち

　年少組や年中組で入園してきた子どもたちも2か月もするとだいぶ園生活に慣れてきます。5月の連休も終わって園生活も落ち着いてくると，保育者の先生方もほっと一息。「あれ，あの子，ちょっと変わっているね」「ぐるぐる回ってばかりいて，何か気になるわ」「お友だちの中に入らないで，一人で遊ぶことが多いわ」などなど，「気になる子ども」の行動が目についてきます。そして秋。夏休みが終わってすぐに始まった運動会の練習で，もっとその「気になる行動」が目立ってきます。運動会直前の1週間「気になる行動」から「困った行動」が多くなってきました。先生がちょっと注意しただけで大パニック。泣く，叫ぶ，まわりの先生にぶつかっていくなどの大騒ぎ。他の子どもにも叩いたり蹴ったり。ついに朝，家でも泣いて登園を嫌がるようになってきました。担任の先生は他のクラスの先生や，主任の先生，副園長，園長に相談しました。「お母さんは，子どものちょっと変な行動に気がついているかしら」「お話したらお母さん，ショックをうけるかしら」などなど子どものようすを検討すると同時にお母さんの気持ちまでも話し合いました。その結果，やはり「運動会が終わったら，専門の相談機関や医者に行って診てもらうよう，お母さんとお父さんに話してみる」という結論になりました。このように保護者に「何か変だ」ということを知らせるのは，保育者にとっても決断のいる大変なことです。

　保育園や幼稚園で問題を指摘されて，相談機関を訪れる保護者の方がたも最近増えてきました。それだけ，保育者の先生たちが，子どもをしっかり見て観察し，問題を発見する力——"見る目の確かさ"と"保育感覚の確かさ"をつけてきているともいえます。

　ここで，まだ子どもの障害について検査や診断・評価を受けていない，専門機関につながっていない子どもの保護者に，園での「気になること」を伝えるときの保護者への対応を考えてみましょう。

第3章　気になる行動と発達の問題

1　保護者はまったく気がついていない？

「あのお母さん，私が園での子どものようすを話し始めると，すぐに話題をそらしてしまって聞こうとしないのです。全然感じていないのでしょうか。お母さんにきちんと子どもの状態を理解していただいたほうがよいのだけれど，どう話したらよいでしょうか」

　保育園や幼稚園の研修会で保育者から一番困っていることとして，よく筆者が相談を受けるのはこの問題です。生まれてから毎日毎日，24時間体制で保護者，とくにお母さんは子どもを見て育てています。上にお兄ちゃんやお姉ちゃんがいる場合は，その子の発達を上の子と比較することもあります。また，はじめての子どもでも公園デビューをする頃になるとお母さんは自然と他の子どもと比較しているものです。保育者が何かおかしいな，変だな，と思うことは，保護者も気がついているはずです。保育参観があれば，なおさらのこと，子どもの他の子どもと違ったようすを見てわかっているはずです。だからこそ，保育者が園のようすを話そうとすると話題を変えたり聞こうとしなくなるのです。気持ちの中では「正常に健康に育ってほしい」という思いが強くて，何かおかしいと感じていてもなかなか現実の子どもの姿を直視することは怖くてできない保護者もいるのです。心配で心配でしかたがないというようなお母さんは，1歳6か月児健診，3歳児健診で自分から保健婦や医者に相談するものです。

　先に述べたように，保育者が保護者に子どもが「何か変だ」と気づいたことを伝えるのには決断と勇気がいります。また逆に保護者が子どもの「変なこと」＝「障害」または「障害であるかもしれない可能性」を認めるにも，もっと大変な覚悟と勇気がいるのです。「正常に健康に育っていてほしい」とどの保護者・親はいつも願っているのですから，認めたくないのも当然です。その気持ちは私たちの相談室のドアをはじめて開けたときの保護者たちの表情を見ればわかります。緊張と不安が噴出するばかりに張りつめて固くなっていらっしゃいます。ですから，保育者が「気がついたこと」をそのまま保護者に伝えることが，よいというわけではありません。「気がついたこと」を告げることで，

保護者は「うちの子は園では厄介者なんだわ」「園をやめさせられるかもしれない」という思いをもってしまうこともあります。

2　保育者が「気づいたこと」を告げる前に考えるべきこと

　まず，その子の保護者と保育者の間に，保護者が家のことも話してくれるくらい，信頼関係が築かれていることがもっとも大切です。もちろん保護者が園の保育・教育内容を信頼されていて，園長とも気楽に話せるような雰囲気が園全体にあることも必要です。どんなことを言われても「うちの子は先生に大事にされている，好かれている」という気持ちを保護者がもっていることが必要です。これが最初の前提条件です。

　第2にその保護者（お母さん）が一人で子育てに孤軍奮戦しているのではなく，お父さんや実家のおばあちゃんたちの精神的な支えもあることも必要です。つまり問題を伝えた場合にお母さんが動揺しますので，その動揺にお母さんが耐えられること，またその動揺を支えてくれるまわりの環境があるかどうかも配慮する必要があります。

　第3に，検査・診断・評価を受けるということは，単に「あなたのお子さんは自閉症です」「精神遅滞です」という診断名を告知されることではありません。子どもの「得意なところ」「苦手なところ」などの現実の状態像をしっかり理解し，今後子どものニーズに合わせて，どう養育していったらよいか，また日常生活の中で具体的にどう配慮して育てていけばよいかを知ることです。保護者が障害のある子どものあるがままを受け入れることは保護者にとって容易なことではありません。けれども，子どもの障害を正しく理解することで，適切な対応を知ることができ，多くの有益な情報を得ることもできます。

　ですから，相談から，検査，そして，その後の養育方法までしっかり相談にのってくれ，療育指導につなげてくれる小児神経科や児童精神科の医師あるいは専門機関を調べて紹介することが必要です。けれども，もしそのような専門機関がない場合，また，保護者が問題を受け入れられそうにない場合は，その「気になる行動」を告げることに慎重でなければなりません。

3　実際に保護者との話を進める際の留意点

　保護者との面談は担任の先生だけではなく，主任や園長先生にも同席してもらう方がよいでしょう。

　まず，決して保護者を責めないことが重要です。「保育しにくい子ども」「どう保育したらよいか困っている子ども」について，保育者はともすれば，保護者のせいにしがちです。「家庭でのしつけが悪い」「家庭環境の問題だ」などと思いがちです。上記で述べたように，保護者は子どもが生まれてからずっと現在にいたるまで，「何か育てにくい子どもだ」と思いながら育ててきています。時には自分自身を責めることもあったでしょう。発達障害は脳の機能障害ですから，保護者の育て方が原因ではありません。保護者も発達障害のある子どもを，どう育ててよいかわからなかったのです。

　保育者が保護者と協力したい，支援したいという気持ちをもち，親切で思いやりのある態度で面談を進め，不適切な言葉に注意します。専門用語は避けて日常のわかりやすいことばを使用し，子どもの園での様子を話す場合も，問題になる点ばかりを強調するのではなく，よい点もかならず話すよう心がけます。「○○ちゃんは……がむずかしいですが，……をするときは笑顔でとりくみますね」などと。家庭でのようすを聞くときは，「園での保育に参考にしたいので，ちょっと聞かせてください」「家庭で行っているよい方法があれば教えてください」という態度で保護者に聞くとよいと思います。

　家庭と保育園・幼稚園が，子どもが園生活を楽しく送れるように連携して協力し合うことが大切です。

4　園―家庭・子ども―専門機関の連携

　最後に専門相談療育機関や医療機関につながった場合は，幼稚園・保育園―家庭―専門機関の3者がしっかり連携していくことが必要です。子どもを取り巻く，子どもの療育に携わる人たち全員が，子どもの発達と家庭（保護者）の安定をどう援助していくかを考えていかなければなりません。保護者の了解を

得て，専門機関に子どもの園での様子や成長の様子を伝えたり，園での対応法について専門機関のアドバイスを受けることも必要に応じて行うとよいでしょう。幼稚園・保育園の障害児担当の保育者たちはともすれば，その子どもへの思い入れが強くなり，自分がどうにか療育するという思いが強くなり，抱え込みすぎてしまう傾向があるように思われます。担任の保育者が"燃え尽き症候群"に陥らないよう，園全体でその子どもの療育に取り組んでいき，専門機関と家庭との連携をいつもとっていくことを忘れないことが大切です。

謝辞
「相談でよく取り上げられる問題」などについての貴重な情報を提供してくださった大和市障害福祉課（心理）の五味純子先生に感謝申し上げます。

参考
専門家が子どもの発達全般の様子を判断する方法としては，以下のものがあります。

『遠城寺式・乳幼児分析的発達検査表（九大小児科改訂版）』（遠城寺宗徳　慶應義塾大学出版会）

『乳幼児精神発達質問紙』（津守真・稲毛教子　大日本図書）

『新版 S-M 社会生活能力検査』（旭出学園教育研究所・日本心理適性研究所　日本文化科学社）

引用・参考文献
アメリカ精神遅滞学会　1999a　精神遅滞の定義と説明　茂木俊彦（監訳）　精神遅滞（第9版）　学苑社　Pp. 12-17.

アメリカ精神遅滞学会　1999b　診断とサポートシステム　茂木俊彦（監訳）　精神遅滞（第9版）　学苑社　Pp. 40-56.

アメリカ精神遅滞学会　1999c　次元Ⅰ：知的機能と適応スキル　茂木俊彦（監訳）　精神遅滞（第9版）　学苑社　Pp. 57-85.

安藤忠　1991　ダウン症候群　高松鶴吉・佐々木正美（監修）　障害児医学ケア相談事典2 保育・教育活動の中の医学ケア　学習研究社　Pp. 39-53.

荒木直躬　1999　かんしゃくの強い子へのかかわり方　佐藤俊昭（編）　保育相談室3　中央法規　Pp. 25-26.

本田秀夫　1998　小児自閉症の累積発症率および有病率　自閉症と発達障害研究の進歩　1998/Vol. 2　73-84.

本田秀夫・清水康夫　2000　高機能自閉症の疫学　臨床精神医学　**29**(5)　国際医書出版　487-494.

飯沼和三　1996a　ダウン症を知る　飯沼和三　ダウン症は病気じゃない　大月書店　Pp. 10-26.

飯沼和三　1996b　からだの症状と保育・療育　飯沼和三　ダウン症は病気じゃない　大月書店　Pp. 28-97.
飯沼和三　1996c　ダウン症の知的能力とことば　飯沼和三　ダウン症は病気じゃない　大月書店　Pp. 100-142.
上林靖子　2000　ADHDはどこまで分かってきたか　ノマド　1　中外製薬　6-8.
加藤醇子　2000　言語性LD　中根晃・加藤醇子（編）　LDと医療　日本文化科学社　Pp. 22-37.
三宅篤子・尾崎浩士　1995　発達診断と教育診断　茨木俊夫（訳）　PEP-R教育診断検査　川島書店　Pp. 1-15.
文部省　1999　学習障害児に対する指導について（報告）　尾崎洋一郎他　学習障害（LD）及びその周辺の子どもたち　同成社　参考資料
中川信子　1998　健診をめぐって　中川信子　健診とことばの相談　ぶどう社　Pp. 9-18.
中根晃　2000　非言語性LD　中根晃・加藤醇子（編）　LDと医療　日本文化科学社　Pp. 38-45.
中根允文・岡崎祐士・藤原妙子　1994　ICD-10精神および行動の障害：DCR研究用診断基準　医学書院　Pp. 169-175.
太田昌孝　2000　多動症の子どもたち　大月書店　Pp. 30-32.
大久保愛　1987a　初語　幼児言語研究会（編）　乳幼児のことば相談　三省堂　Pp. 202-203.
大久保愛　1987b　般化　幼児言語研究会（編）　乳幼児のことば相談　三省堂　Pp. 208-209.
桜井芳郎　1988　心身障害の判定方法の確立と相談指導体制の整備に関する研究　精神薄弱・自閉症および重症心身障害の判定基準　昭和62年度厚生省心身障害研究報告書
杉山登志郎　1999　診断　高機能広汎性発達障害　ブレーン出版　Pp. 15-54.
杉山登志郎　2000a　非言語性学習障害の概念を巡って　齋藤久子（監修）　学習障害：発達的・精神医学的・教育的アプローチ　ブレーン出版　Pp. 43-48.
杉山登志郎　2000b　タイムスリップ　杉山登志郎　発達障害の豊かな世界　日本評論社　Pp. 16-41.
セリコウィッツ, M.　2000　中根晃・山田佐登留（訳）　ADHDの子どもたち　金剛出版　Pp. 29-34.
手塚直樹・青山和子　1998　知的障害の概念と特徴　一番ヶ瀬康子（監修）　知的障害児・者の生活と援助　一橋出版　Pp. 20-31.
融道男・中根允文・小見山実（監訳）　1993　ICD-10精神および行動の障害　F84広汎性発達障害　医学書院　Pp. 258-264.
津守真・稲毛教子　1961　乳幼児精神発達質問紙　1〜3才まで　大日本図書
津守真・磯部景子　1965　乳幼児精神発達質問紙　3〜7才まで　大日本図書
内山登紀夫・桑原蕄子　2000　講座自閉症の行動問題1〜5　月刊実践障害児教育　2000年4-9月号　学習研究社
Wing, L. 1996 Autistic spectrum disorders: No evidence for or against an increase in prevalence. *British Medical Journal*, **312**, 327-328.
Wing, L.　1998a　自閉症スペクトル障害とは　久保紘章他（監訳）　自閉症スペク

トル　東京書籍　Pp. 28-31.
Wing, L.　1998b　自閉症スペクトル障害をもつ子どもの行動　久保紘章他（監訳）
　　自閉症スペクトル　東京書籍　Pp. 39-78.
やまだようこ　1999　身のことばとしての指さし　秦野悦子・やまだようこ（編）
　　コミュニケーションという謎　ミネルヴァ書房　Pp. 3-31.

第 4 章
親子を支える保育者の心理臨床的関わり

……この章では……………………
第3章までのところで、保育実践で遭遇することの多い心理臨床的な問題が整理され、子どもや親との関わりからどういったことが理解されるかがわかってきました。これらのことは、心理臨床における問題の見立て（アセスメント）に対応する作業をする上で重要な知識となります。第4章では、園生活における子どもの問題に対する一定の理解に基づいて、保育場面で保育者が心理臨床的関わりを行う際の特徴について検討していきます。そして保育者が心理臨床家や他の専門家と協同することについても、考えてみたいと思います。具体的なイメージを共有するために、できるだけ事例を提示します。事例の内容は、ここでの理解に必要な情報に絞ること、また登場人物が個人に特定されないことを配慮して構成してあります。
………………………………………

1　保育カウンセリングと保育

　保育の場で生じるさまざまな子どもの心身の問題や、家庭の子育てに関する悩みについて行う心理相談を、保育カウンセリングと呼ぶことにしましょう（青木, 2001）。まず、保育において心理臨床的な関わり、すなわち保育カウン

セリングを行う際の前提や特性について考えていきましょう。

1　保育カウンセリングの必要が生じるとき

　この場合の心理相談は，保育者が行う場合もあるし，心理の専門家などが行う場合もあります。ここでとくに，主として保育者が相談活動を行うことを考えてみますと，誰の誰に対する心理相談かという相談の構造が，一般のカウンセリングとは非常に異なる点です。子どもが自ら相談を要請することは，ほとんど考えられないのであって，相談は，親や保育者がその必要を感じて始まります。とくに保育者の方から親に呼びかける形で相談が始まる場合，相談関係が成立するまでに，保育者は多くの工夫と労力が必要となるわけです。

　相談の必要が生じる事態は，大まかに次の4つが考えられます。
1．保育の中で，子どもの心身の発達状況に問題が感じられるとき
2．日常の保育の流れの中では対応できないような問題行動を呈するとき
3．家庭に問題が感じられるとき
4．保護者から相談の申し出があるとき

　相談したい動機づけが親の方にあって，これに応じる形で始まる相談が，いわゆるカウンセリングと呼ばれるものの前提にもっとも近いと思われますが，1から4のうちで，はじめからその条件を満たすものは4だけです。

　カウンセリングに関する臨床心理学の知識は，すでに保育や教育場面でも多く利用されていますが，本来，一人の心理臨床家とクライエントの織りなすカウンセリング過程には，多くの前提条件があるのです。たとえば，精神分析的な心理療法では，この条件を治療構造と呼び，治療過程に大きな影響を与える要因として重視されています。どんな場所で会うのか，どれくらいの頻度で会うのか，治療の目的，料金など，はじめに設定した条件をできるだけ一定にしておきます。カウンセリング過程において心理臨床家とクライエントが心と心のやりとりをするための安定した状況を作っておく必要があるのです。

　心理臨床家はどんな学問的立場であれ，クライエントとの話をじっくりと聞くことによって信頼関係を作り上げていきます。話をじっくり聞けるそもそも

の環境を設定しておくからこそ,できることでもあるのです。このような心理臨床家としての一般的な態度は,いわゆるカウンセリングの基本的態度と呼ばれるもので,保育や教育場面で大事にされる態度としてよく知られています。専門家でなくとも,むやみに批判したり,意見を押しつけることなく,ある程度誠意をもって相手の話に耳を傾けることができれば,話した相手も受けとめてもらえたと感じることができ,ほどほどの信頼関係は形成されます。ただし,相手に嫌われないよう,よい関係を維持しようと,相手の言うとおりに合わせることだけでは,本当の信頼関係とはいえません。このような関係は,結局あるところまできて,本音を語れない関係に終わります。保育者と親のお互いが尊重され大切にされる関係にむけて努力する姿勢が,相手の信頼を得ることにつながるのです。

　しかし,カウンセリング本来の治療構造と日常の保育場面を比べてみると,こうした構造を設定することがいかに困難か,おわかりいただけると思います。保育場面で家族や子どもと信頼関係を作っていくには,親が話を聞いてもらえる時間をたくさん作ることよりも,日々のちょっとしたやりとりのなかで,保育者が親の気持ちをキャッチしているよ,と伝わるような応答をするよう心がける方が現実的です。小さなやりとりが毎日あることが強みなのです。そして親たちは,自分に対する接し方に加えて,子どもへの保育者の真摯な関わりや,園全体の様子などからも信頼を向けるようになっていきます。1週間に1度1時間まとめて話を聞いてもらうのとは違った形で強い信頼関係が育つのです。

　相談の始まりは,送り迎え時のほんのちょっとした立ち話がほとんどでしょう。とくにその親だけと話すというわけにはいかず,話が中断されたり他の親たちとのあいさつがあったりもします。ですから,こちらの熱心さのあまりに家庭の細かな事情を根ほり葉ほり聞き出すようなことは慎みたいものです。虐待のように子どもの安全に関わる問題以外は,親が語れる範囲のものを受けとめることに徹するのが好ましいのです。また親が配偶者を悪くいうような場合,どちらか一方に同情しすぎると,語られる内容を冷静に聞き取るゆとりがおのずとなくなるので,こういったことにもできるだけ注意しましょう。

2　発達促進的関わりのなかにある「癒し」

　保育実践において心理臨床上の問題が発生したとき，保育者のなすべき仕事の一つが，その子どもをめぐる援助体制を作ることです。家族が一番の協力者なわけですが，前述の1や2あるいは3などの場合には，その自覚をもってもらうこと，問題に気づいてもらうこと，あるいは，保育者も協力者の一人であるということをわかってもらうことなど，体制づくりの下地を整えるまでが一大作業となります。

　また，子どもの問題をめぐる援助体制を整える目的からすると，他の専門家，とくに医療機関につなぐことは，とても重要なことですが，それにいたるまでのこのような「過程そのもの」に，心理臨床の大きな意義があると思います。保育園に心理臨床家が出向いて心理臨床実践を行うというときも，この過程を保育者と協同する作業が大きな位置を占めます。子どもの問題を治療という観点でのみとらえた場合，治療機関に訪れるまでは，いわばその子どもの問題が発見されるまでの生育歴としてひとくくりにされてしまいがちです。

　けれども，その子どもや家族が日常生活する場面にいて，保育者や教育者からの早期の援助的な関わりがなければ，専門的な治療を開始する機会がついに訪れないまま時が経過することもありえます。よりよく育てようという発達促進的関わりのなかに展開する，「心の癒しや成長」があります。このような関わりが保育における心理臨床の特質といえるでしょう。この過程における保育者の基本姿勢は，共に育つという保育の重要なキーワードに通じ，診断と治療を目的とする医行為とは異なる側面をもつと思われます。

3　保育者の援助が孤立しないこと

　さて，日々の子どもたちの具体的な問題が訴えられている場合でも，結局家庭と園との問題に相談の焦点が移行してゆかざるをえないことが間々あります。子どもの発達になんらかの障害が疑われるなどの場合を除いて，子どもの心的状況は，家庭環境に大きく左右されますから，家庭の状況が相談のなかで取り

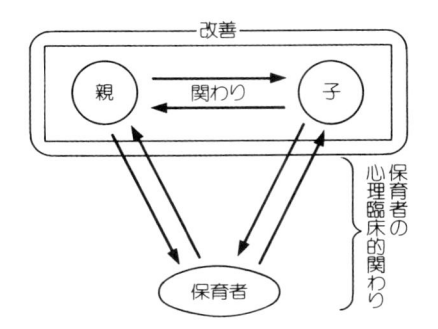

第4章　親子を支える保育者の心理臨床的関わり

図4-1　保育における心理臨床的関わり

上げられることが多いのは，当然のなりゆきです。

　保育者が行う心理臨床的な関わりの基本は，図4-1に示されるようなものとなるでしょう。

　保育者は，親と子それぞれに関わりながら，親と子の間にある矢印で示される関係を改善していくことになります。またそれぞれの矢印における現実の関わりを通して，子どもや親の内面的なもの（これを臨床心理学では，表象といいます），すなわちそれぞれの主観的な体験がどのように変化してくるのかをとらえていく必要があります。

　そしてさらに，図4-2のように，子どもの発達をめぐる援助体制を充実さ

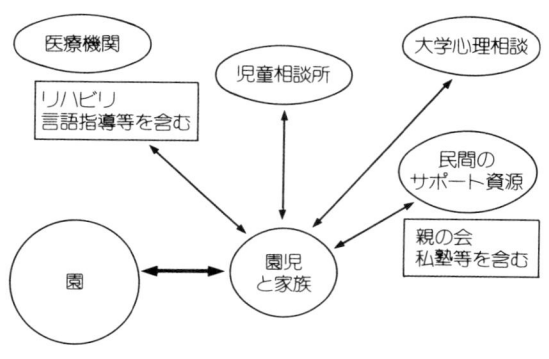

図4-2　園と園外諸機関の連携

171

せていきます。通常，園と他の専門機関が，園児と家族を飛び越えて連携を取るというよりも，家庭が主導となって，それぞれの専門機関で受けたケアが伝えられたり，また家族を通して園の様子を伝えてもらうことが多いようです。けれども園から発信して援助体制づくりを積極的に行うことを想定した場合には，専門機関を紹介することもあるでしょうし，そのためには地域の援助資源を把握しておくことが必要になります。この他に，経済的援助なども必要となるかもしれません。具体的な連携については，次章も参考にしてください。

　図4-1と図4-2に示されるように，心理的な側面を支える援助と，社会的な側面を支える援助が必要なのです。この2つの過程は，援助を必要とする親子にとっては，重なり合って展開しますが，異なる次元の援助活動を担任一人で担うことは，とても困難です。

　ですから，保育における援助体制づくりの作業は，複数の援助者の協同作業が基本だといえます。これは，外部機関との連携とともに，一つの園の中についてもいえることです。

　気になる子どもを園全体でフォローする体制というのは，当たり前のことのようですが，ぎりぎりのマンパワーで運営されている園の保育体制の現実からすると，通常の保育で精一杯ということになりかねません。時どき，こういった現状を放置したまま，どんな子どもにも熱意をもって接するべし，といった理想論に出くわしますが，無責任なことばだと思います。特別な配慮や関わりが必要とされる子どもの保育を担任一人で抱え続けるのでは，通常の責任の範囲と労力の負担を越えると思われますし，危険です。

　子どもにできるだけ寄り添って密な関わりをしようという合意が園でもたれたなら，直接保育に当たる担任とその他の保育者の役割，およびそれに必要な協力を話し合うことが大切です。その他の面で必要な援助は，担任以外の管理職が主となって動くようにすると，保育者も守られて，心理的な関わりにじっくり取り組むゆとりができます。

4 円滑な協同関係を維持するために

体制づくりの内と外

　もうずいぶん前になりますが，私が相談を受けたケースで，こんなことがありました。保育カウンセラーとして継続的に関わっていた園の一つで，保育者の先生方ともお互いがわかり合える，と感じてきた頃の出来事です。

　理解ある園長と主任の配慮で，1対1の密な関わりを必要とする園児がいる3歳児のクラスが，複数担任制にされました。先輩格の先生が担任となり，副担任にあたる若い先生がその園児の担当ということで，保育が始まりました。ところが，1か月経過したとき，そのクラスの様子を見ると，集団の動きについていくために援助を必要としていた子どもがそのまま置き去りになっており，どうみても，保育者からの働きかけが，クラスの中でもっとも少ないという事態に陥っていました。

　お着替えも，教室移動も，お昼の支度も，他の子どもがすっかり終わった頃になって，ものすごい速さで保育者がやってきて世話をします。洋服も本人が棒立ちになった状態であっという間に着せ替えますし，ご飯も次から次へと口に放り込んでいきます。その子どもも，結果だけ見れば，クラスの子どもと同じ時間に，同じこと（着替え，食事など）をしているのでしょうけれども，そこで体験しているものは，他の子どもたちとはまったく異質の，切り離されたものであったろうと思います。

　担当の保育者がそばに来るまで，本人は，まわりの騒動に混乱して右手で耳たぶを引っ張り，左の親指をくわえて，首を左右に振りながら，部屋をうろうろしているのです。担当者からは，それなりに落ち着いてきた，成長しているといったどちらかというと好ましい報告を得ていたので，わが目を疑いましたが，これが事実だったのです。

　くわしく経過を調べていくうちに，次のことが明らかになりました。

　副担任が，特定の子どもに関わっている間，もう一人が他のすべての子どもの面倒を見ることになります。先輩格の先生には，手間のかかる子ども一人を

見ている方が，よっぽど楽な仕事に見えてしまい，口に出すことこそしませんでしたが，明らかに不機嫌になっていました。狭い部屋で，大人どうしが気まずい一日を過ごすのでは，息が詰まります。副担任は，相棒の保育者の仕事の負担が減るように協力することをついつい優先するようになります。「いまは，この子だけに関わることは無理」と勝手な判断を重ねているうちに，自然と仕事の分担ができあがってしまっていたのです。通常なら保育者が1人で受けもつはずの園児の数に2人がつき，分担する園児を二分するのと同じですから，手をかけるどころか，保育者にとっては「楽な」仕事分担になって，看板（たてまえ）だけが「大変な子どものいるクラス」となってしまうところでした。

　第2章でも述べたように，この時期，子どもは特別な援助のあるなしにかかわらず，なんらかの成長はします。保育者が，「落ち着いてきた」と報告してくれたのは，そのような部分の変化かもしれませんし，あるいは，この子への保育のコツがわかってきた，ということかもしれません。しかし，経過報告を聞く立場にある人に大切なのは，成果のことばではなく，いまどうやって関わっているのか，その関わりのなかで何かやりにくく感じているところはないか，そういったことを気にかけて聞く姿勢を示すことなのです。そうすれば，はじめの見立ての適切な修正も可能となり，また担当者の心理的なサポートにもなりえます。このケースの場合も，複数担任でそれぞれ仕事を分担するという発想は，直接保育に当たらない人たちから見れば理想的であるけれども，子どもの担当者でない担任にも，やりにくさや特別な配慮が必要とされるという現実は見落とされていました。

　担当者が自分の中で仕方なく折り合いをつけていった経緯を思えば，1か月といわずとも，もっと早くに複数担任のやりにくさを双方の立場から建設的に取り上げ，改善していくことができたはずです。

2　日々の保育実践の蓄積を活かす

　保育実践の場で心理臨床的な関わりをするうえで，あまりに専門性の高い技術や道具をもち込むことは，現実的ではありません。保育のなかには，子どもの心を発達させるために力を発揮する手段がたくさんあります。

　紹介するものは，どの園でも行っていることを心理臨床的な目的に利用する場合の実践例です。保育者の立場から，子育てをよりよく支援するために，日々の保育の質的な向上を目指している文献にも，多くのことが書かれています（たとえば，新澤・今井，2000：清水，2000：柴崎・田代，2001）。あるいは心理臨床家の立場から，保育においてカウンセリングマインドをどのように生かすかを論じたもの（氏原・東山，1995）には，相談所などの専門機関で心理相談をした事例が書かれています。

　広い意味でよい保育はよい心理臨床といえるわけですが，ここでは，気になる子どもの問題が，比較的長期にわたって続き，専門家との連携が必要な状態ないしは，かなり重点的な関わりを要すると判断される場合であり，主として臨床的な関わりをもつのは，あくまで保育者であると想定しています。

1　子どもの保育記録──発達臨床ノート

　もし特定の気になる子どもに心理臨床的な関わりをすることになったら，園で毎日記録する個人の保育日誌以外に，その子どもだけの記録ノートを作ることをおすすめします。その日の基本的なスケジュールや，生活習慣に関するこまごました記述（排泄，睡眠，食事など）は，他児と同じ形式の記録に綴じておきます。子ども用のノートは，その日の問題となった出来事の他に，どんな小さな変化でも成長を書き留めるようにします。

　図4-3は，保育者と私が協同して子どもの援助に当たる際に，発達臨床ノートとして共有しているものです。ノートは，情緒，行動，集団，その他の4

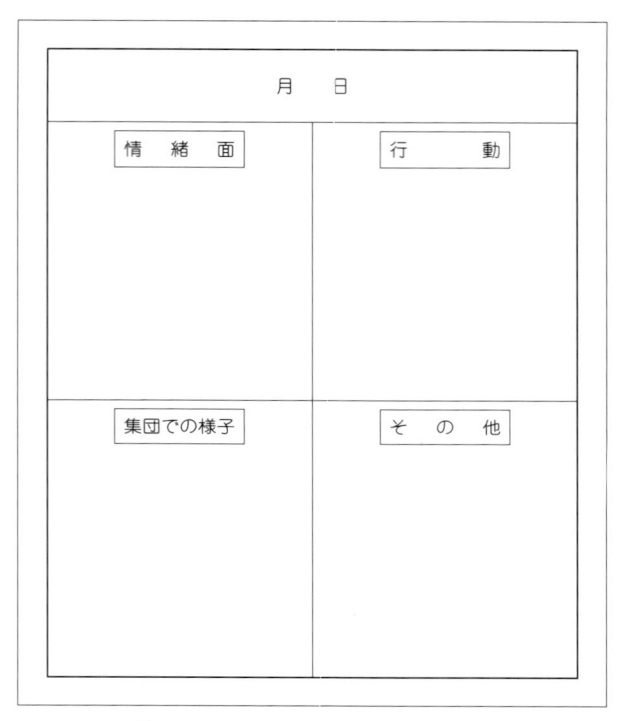

```
┌─────────────────────────────┐
│          月   日             │
│  ┌─────┐        ┌─────┐     │
│  │情緒面│        │行  動│     │
│  └─────┘        └─────┘     │
│                             │
│                             │
│                             │
│  ┌───────┐      ┌─────┐     │
│  │集団での様子│   │その他│     │
│  └───────┘      └─────┘     │
│                             │
│                             │
└─────────────────────────────┘
```

図4-3　保育者の記録する発達臨床ノート

分割したものを採用しています。

　それぞれのテーマで，子どもの気になる側面に関係するエピソードや，成長と思われる変化を記入します。4領域にまたがるエピソードも多く出てくると思いますが，分類の精度などはあまり気にすることはありません。一日を振り返って，行動というキーワードで思い出されることを書き，情緒というキーワードで浮かんでくることを書く，というようにしていけばよいのです。

　一日の振り返りを時間経過にそって行うこともできますが，そういう記録の仕方だと，あとでもう一度全部読み直して，まとめる視点を絞り出さねばなりません。

　記録は，他の保育者も共有できるようにしておき，できればこまめにカンファレンスを開くことが好ましいでしょう。またノートをもとに，1か月ごとに

子どもの主な様子をまとめ直してみます。

　子どもによっては，月ごとの保育目標や，課題の設定などをはじめに行うこともあり，それらについては，達成の度合いを評価して記録していく形式になります。排泄の訓練をするとか，認知の課題をするなど，決まった課題をこなしていく，教育的な関わりです。このような関わりも大切ですが，しかしこれだけでは，どうしても課題の結果に注意が向き，生きた保育の関わりのなかで，子どもから発信する発達の多様な芽を捉えにくくなってしまうのです。

　発達臨床ノートは，このような問題を補完するものとして機能します。子どもと保育者の関わり日記のようなものです。一定期間継続して見直すと，日々の小さな関わりの積み重ねが，はたしてバランスよく機能しているか，どういったあたりに偏りがあるかなど，子どもが全体的につかめてくるはずです。

変化の少ない子どもの記録

　あるとき，広汎性発達障害児の統合保育に心理臨床家として協力していた際，その子どもの発達臨床ノートを書いていた保育者から，こう質問されました。「自分はこのノートに，できるだけこの子の良いことを書こうと努めてきました。でも実際には，変化があったものよりも，いつも同じで進歩のない部分の方がずっと多いのです。だから，どうしてもそういう記述が出てきます。こういう子どもたちの記録をつけることに意味があるのでしょうか？」というものでした。この質問は，ある面でもっともだと思います。障害が重かったり，家庭的な問題の深刻な子どもほど，毎日の変化は少ないのが常です。つまずきや，問題行動を起こす部分も同じで，事態が膠着し続けることも少なくありません。「今日も変わらず」というゴム印を作れば，それで事が足りてしまうかもしれません。

　ただ逆説的ないい方ですが，もしこのノートがなかったら，どれだけ子どもの変化や発達がその日の記憶として保育者に残るでしょうか？「変化なし」として過ごす保育者の成長や気づきもやはり，「変化なし」で停止することになってしまいます。

どんな子どもの保育にも，保育者が共通して目指すことは，その子らしい，その子なりの充実した一日をどう過ごし，どう育てるか，ということです。それには，その子なりの発達のペースをつかみ取ることがもっとも大切なのではないでしょうか。
　この方も，担任を半年受けもった頃，記録を読み直すことを通して，自らこのことに気づかれ，その子どもの微細な成長の芽生えをくみ取ることができるようになっていかれました。これは日常の決まりきったやりとりで生活しがちな家族には，なかなかキャッチできない部分でもあり，家族と共有することで，子どもの発達の力についてより深く理解できるようになったのです。

2　家庭との連携——連絡ノートの活用

　園での子どもの様子や家庭での様子を知らせ合うノートは，保育におけるカウンセリング機能を発揮します。ノートの活用は，園によっても保育者によっても異なると思いますが，家庭のケアも視野に入れた保育をするのに，もっとも簡便で有効な手段の一つであるように思われます。
　保育者からノートの交換を提案する場合，子どものことに関していろいろ家庭と連携をとりたい。ついてはこのノートを毎日，家庭の様子を少しでよいので書いてきてほしい，内容はどんなことでも構わない，といった旨を伝えます。たいていの場合，たとえ親がこの申し出を内心は歓迎していなくても，あからさまに拒否することは少ないようです。
　子どもの発達臨床ノートとは違って，このノートは担当者一人が責任をもってやりとりします。記入する分量は，メモ帳のような小さいノートの半ページでよいでしょう。こちらも気負って書きすぎると，続きません。書いたり書かなかったりするよりも，毎日一定の量をコンスタントに書くことが，大きな信頼を生みます。ノートの半分のところに，簡単な線を引いておくだけでよいのです。上半分を保護者が，下半分を担当者が綴っていきます。このなにげない半分の線が意外に大切で，ノートの枠づけとして機能します。連絡ノートをこちらから申し出て，何ページでも好きに書いてよいと言うと，相手はどれだけ

書くことを期待されているのか迷います。さらに，自分の書いた量に比べて，こちらの返信が少なすぎても，やる気がなくなります。

枠づけのない連絡ノート

　連絡帳のやりとりの意義をとても重視していたある園で，やりとりをする間に，家庭からの記述が何ページにもわたるようになり，担当者が返信を書くことが非常に負担になって，どうしたらよいかと相談を受けたことがあります。内容も，一日の出来事からかなり脱線して，母親の子どもの頃のつらい思い出までが切々と記されており，堂々めぐりの記述が続いていました。そのときのノートには，上記のような枠づけがなされておらず，途中までは母親の気持ちをくみ取って上手に返信をしていた保育者も，次第についていけなくなり，記載の量が追いつかなくなってしまいました。すると，母親の方は，そのノートの返信が少ないといって，保育者が怠慢であると言い出したのです。自分のことを書きすぎたあとは，誰でも揺り返しが来て，相手にどう思われるか過敏になりがちです。ノートを深めすぎない配慮というのも重要です。

　連絡ノートの内容は，毎日の保育場面での様子をさりげなく伝え，できれば，子どもの小さな成長を見逃さずに，記しておきたいものです。

　そうしながら，親の記述の傾向をつかむようにしていきます。その日伝えた内容に呼応するように書いてくるか，自分の書きたいことを一方的に書くか，苦情や要求を書くか，など，ノートの内容から，行間にある親の気持ちを読みとることができるようになります。このような作業は，保育者と親が協同で作るカウンセリングの過程そのものなのです。

　ノートのやりとりに求められる保育者の基本的姿勢は，親の書いてきたものを肯定的に受けとめていくことです。こちらは，子どものよい面を具体的な日々の出来事から淡々と知らせますが，子どものことをどう思うかについては，あくまで親に任せることが大切です。

　交換ノートがうまく育つと，記述の内容が目に見えて変化していきます。また子どもの現実の成長がノートに与える影響も，実に大きく，親と保育者，保

育者と子ども，子どもと親，夫婦などの多様な関係がそれに重なってノートの内容を展開させていくのです。

　親が，深い悩みや子どもに対する思いなどを開示してくるようなとき，担任の交代が近づいてくる時期など，ノートの返信をどう書くか迷いも多いのですが，そんなときは，これまでに書いたノートを読み返してみると，かならず打開策が見つかります。ノートの最大の強みは，記録として2人の関係が残っており，これを読み返すことができることにあります。

3　親の保育参観・保育参加

　園での子どもの様子をわかってもらうためには，その場に直接いてもらうことが一番です。日頃から園児の保護者や，地域のお年寄りを順番で園にお呼びして交流を図っている園もあります。こうしておくと，自然と子どもたちも，担任と違った人が教室にいても，興奮しすぎずに過ごせるようになります。このようなふだんからの雰囲気作りがとても大切です。問題のある子どもの親だけを呼んで，保育を参観させるというセッティングは，臨床のセンスに欠けます。たいていこういう流れで親が来ても，気まずくなってしまいます。気軽に様子を見に来てもらえる環境が下地にあって，そこで声をかけるのがベストだと思います。

　まず保育参観してもらい，子どもに対する共通の理解を作ります。そして，できればいっしょに関わってもらう保育参加を促していきます。保育者にとっては，親の保育参加を通して，ふだん見せない親子の相互作用のパターンが見えることもあり，親にとっても，保育者に諭されずとも，保育者の子どもへの接し方や，子どもどうしの様子から，おのずと学ぶものが多くあるものです。

べったりするのが仕事

　他の子どもをつねったり，かみついたりするトラブルや小さな子どもに抱きついて，身動きができないほど締めつけたりするトラブルは，園でわりあい多く見かけます。やった方もやられた方も，親が知るとどうも気まずくなります

し，保育者の責任として，間に立って子どもが傷ついてしまったことを詫びておさめることが通常でしょう。しかし頻繁にがぶりっと誰彼かまわずかみつくようだと，気が気ではありません。

　ある4歳の男児が，自分より年下の子どもや弱い子とやり合って，かみつくことが問題になったことがあります。困ったことに，かみつかれた子どもが，別の子どもにかみつくという伝染も起こっていました。乳児と違って，かみつかれ方によってはひどいけがになることもあり，心配な状況でした。保育者としては，かみつく前に気がついて声をかけたり，そのときの子どもの気持ちをことばにしてやったりしたいところですが，泣いている子どもの対応に追われて，どうしてもその子を強く叱りつけてしまっていました。クラス全体が，子どもの泣き声やわめき声，保育者の大声で騒然としています。

　この子は，半年前に妹が生まれました。もともと口数の少ない子どもでしたが，お母さんの入院中はさすがに元気がありませんでした。かみつきは，妹の誕生の後，2か月くらいたってから起こっています。かみつき行動があまりに頻繁であることと，子どもの不安やストレスのつながりは容易に想像できます。しばらくすれば落ち着いてくるかもしれませんが，いまの子どもが呈している急な変化と激しさには，介入が必要と思われました。

　家庭からの連絡ノートでは，いいお兄さんぶりを発揮してくれますと記載されるばかりで，園の状況はまったく思いもよらないようでした。けれども，これまでの様子から子どものことに基本的には理解のあるご家庭であると思われたので，園での事実を伝え，一度様子をこっそり参観してもらうことにしました。そこで，とうとう子どものかみつきのトラブルが発生しました。友達の洋服の上から肩のところをがぶりとくわえて離れようとしません。すぐさま担任は，子どもの鼻をつまみ（こうすると息ができないので，容易に口を開けてくれ，かんだ方もかまれた方もそれ以上痛い思いをしないですみます）なんとかひどいけがをさせずにおさめました。

　母親の方は大変恐縮し，どうしつけたらよいか，どう言い聞かせたらよいか相談してきました。そこで保育者からの見立てを話し，しかったり，しつけよ

うとするよりも、子どものお兄さんぶりを一日のうちかならずどこかで解放し、自分が赤ちゃん返りしても許される、赤ちゃんタイムを設けることなどの具体的なアドバイスをしました。ただ、いろいろとやりとりをしているうちに、子育てのサポートを期待できる人がほとんどいないこともわかってきました。父親は仕事の帰りが遅く、母親はずっとうちで内職のような仕事をしており、働きながら子育ての大部分を彼女一人でこなしてきていたのです。母親にこれ以上宿題や課題めいたものを与えるのでは、かえって母親を追いつめます。

　園全体でこの事例について話し合い、日中時どき、ほんの1，2時間を母親に保育参加をしてもらってはどうか、ということになりました。この園では、時どき保護者の方が時間を作って、自分の子どものいるクラスにかわるがわる入って、保育に参加するという体制ができていました。父親がひょっこり来園するときもあります。それから、父親の方に、休みの間にできるだけお兄ちゃんと公園などで身体を使った遊びを中心にたっぷり遊んでもらうことをお願いしました。

　この子の妹の方もまもなく入所する見込みでしたし、とにかく保育参加の時間だけは、妹の方を園長などが相手をすることにして、母親には、お兄ちゃんと過ごしてもらうことに専念してもらったのです。はじめは、まわりのお子さんのことを気にして、実の子どもに妙に厳しくして関係がこじれたり、子どもが母親の気をひこうと躍起になってみたりなど、ずれもありましたが、そのうちに、母親の膝にのってみたり、べったりとくっついたりして時間を過ごすようになりました。母親には、お疲れさまでしたと、ねぎらいのことばかけを必ず添えました。子どもを共に育てる仲間として、声をかけるのです。

　最初の月は4回、次に月2回程度の来園でしたが、2か月目には、子どもの様子は急速に落ち着き、かみつきは消失しました。家では、甘えたり、要求を出したりしながらも、自然なお兄さんぶりを示すようになっていきました。当初、別れるときにかえって母親が恋しくて荒れることもありました。これは予想されていたことで、保育者がしばらくそばにいて、落ち着くまでの橋渡しとして機能しました。むしろ彼の変化で目を見張るのは、はじめはべったりする

ことに気がいって遊びを楽しむことができなかった状態が，だんだんと友達との遊びの方に興味が戻り，気がつくと，好きな遊びに没頭するようになり，その年齢にふさわしい積極的な友達とのやりとりが再始動したことです。母親といいながら，母親を「忘れる」ことができ，不安やイライラをおさめて，いまの自分にとってもっとも学びの体験となる「遊び」に夢中になることを，誰に方向づけられたわけでもなく，彼が無意識に選び取って，変化していったのです。

もし保育者が，他の子どもにかみつくのは，母親の愛情が足りなくてさびしいからだ，という理解の仕方にとらわれると，母親だけがすべて悪いことになってしまいます。子どももかわいそうだし，そのおかげで他の子どもも被害にあっている，保育者も大変だ…と責任転嫁の連鎖が起こってしまうでしょう。

この事例では，母親が保育参加したことによって，保育者は，あらためて親子の結びつきと愛着形成の力を学び，子どもの発達の力を再発見しました。保育者の中で，気になる子どもや困った子どもが，共に育ち合う，かけがえのない子どもに戻る瞬間がここにあります。

4　統合的に用いる

以上も含めて，心理臨床的な関わりに活用する主な資源として考えられるものは，すでに保育実践のなかに豊富に存在しています。

子どもへの直接的な援助は，遊びや生活習慣のしつけ，集団活動，創作活動など，保育場面で繰り広げられる一日の関わりすべてに含まれています。玩具や遊具の充実度，園周辺の地域の環境，行事の取り組みなど，園の事情も異なるところが多いと思われます。家庭での援助も，これまで述べたように，個人面談や家庭訪問などを特別行わなくても，日々のちょっとした関わりや，連絡帳のやりとりである程度支えることが可能です。

一見バラバラなこれらの資源が，子どもの発達を支えています。ふだんは，あまり意識せず保育の中のプログラムの一環として一つひとつをこなしていくことに追われます。何をどう取り込んで発達に生かすかは，いってみれば子どもに任されていて，たいていの子どもたちは，与えられた環境を主体的に吸収

して自ら成長してくれます。親の育てる子育てもそれと同じで，いろいろと失敗もするけれど，子どもの成長力に助けられて，全体として程よい発達をみせてくれるのです。

あらためてその子どもに，腰を据えて心理臨床的な援助をしようというときには，この発達促進的な機能をもつ資源をじっくり見渡して，その子どもに適合するようにオーダーメードに編成し直すわけです。

それがまさしく援助資源の統合ということであり，保育者一人で抱えるのではなく，カンファレンスを積極的に活用して，みんなで知恵を出し合うことが最善といえるでしょう。

3 問題の連続性

園でできる精一杯の関わりに子どもはかならず答えてくれます。園の中で，その子どもに対する共通の理解と関わりができると，子どもの問題行動の発生をかなり抑制することができるでしょう。さらに，子どもが少々不適切な行動をとっても，よい方向に立て直していく関わりを心得ているので，結果的に子どもにとっても他者とよい関係でいる体験が増え，相乗的な効果につながります。

担任がかわることも，引き継ぎ時の大変さはありますが，長い目で見るとその子どもを深く知る保育者が増えるので，共通理解もしやすくなると思われます。年度単位の保育に連続性が出てくると，親も子もいっそう安定し，大きく成長できるきっかけが生まれます。

ここでは，問題の連続性をいかにとらえるか，さらに小学校への橋渡し機能などについて触れておきましょう。

1 年度を遡って振り返ってみる

子どもの問題は，同じ問題が数年間にわたって繰り返される場合，障害が明

COLUMN 12　心を育てるキーワード
父親の育児参加

「育児をしない男は父親とよべない」これは1999年に厚生労働省が少子化対策の一環として制作したCMのキャッチコピーである。このCMの是非についてさまざまな議論が生じたが，父親の育児参加が非常に乏しいというのは事実なのである。たとえば1996年度総務庁統計局社会生活基本調査によると，6歳未満の子どものいる世帯の1日の生活時間のうち父親の育児時間はわずか17分（ちなみに母親は2時間39分）という結果が，また6か国の国際比較調査（日本女子社会教育会，1995）でも，平日の1日に日本の父親が子どもと一緒に過ごす時間は3.32時間で，6か国中もっとも短いという結果が報告されている。

では，なぜこんなにも日本の父親の育児参加が乏しいのだろうか。この理由としては，父親の育児観・育児参加に関する研究から，以下の3つの要因が想定できる。まず第1の要因として，父親の仕事の忙しさ・厳しさがあげられる。父親は，家族を養うために働かなければならず，また職場で昇進していくためには，かなりのエネルギーを仕事に注ぐことになる。そのため労働時間は長くなり，実質的に家で子どもと過ごす時間は短くなってしまう。第2に，父親および母親がもつ性役割観があげられる。つまり「男は仕事，女は家庭」といった伝統的な性役割観をもつ父親ほど，育児参加が少ないことが示されている。しかし，母親が働いている家庭の父親は，男性の家事・育児参加や女性の社会進出を積極的に肯定するという革新的な性役割観をもち，実際に育児時間も長いことが明らかになっており，今後はこういった父親が増えることが期待される。第3には，父親自身の子ども観の影響が考えられる。子育てに関して「親がいなくても子は育つ」という考えをもつ人ほど育児参加が少ないことがわかっている。

では父親が育児に参加することで，父親自身そして母親や子どもにどのような影響をもたらすのだろうか。まずは，子育ての責任や不安を一人で背負っている母親の負担感や否定的感情が軽減されること，そして父親自身も，親としての自覚が高まり，精神的に強くなった，忍耐力がついたなどの人間としての成熟を感じていることがわかっている。さらに子どもが年少のときに父親が育児行動を多く行っていた方が，子どもが10歳時点での抑うつ傾向が低いという結果も明らかになっている（菅原，1998）。母親，子ども，そして父親自身のためにも，父親の積極的な育児参加が求められる。　　　　　　　　　　　　　　　　　　　　　　［佐久間路子］

らかな場合などは引き継ぎ事項が明確ですが，そうでない場合も多くあります。たとえば，問題が途中から発生した場合，一度解決した問題が，時期を変えて出現した場合，さらにそのあらわれ方が異なる問題のように見える場合など，さまざま考えられます。

　ただ心の問題に関する限り，家庭環境・保育環境の激変以外は，保育期間を遡って捉え直してみると，質的な連続性を仮定できるエピソードが案外多いものです。それらをひもといてみると，子どもの気質，家庭，そして保育体験が子どもの心の発達すなわち人格形成を織りなしていることに，再度気づかれることでしょう。

しっかりしていることを認めてほしい

　あと少しで卒園を迎えるある女児は，6年前，生後1年足らずで入園してきたときに，担当の保育者を悩ませていました。一日中，うつろな目で表情もなく，周囲に興味をもつ様子も見られません。また，いつまでたっても保育者になつかず，離乳食を受けつけません。少しでも食べさせようと，スプーンで口に入れようとすると，イスから落ちてしまいそうなほどにのけぞって拒否して，大泣きします。何事が起こったのかと，周囲の人たちがびっくりするほど，暴れるのです。

　両親は離婚して，母方の実家に戻って暮らしていましたが，母親自身も抑うつがひどく，通院が必要な状態でした。保育者が心配で，子どものことを相談しようにも，母親の方はつれなく，ぽんと部屋に子どもを置いて，出ていってしまいます。祖父母も家業で手一杯というかたちで，家族がみんな，精神的に余裕のない生活を強いられていることがうかがえました。園では，この母子をいっしょに支えるような保育を行おうということで，みんなが協力してきたのです。

　担任の熱意ある保育のおかげで，2歳になる頃には，保育者に愛着を示すようになりました。家庭では，母親にだだをこねるような面も見えてきて，求めることができるようになってきました。園では，身体の成長や知的な発達状況

も良好であり，以前よりもずっと活発になったので，ほっと一安心というところで，今度は，担任が他の子どもの世話をしているときに，やきもちを焼くようになりました。担任の膝に乗っている乳児を押し倒して自分が膝に乗ろうとします。これくらいの年齢ならば，どの子にもあることなのですが，その激しさがただならないのです。乱暴はいけないよ，と注意されると，床に頭をガンガンぶつけてパニックになります。いくら好かれているからといっても，担任にとっては，実に頭の痛いことでした。この子の求めるものへの強烈さ，強引さ，自分を失うほどの衝動の激しさ，というものが，かえって親密なコミュニケーションをとりにくくさせてしまうのでした。

　4歳児クラスになると，集団のまとまりができてきます。そんななかで，特別な遅れや問題行動もなく，乳児クラスから数えて3人目の担任には，他にももっと気になる子がいて，もはやこの子は，気になる子どもとして映らなくなっていました。それとともに，この子の問題が，職員どうしのカンファレンスで取り上げられることもなくなりました。

　年長の5歳児クラスになって，担任も交替しました。夏休みが終わってしばらくして，カンファレンスで，再び気になる子どもとしてこの子が浮上してきたのです。このとき問題となったのは，友達関係でのトラブルでした。自分の気に入った友達がいると，独占状態になって，相手が他の友達と遊ぶことを許しません。クラスの中で何でも先頭に立ってやりたがり，みんなに自分のいうことを聞かせようとやっきになります。

　決定的な事件が起きました。あるとき，運動会の練習が始まった頃，この子は，先生代理よろしく，みんなをせっせと集めて整列させ，何やら大声でわめています。棒きれを振り回して「ほら！　そこ！　ちゃんとこっちを見て！　だめだめ！　もっとしっかり！」。あまりの迫力に，炎天下のなか他の子どもたちは何が起きたのかわからないまま，ぴしぴしとお尻を叩かれています。

　保育者たちがビックリしてとんでいくと，その子の方から駆け寄ってきて，高揚しながら言うのです。「先生！　みんなをちゃんと並ばせておいてあげたよ！」と得意になって報告するのです。これには，担任も相当なショックを受

けました。自分はこんなにピリピリと子どもたちに練習を強いていたのだろうか？　でも，決してこんな風に接してきたつもりはないのに…棒きれなど絶対使っていないのに…。自問自答を繰り返しましたが，どうしても合点がいきませんでした。なぜこの子は，こんなふうに支配的なのか，このままでは友達ができなくなってしまう，なんとかいまのうちに修正できないか，と強く思われたようです。

　すでに多くの保育者が乳児期の問題とそれへの取り組みを共有していましたし，カンファレンスでは，歴代の担任の報告をもとに，上記のような流れを確認し合いました。そして，話し合いを通して，次のような事例理解にいたりました。
1．もともと衝動が強く，自分でコントロールするのが困難であったことを思えば，相手に対して思いが強まったりすると，その出し方も強烈になる部分は，それに関係するのではないか。
2．乳児期の頃から，応答的な環境が良好だったとはいえず，親の方は変化があったとはいいがたい状況だった。
3．子どもの状態が落ち着いたので，結局親へのケアは引き継がれずに終わっていた。
4．家庭の状況は相変わらずで，現在の担任も関係が取りにくいと感じている。
5．4歳児の頃から，結果的に園でも本児に対して，以前と比べて関わりが密でなくなっており，いつしか，大勢の中の1人となっていた。本児にとっては，さびしい状況だったのではないか。

　ゆえに，子どもの求める承認欲求をできるだけ満たすことがもっとも大切だと理解されました。自分で自分を満たすことができるためには，自尊感情が十分育まれていることが必要です。人から認めてもらう機会を多くもとうとしたのも，いってみれば自己評価を高めるためにこの子なりに生みだした適応のための努力なのです。けれども，いまのように，人の先頭に立って万能感や有能感を味わうだけでは，健全な自尊感情が育ちません。

　では具体的にどんな関わりをしていったらよいでしょうか。たとえば，当初

問題となっていた,「先生代理」をどうとらえるかについて考えてみました。自分が心を寄せる担任になりきることを同一化といいますが,これはある面では,自然な発達過程で起こることです。ですのでこれをやみくもに否定せずに,むしろ担任のそばにおいて,みんなに喜ばれるお手伝いの機会を与えたり,その子のなにげない友達への配慮(につながる行為)を細やかにすくい上げて,「○○ちゃんがそうしてあげると,お友達が喜ぶね,よかったね」というように,自分の行った社会的に好ましい行為の意味がわかるような体験ができるよう働きかける方が大切ではないか,ということになりました。

担任も,「はじめは自分の身に覚えのないところで,子どもが勝手に自分を取り込んで使っているようで,正直いってイヤな気持ちがしていたけれども,カンファレンスを通して,あらためてこの子に愛着が湧き,もう一度じっくり育ててみたい」と,涙をこぼしながら語られていました。どの先生方にとっても,いまや突き上げられた棒きれは,見苦しい支配や独占欲を象徴するものではなく,一生懸命生きようとしている一人の子どもの思いとして,心に迫ってきていました。

その後,保育者から出るこの子に関する話題は,そこかしこに子どものかわいさの伝わる語り口が主となり,卒園の頃には,クラスのなかではよく気がつく,お姉さん的な存在として,みんなの信頼を得ている様子でした。

この事例の場合,彼女のがんばりをわかってくれる家庭のゆとりは相変わらずありません。これから先,家庭に頼らず,自分で自分の心を支えて適応していけるようにならざるをえないのです。長期的な視点に立つと,やはりよい子であることで人から承認を受け,満たされるというパターンだけでは,彼女の人生のどこかで,再び苦しみや,葛藤がめぐってくるものと思われます。

そうではあるけれども,自分が主体的に自分にとって必要な関わりを求めた最初の段階で,その求め方に失敗して拒否される体験となってしまうのは,その後の子どもと他者との関わり方に大きな打撃を与えてしまいます。

憎たらしいことや悪いことをしたからといって,叱りとばしたり疎んじたりするだけでは,本質的な問題は解決されません。疎まれるとますます憎々しい

行動を頻繁に起こす，あるいは，他者と関わることをやめてしまう…というように，これから先の援助の機会を自ら閉ざす方向へ向かわせてしまう危険があるのです。子どもは，自分で選択するすべのない養育環境のなかで，自分に必要なものを素朴にかつ無意識に求めているのですから，自分の非だけをとがめられるのは，まったく理不尽な話といわざるをえません。それに，自分の傷つきを語れるようになるのは，もっと年齢があがるまで待たねばなりません。幼児は語れぬ思いを抱えてもがきながら生きているのです。

2 卒園をめぐって

卒園間近の子どもたちは，すでにその子なりの個性，性格，というようなものがはっきりと，定着し始めています。本来人は生まれながらにして何らかの個人差をもっていて，それぞれユニークな存在なのですから，一人ひとり異なる資質を活かして，個性豊かに育ってくれることが望ましいのです。ただ，気になる子どもの気になる部分が，その個性や性格に影響を与えているように見えてくることがあります。必要以上に怒りやすく衝動的な行動を起こしがちであるとか，子どもの世界ながら，あまりに支配的すぎて友達ができない，不安や緊張が強すぎて自分が出せないなど，その程度がゆるやかなものになれば，その人の中の個性の一つとして容認しうるけれども，いまのままでは，生活上のさまざまな適応場面に顔を出して，マイナスに作用する可能性が大きい，というような特性です。

これらの特性は，はじめはもっと細かな日常のできごとから保育者にとって気になる問題としてキャッチされ，これまで述べてきたさまざまな，心理臨床的な関わりがなされてきたものと思われます。保育場面での体験は，子どもに対して直接的に新しい体験，体験の仕方の変化を与えるものであり，急速な発達時期に呼応して子どもの変化に貢献することができます。

保育園の場合ですと，心理臨床的な関わりは，最長6年間にわたることがあります。そのようなところで，子どもの成長をじっと見守っていると，発達の節目節目に見られる問題は，最初に見られたその子の問題が場面と年齢を変え

て生じているように映ります。しかし，その問題に繰り返し繰り返し，心理臨床的な関わりがなされてくると，問題の起こり方の程度が落ち着いてきたり，問題が起こったあとの修復がすみやかになったりという変化が確かめられていくでしょう。そして，こんなときはかならず問題が起きそうだな，という場面で，自分なりの対処をしていたり，いままでとは別の関わり方ができていたりという変化が見られるようになります。つまり外側から見て，子どもがまったく別人のようになってしまうというより，その子なりに問題を克服して，適応していく力を身につけている，そういうふうに評価できるようになるのです。それが，「個々の問題が個性の範囲に落ち着いてくる」ということであり，保育において心の発達を促進する心理臨床的援助が最終的に目指すところであろうと思います。

　それでも，卒園が迫ってくる頃，小学校に上がる前にあともう数か月みっちりと関わることができれば…と思ったりすることもしばしばです。

　そして何より子どもの問題に，これまでも，これからも，もっとも影響を与える家庭の事情は，どうしても変えることができないことが多いものです。子どもの問題をめぐって十分に理解し合うことができなかった家庭ほど，その可能性は高くなります。保育者の心に最後にひっかかってくるのは，やはりそういう子どもたちではないでしょうか。

　これまで見てきたような園で行う個別的な関わりを，小学校で実現させるのは，なかなか困難といわざるをえません。学級の定員，カリキュラムなども異なりますし，当然教員の役割も異なります。特別な関わりが必要なかった子どもについても，発達的な個人差がまだまだ残る年齢ですので，教育制度の継ぎ目でうまく移行できないケースは多くあるでしょう。

　子どもがすっきりと園を巣立って，小学校という新しい世界に適応する期間にも個人差が生じてくるでしょう。新しい入学準備品に囲まれて，やる気満々，元気いっぱいの1年生の心の中に，不安や心許なさも同居しています。

新1年生のつまずき

　元気に卒園していった園児の一人が，小学校に入学後，新しい環境に慣れることに少し出遅れてしまい，5月の連休明けから登校しぶりを起こしてしまいました。学校の他に，児童ホーム（学童保育）での生活も加わり，生活の変化からくるストレスが相当あったと思われます。母親は，仕事をもっていましたが，児童ホームにも行けないので，結局，休職することになってしまいました。

　保育園に入園したときにも母子分離できずに，登園しぶりがあった子どもでした。けれども，ご両親と園がずいぶんと協力し合い，なによりも子どもがとてもたくましくなって，年長の頃には熱があっても，登園したいというほどに

COLUMN 13　心を育てるキーワード
保育実践現場の中のバウムテスト

　私たち心理士が保育の現場に関わるようになって十余年以上が経とうとしている。もともとは不定期（結局毎年）に入園してくるさまざまなハンディキャップのある子どもたちに対する保育場のコンサルテーションを求められたのが始まりである。今では特定事例の積み重ねから次第に，心理的な関わりの改善を健常児に対しても進めていこうという保育者の意識の高まりが感じられる。

　そうした取り組みの一つに，「実のなる木」を定期的に描く活動がある。

「『実のなる木』を描く樹木テスト」（バウムテスト）とは

　木を描かせてその絵をそのひととなりの表現とみなす，投影法の一つである。

　この樹木テストはその結果が性格の全面的な分析には十分ではないが，他のテストや生育歴，生活の様子などと関連させてみると，この樹木テストの示す内容そのものが役立つのみでなく，他のテスト結果の意味や内容を理解する際にも色々な点で役立つといわれている。

●**実施方法**

　A4規格の画用紙を用意し描画に用いる道具は中程度の柔らかさの鉛筆が適当だが，当園では児童が使い慣れたクレヨンを使用している。教示は「実のなる木をかきなさい」と統一し，わからない子どもにはどんな木でもよいと説明し伝える。与えられたスペースの中に，どのような形の木を描こうと，それはまったく自由である。保育者は裏面に氏名，クラス，作成日等

なっていました。

　ある日，まだ新品のランドセルを背負って，その子は母親とあらわれました。この日は，母親といっしょに学校でお昼まで過ごして帰る途中でした。ふと子どもが，保育園に行きたいと言いだしたそうです。「学校に行けないで保育園におじゃまするなんて恥ずかしい，と思ったのですが，私もなんだか，ここにきたくなっちゃいました」と，母親がもらしました。園長の配慮で，担任だった保育者が時間をとって話をすることにしました。話をじっくり聞いているうちに，母親の方も，このところの不安やいらいらがすっと解放されていくようでした。

を記入しておく。
● バウムテストの解釈と観察
　バウムテストを解釈し判定するには以下の3つの側面がある。
1．描かれた樹木の形を年齢段階に従って分析する形態分析（発達テスト的側面）
　　テストを継続的，追跡的に実施することで発達段階によって幹・枝・実など，形態上の発達的変遷がみられる。
2．鉛筆のうごきを観察する動態分析（性格テスト的側面）
　　同じ形態の樹木でも描く人間の性格によって動きが異なる。その相違から形態水準の程度により規則性と不規則性・均衡と不均衡などその人物の性格を読みとる。
3．樹木の紙面における配置（空間の象徴）の解釈
　　空間図式を一助とし，紙面のどの領域（受動性・能動性など）に定位させられたかで，対人関係の場におけるその人物のあり方を推測する。
● 園での利用方法
　当園では3歳児から5歳児の各クラスごとに実施されるが，作成時期は同時期とし，個人のパーソナリティを診断することよりも，まず学期のはじめに園全体の特徴やクラスごとの特徴（伸び伸びした絵が多いなど）を大ざっぱに把握して，クラス運営のプランを考える上での資料として利用している。
　また，年齢的な発達に逆行するような幼い絵が出現したり，普段の様子からは，異和感があるような絵であるときは，この他の情報（家庭環境，知的レベル，その他の発達の情報）を広く見直してみるというような，スクリーニング的な意味での参考資料として活用している。

[加藤成子]

園児は午睡中で，園庭には誰もいません。子どもの方は，ランドセルを投げ出して，かけ出していきました。お気に入りだったブランコ，鬼ごっこの城だったジャングルジム，すべり台，それから裸足になって木登り。いつもの枝にぶら下がって，すとんと降りては，また一登り。園庭のすみずみをまわり「保育園を満喫して」「味わい尽くして」いるかのようです。

　印象的だったのは，自分をかわいがってくれた保育者に直接触れてくることはなく，先生を少し遠くから見つめていたことでした。保育者が声をかけると，うれしそうに，はにかんで，またブランコをめがけてかけていってしまいました。いまはちょっとつまずいていても，子どもの方は，もうここを巣立っているんだな，と保育者は感じました。

　「今日は訪ねてきてくれてありがとう！」「またおいで！」と声をかけてもらい，母親は深々と頭を下げ，その子は黄色い帽子を高々と振って帰っていきました。

　その後音沙汰がありませんでしたが，秋の運動会に両親と共に元気に再来園してくれました。行きつ戻りつしながらも，どうやら学校にも児童ホームにもなじんできたようです。身長も伸び，すっかり小学生のお兄さんになっていました。

　園は，卒園児や親のこういう一時の不安を和らげ，新しい世界にジャンプするのを手助けしてくれます。保育者の日々の関わり，子どもたちとの遊び，それを囲む保育環境，すべてがそこにあり，子どもたちを支えていたことをこの小さな事例が示しているように思います。

4　さらなる保育の向上を目指して

1　保育者どうしの意見交換や学習機会を活かす

保育場面で保育者の感じる「気になる子ども」たちに，どのような関わりを

第4章　親子を支える保育者の心理臨床的関わり

もてばよいのか，どう対処すればよいのか，ということについて，述べてきました。けれども，オールマイティの得策，というのは，なかなかありません。園の中で話し合いをもって，知恵を絞ってもなかなか良策が見つからないこともあります。

　他の園では，どうなっているのか，こうした保育実践において生じる問いや悩みを改善することも大切です。その園ではじめての事例でも，他の園ですでに同じような事例の受け入れ経験があり，具体的なアドバイスがもらえることもあるかもしれません。

　複数の園が参加して，定期的に研修会や研究会を開催して，保育力の向上を目指している地域もあります。保育者が個人的にアドバイスやヒントを求めて，研修会に参加することもあるでしょう。保育者が，継続して研修できる環境を整備していくことも，本来非常に大切なことです。

　講演を聴いたり，専門的な知識を勉強し直すことの他に，参加者が実際に接している保育場面から得られる問題——これを臨床素材と呼びます——を「知ること」にじっくり時間をかけることもよいかと思います。

　こういう機会を積み重ねるなかで次には，この臨床素材の共有を経て，具体的な対処の方略を話し合い，日々の保育実践に役立てる努力を各園が行い，その経過をまた共有しながら，「気になる子ども」への理解・知識を深め，保育の実質的な向上をはかることができるでしょう。

　さらに，個々の保育活動を充実させるうえで，たぶんその地域に不足している援助資源，改善が必要と思われる制度の実態などが浮かび上がってくるはずです。すると今度は，地域社会におけるよりよい子育て環境のシステム作りなど，社会的な貢献を視野に入れることが加わります。図4-4はそうした動きを図示したものです。

　日々の保育の苦労を話し合ったり，実践の体験を他の参加者にフィードバックしたりといった，研修会の中で参加者が提供しあうものすべてがこれに貢献しているのです。気になる子どもたちの理解と援助が進む過程で，保育全体がよりよく発展していく可能性が見いだされます。

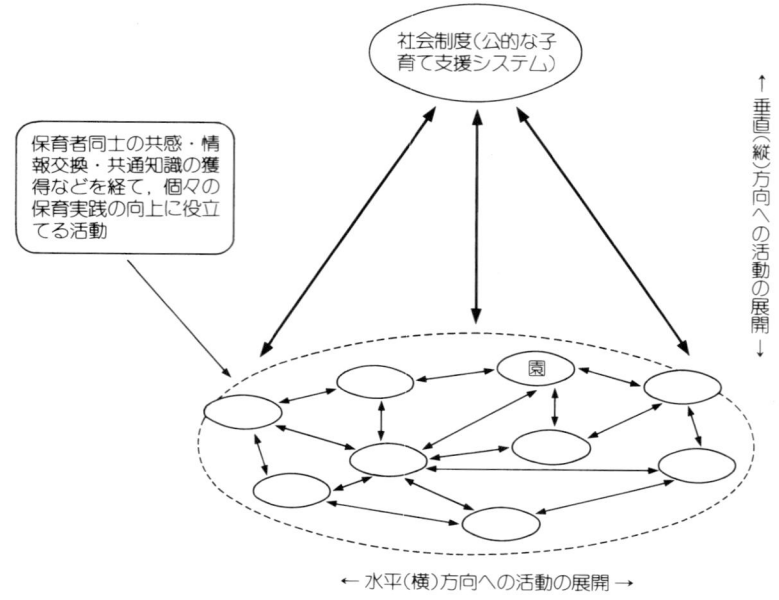

図4-4 園の交流から保育のさらなる向上を目指す

2 地域の子育て支援へ

　最近は，心の専門家も，育児や保育に関する場で意見を求められることが増えてきました。けれども，現代の親たちと子どもたちすべての心が病みきっているわけではありません。多くの保育場面で出会った，子どもたちやお母さん・お父さんたちを思い浮かべつつ，それを確信しています。

　図4-5は，育児支援の地域ネットワークの概念図です（藤森，1992）。この図では，保健所，児童相談所，福祉事務所，病院，障害児通所施設，などの専門機関以外に，育児産業や近隣の人たちとのつながりも同じように育児支援の地域ネットワークに入れられています。問題が深刻化した人たちだけが支援を受けるという発想と違って，子どもをもつどの家庭もこれらのネットワークを活用して生活していることが示されていると思います。

　毎日の親子関係がほんの少し滞っていて，子育てに対してとまどいや，罪悪

感をもたれている，そんな方々も多いことでしょう。夫や家族や，地域の人たちと交流しながら，子育てすることを楽しめるような環境づくりも，予防的援助として大切です。さらに子育てに対して責任感を過剰にもちやすい親たちの心理的状況を考えれば，そうした活動は，特定の問題のある家族が出向く場所としてよりも，より良い子育て体験を求めて集まる場，あるいは子育ての合間にちょっと一息つきに集まる場の中に溶け込んだ形で展開する方が適しているものと思われます。

このようななかで，保育の場がその拠点であることは間違いありません。おそらくそうしたなかでは，親たちには，それが自分たちの子育てを見直すための思いがけない発見であったり，収穫であったりするように，主体的に体験されることでしょう。保育者にも同じことがいえます。主体的な営みの中で，子どもから学びつつ，保育力が育っていくのです。

以上，保育における心理臨床的な関わりについて事例を中心に述べてきました。子どもを丸ごと受けとめるためには，子どもをできるかぎり総合的に理解しなければなりません。本書の冒頭から，綿々と子どもの理解の仕方について多様な側面から綴られてきましたが，これらはすべて，援助の方略を立てるために必要なものばかりです。

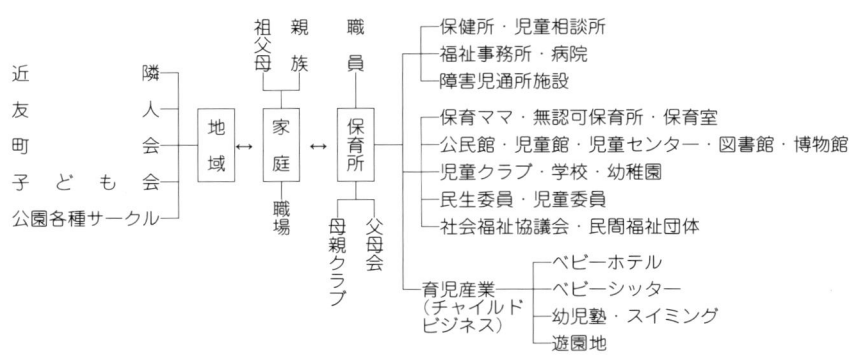

図4-5　育児支援の地域ネットワーク

(藤森，1992；青木，1999より引用)

援助というのは，あくまでも，当人の主体性を最優先した関わりが目指されるものをいいます。望ましい行動の形成が目標だとしても，子ども自身が，間違いを矯正されていると感じる体験とは，その過程が異なります。個々の関わりにおいて，できるかぎりきめ細かく子ども側の主観的な体験を吟味していくことが援助をしていくときにとくに求められます。それはおそらく，よりよい保育を行う上でも同様に求められることであろうと思われます。

引用・参考文献

青木紀久代　1999　コミュニティ援助（2）育児と親への援助　馬場禮子（編）　臨床心理学概説　放送大学教育振興会　Pp.137-145.
青木紀久代　2001　保育におけるカウンセリング　無藤隆（編）　幼児の心理と保育　ミネルヴァ書房　Pp.79-90.
藤森平司　1992　保育ニーズとデイケア　網野武博・乾吉佑・飯長喜一郎（編）　心理臨床プラクティス　第6巻　星和書店
新澤誠治・今井和子　2000　家庭の連携と子育て支援　ミネルヴァ書房
柴崎正行・田代和美　2001　カウンセリングマインドの探究：子どもの育ちを支えるために　フレーベル館
清水エミ子　2000　園児の母親とのことばの交わし合い方　学陽書房
氏原寛・東山紘久（編著）　1995　幼児保育とカウンセリングマインド　ミネルヴァ書房

第5章
園・家庭・地域における子育ての連携と保育

······この章では······

みなさんの保育のイメージはどのようなものでしょうか。この章の図をみると、保育のイメージがきわめて多様なことがわかります。子どもに受容的に接するイメージもあれば、豊かな遊びへと指導するイメージもあり、それぞれに魅力的です。さらに興味深いのは、クラス担任同士の関係、他の職員との関係、親との関係、地域の専門機関との関係のありかたによってイメージが大きく異なることです。いきいきとした子育てと保育は、自分をとりまく人たちと良好に連携するかどうかにかかっています。この章では、保育者を中心とした連携についてやさしく考えながら、そのもっとも重要な視点について解説しました。

1　子育てと保育の現状

　子育ても保育もむずかしい時代だという話がいたるところから聞こえてきます。たとえば、この数年は毎年のように虐待の報告件数が激増しています[1]。また、子どもをどう育てたらよいか迷い、子育てに不安を感じている母親をどのように援助をするかが大きな社会問題になっています[2]。子どもをめぐる事件が起きるたびに家庭や地域の崩壊が指摘され、親や教育に関わる大人の責任が

問われています。一方，保育者もまた，理解できない子どもが増えてきているといい，いままでに経験したことのない困難を感じています。たしかに，私たちは子どもを育てることがかつてないほどにむずかしい時代に生きているのかもしれません。

しかし，元気に自然体で子育てしている親もまたたくさんいます。いきいきと保育を楽しんでいる保育者にもよく出会います。いつの時代でも子どもを育てることはなにものにも代えられない喜びを与えてくれることは変わりがないのも一面の真実です。同様に保育という仕事が生きがいと夢のあるものであることも時代には変わらない真実であるはずです。

そこで考えてみたいのは，いきいきとしている親や保育者にはなにか共通するものがあるのではないかということです。そういう人たちに共通するものを知ることができれば，今日の子育ての閉塞的な状況を打開する手がかりがみえるはずです。このことを考えるヒントはいくつかありますが，一つだけ例をあげて考えてみましょう。

どういう親が子育てに関するストレスが高いのかを知るために，いろいろと調査が行われました。その結果をみると，子育ては，母親が担うべきだという性役割規範がいまだ根強くあるから，専業主婦よりも就労している母親のストレスの方が大きいだろうという予測に反して，専業主婦の方が心理的なストレスが高いという結果が得られています。[3]

おそらく，育児ストレスに影響を与える最大の要因は，母親が周囲の人とつながりながら協力して子育てをしているか，それとも，自分一人で子育てをしているかの違いです。総じて，仕事をもっている母親のほうが周囲とのつながりがあり，専業主婦の方が孤立しやすい傾向があります。いきいきと子育てができるかは，周囲とつながりをもち共同することができるかどうかに深い関係があります。

子育てに専業できる時期を人生の一時期にもつことは，母親であれ，父親であれ，本来は幸福なことです。ただ，それは多くの人たちとの関わりのなかで専業できるのであれば幸福なことだということができます。しかし，戦後の日

第5章 園・家庭・地域における子育ての連携と保育

本で出現した専業主婦は，子育ての責任を一身に背負い，より正しい育児を夫や親族や社会から期待されました。それは窮屈で気の休まらないものです。

人類の子育ての歴史を振り返るとき，家族が単独で子どもを育てたり，老人を介護したりしたことなど，いつの時代にもどこの社会にもなかった（落合，1994）のであり，もともと，母親だけが子どもを育てるのはきわめて特異な事態です。さらにいえば，家族だけで子どもを育てるということも普通ではないのです。また，かつては，幼稚園や保育所も，背後に広がる家族や地域社会にまで積極的に関与するものとしての役割を遂行していた（森上，2000）のであり，保育も地域の中で深く交流し合いながら行われていました。

なにごとにおいても専業化，分業化してきた時代においては，ともすると，人と人のつながりも分断されてしまいがちです。しかし，地域，園，家庭，それぞれの人間関係で，お互いに支え合いながら子育て，保育をしているという実感をもっている人たちが，いきいきとした親や保育者だと思われます。この章では，保育における，人と人とのつながりを連携という視点から考えてみます。

2　保育観にみる連携のイメージ

保育者はさまざまな人たちとつながって仕事をしています。まず，園のなかでは，他の職員と連携しながら保育をしています。職員間の連携がうまくいっているかどうかは，その園の保育の質を規定するきわめて重要な要因です。

新米の保育者にとっては，先輩の保育者が自分の保育をどう見ているかが気になるものです。また，何年か保育経験を積んでも，自分のクラスの保育が職員会議にかけられるときは気が重いことがあります。一方で，お互いに多忙であるために，保育を検討するような職員の話し合いの時間を十分にとることができないことに園長は苦慮しているという実態があります（齋藤，2000）。このようなために，ともすると，職員がうわべだけなかよくすることになりかねな

いといわれています。また，協同することを強制された場合，そのときだけの，管理者の意向にそったわざとらしい同僚性になる（森上，2000）といわれています。そこを一歩乗り越えて，お互いに率直に考えを出し合い，協同と支え合いの関係を築くことが重要です。

　また，近年，家庭や地域の育児力が低下しているという認識のもとで，園と地域や家庭とのいっそうの連携の必要性が指摘されています。保育指針では，「子どもの生活，健康状態，事故の発生などについて，家庭と密接な連絡ができるように体制を整えておく」ことや「日常，地域の医療・保健関係機関，福祉関係機関などと十分な連携をとるように努める」ことだけでなく，「地域に開かれた施設として，子育ての知識，経験，技術を活用し，積極的に地域活動に取り組むように努める」ことなどがうたわれています。

　さて，この節では，このように多岐にわたる連携の諸相について，保育観を検討することで迫ってみたいと思います。

　保育者はそれぞれに自分なりの保育観をもっています。しかし，自分の保育観はどういうものだと聞かれてわかりやすく説明するのは意外にむずかしいことです。おそらく保育観はいくつかの要素がからみ合いながら構成される複雑なものだからでしょう。ここでは，保育者が自分の保育を表現した図をてがかりにして，これを見てみます。なお，これから紹介する図は，研修会などの場で，保育者が描いたものをわかりやすいように簡潔に描き直したものです。

　これからいくつか図を提示しますが，その前に，読者のみなさんも自分の保育観を図に描いてみてください。それと比べながら読みすすめてください。といっても，すぐに，何かイメージが心に浮かぶ人もいれば，なかなか浮かばない人もいるでしょう。もし，なかなか浮かばなかったら，「保育には，子どもがいて，保育者がいて，みんなで何か活動をしている」，そういう場面を描いてみてください。

1　子どもとの関わりのイメージ

　保育観にはさまざまな要素がありますが，そのなかで，中心的なものは保育

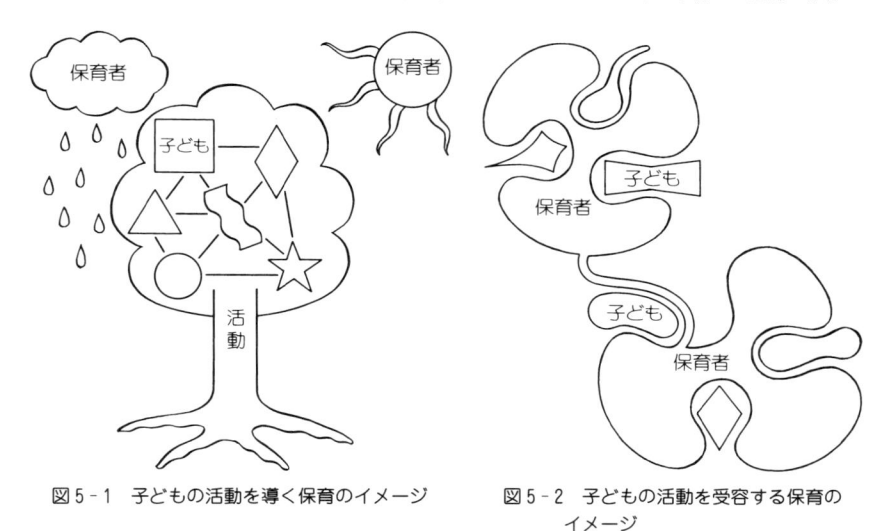

第5章　園・家庭・地域における子育ての連携と保育

図5-1　子どもの活動を導く保育のイメージ　　図5-2　子どもの活動を受容する保育のイメージ

者と「子どもとの関わり」だという研究（諏訪, 2000）があります。

　図5-1と図5-2には子どもとの関わりについての対照的なイメージが描かれています。図5-1の2人の保育者は，子どもたちが遊んだりしている活動に，やや距離をおきながら，太陽と雲になって光と雨を与えています。子どもたちの自主的で自由な活動を見守りながらも，子どもの活動がより大きな幹となり，豊かな枝や葉が茂るように保育者が導いていることが読み取れます。

　図5-2では保育者と子どもの関係は，より密着したイメージとして描かれています。保育者が一人ひとりの子どもに寄り添い，それぞれの子どものありようを，そのまま受容しているという印象をあたえます。この図には「2人の広い心をもった保育者に，さまざまな個性をもった子どもたちがやさしく包まれながら活動している」と書き添えてありました。子どもとの関わりという観点でみると，2つの図の間に見られる最大の違いは，図5-1の方は，保育者が活動をつくり，子どもを導いているという関わりであるのにたいして，図5-2は，子どもが活動を作り，保育者は援助するという関わりであるという点です。研修会の場で，この2つの図を保育者に提示して，自分の保育はどち

203

らのほうに近いかを聞いたところ，おおむね，1対2の比率で，図5-2の方に近いという保育者が多くいました。このような結果は，諏訪（2000）の研究にも見られます。つまり，子どもの自主的な活動を見守り援助するという関わりをイメージする保育者のほうが多数派です。

　しかし，この2つはかならずしも対立するものではありません。乳児を保育するときには，図5-2のような保育をするけれど，4歳，5歳を保育するときは図5-1のような保育をするという保育者もいます。また，設定保育場面のときには図5-1のように関わるけれど，自由遊び場面では図5-2のように関わるということもあります。状況によって，1人の保育者が柔軟に保育しているということも考えられます。

　次に目立つ違いは，2人の保育者が同じような関わりをしているか，それとも，異なる関わりをしているかの違いです。図5-1では，2人の保育者が異なる役割を担っていると考えています。ここには，多様な保育者による異なる関わりが子どもの活動を豊かにするという保育観があらわれています。一方，図5-2からは，2人の保育者が同じ関わりをすることが子どもの活動を安定感のあるものにするという保育観が読み取れます。

　関わりに関する，このような保育観の違いには，先回の幼稚園教育要領，保育指針の改訂が影響していることが考えられます。1980年代までの保育者主導の設定型保育に対して，90年代になって，環境を整え援助するという保育が広く浸透しました。このため結果として放任保育になったとする批判もあります（宍戸，1999）。保育観が保育の全体的な動向によって影響を受けることも，保育者どうしの連携にあたって考慮したいことです。

　しかし，保育観の根底には，長い年月をかけて形成された，その保育者個人の子ども観や教育観があり，それが強く影響していると考えられます。したがって，連携の第一歩は，まず，子どもとの関わりについてのお互いの保育観を理解して尊重し，それを出発点として，共同の保育の中でさらにそれを高め合うことでしょう。

2　職員間の連携のイメージ

　担任の保育者は自分のクラスの子どもについて責任をもって保育します。図5-1と図5-2で描かれた保育者と子どもたちは，担任とそのクラスの子どもたちだと考えられます。しかし，園では，他クラスの子どもを保育する機会が少なくありません。また，立ち話や職員会議で他クラスの子どもの状態について話を聞くことも少なくありません。とりわけ，特別な配慮が必要だと考えられる子どもの保育については，多くの職員が関わることになります。

（1）　園全体で子どもを保育するイメージ

　図5-3では，2人の担任保育者が10人あまりの子どもたちを包むように保育しているイメージが描かれています。その点では図5-2によく似ています。このなかで1人の子ども☆は保育者が特別な配慮が必要と考えている子どもです。☆は，このクラスをときどき離れている様子がこの図からわかります。

　この図には，「担任保育者がクラス全体を見守りつつ，1人は☆につき添っている。☆は，自分のクラスで他児と関わったり，担任と関わったり，外へとび出していくこともある。とび出した先では，他の職員が受けとめてくれたり，必要に応じてクラスに戻るように働きかけてくれる」と書き添えてありました。

　この図で，担任2人の両手がつなぎ合って囲いを作っています。この囲いは，

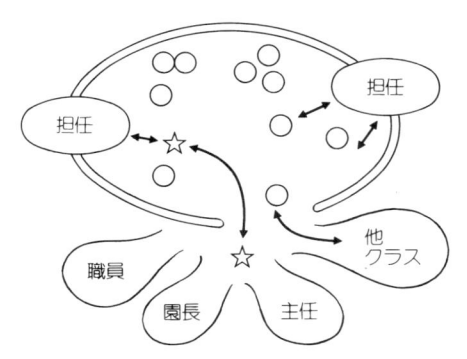

図5-3　園全体にゆるやかにひらかれた保育のイメージ

クラスの保育の境界をあらわしていると思われます。この囲いが完全には閉じられずに，園全体にゆるやかに開かれているところが，この図の特徴です。

おそらく，☆が時どきクラスをとび出していくことを，この園のすべての職員が了解しているから，囲いをゆるやかにできるのでしょう。もし，クラスの子どもの保育は担任の責任だから，子どもがそのクラスの活動からとび出すのは，担任の指導に問題があるという見方をされたら，担任は囲いを堅く閉ざすことになると思われます。

☆は，クラスを離れてどうしているのでしょうか。そこからは想像になりますが，事務室で園長と2人で絵本を読んでいるかもしれません。主任保育者と2人で，砂場で遊んでいるかもしれません。調理室に行って，給食が作られるのを見ているかもしれません。年少のクラスで，子どもと手をつないで踊っているかもしれません。

園長や主任，調理の職員，他クラスの保育者は，担任の知らない☆の姿を見ていると思われます。それぞれの職員が☆をどのように見ているかを担任が聞くことができれば，担任の☆の見方もよりふくらんでいきます。そういうことを積み重ねることによって，クラスの保育も幅が広がっていくことになります。

（2） 保育者が園全体の職員に支えられているイメージ

図5-4は園の保育全体が牧場のイメージで描かれています。広びろとした囲いの中を，子どもたちは自由に遊んでいます。それぞれのクラスの活動は小さな家で描かれて，そこには保育者がいて，子どもたちはそれぞれに帰るクラスの活動があります。

この図は園の職員が保育者を支えている点では図5-3とよく似ていますが，それぞれの職員が子どもに直接関わって保育者を支えるのではなく，保育者が保育することを間接的に支えている点が特徴的です。

それでは，どのように支えているのでしょうか。たとえば，栄養士や調理士は，保育者から子どもの状況を聞きながら，献立や盛りつけを工夫し，昼食やおやつの時間を調整します。用務員は，子どもが遊んでいる様子を見ながら，

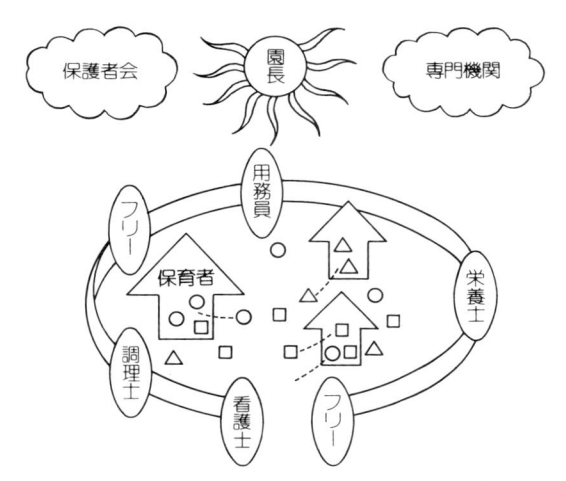

第5章 園・家庭・地域における子育ての連携と保育

図5-4 園全体が担任を支える保育のイメージ

遊具を作ったり，園舎を補修します。感染症の流行時などには看護士が配慮すべき点を適宜助言します。これらは，職員が行うことのほんの一例にすぎませんが，これらの連携の積み重ねによって保育者は安心して保育ができます。

　職員のなかでも園長の役割は特別です。この図では，園長は太陽となって，保育者と子どもたちだけでなく，すべての職員に陽光を注いでいます。この光に支えなられながら子どもも職員も活動しています。さらに園長は，保護者会や専門機関ともつながり，保育が地域に広がっているところも見ています。

　このように園長の役割が大きいために，園長が変わると園の保育が大きく変わることがよくあります。園長は，職員の連携のキーパーソンであることもこの図は示しています。

3　親との連携のイメージ

　保育のイメージを図にするときに，一般的には親が描かれることはあまりありません。ところが，時どき図5-5のように親が描かれることがあります。これを描いた保育者は，子どもを描こうと思ったら，どうしても親の様子が心に浮かんできてこうなった，と説明しました。日々，担任として家族や親を離

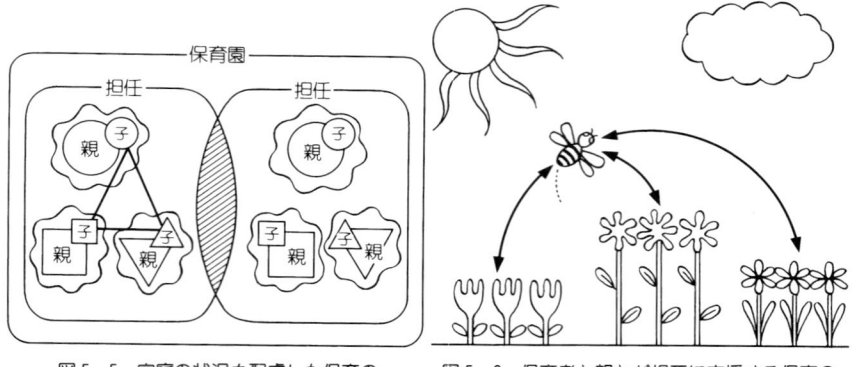

図5-5　家庭の状況を配慮した保育の
　　　　イメージ

図5-6　保育者と親とが相互に支援する保育の
　　　　イメージ

れた子どもだけを保育している気持ちになれないということでした。

（1）　家庭の状況を理解して保育するイメージ

　図5-5では、子どもを包み込むように親の形がそれぞれに描かれています。その、親と子どもの形は相似形をしています。この親にしてこの子ありということを日々実感している様子がうかがい知れます。そして、その子どもと親を取り囲むように、なにか複雑な形が描かれています。この保育者は、そういう複雑な家庭環境を相手にして保育をしているというのが実感なのでしょう。

　このような実感をもっている保育者にとっては、毎日、園で目の前にいる子どもを理解することだけでは子どもを十分理解したことになりません。たとえば、左の子ども3人は線で結ばれていますが、これは、園の中でいっしょに遊んでいるということを意味するのではなく、家に帰ってからよくいっしょに遊んでいる姿をあらわしていると思われます。このような家庭での子どもの姿がこの図には投影されています。

　もし、園での子どもや職員の様子を1枚の図に描いて、同時に、家庭や地域での子どもや親の様子を1枚の図に描いたとして、それぞれが、半透明なシートであれば、2枚の図を重ね合わせながら透かして見ることができます。その2枚の間のつながりを見つけることができれば、子どもの理解に深まりが出て

きます。親と連携するというのは、そういう奥行き観のある立体視的な子ども理解にいたる道であることを、この図は示しています。

（2） 親とともに保育するイメージ

図5-6には図5-5と対照的な親との関係のイメージが描かれています。この図では、子どもが育つ環境の全体が花壇にたとえられています。大地は地域で、花壇の花は、保護者、保育者、子どもたちをあらわしています。ミツバチがその間を心地よさそうに飛びまわっていて、花の蜜を吸って成長すると同時に、花粉を花につけています。そこでは、誰かが誰かを一方的に育てる関係ではなく、お互いに関わりあいながら成長する様子が見えます。そういう育ち合う環境のなかに保育者や子どもだけでなく親も自然に溶け込んでいます。このなかでは、どの花とどの花が親子であるという区別がほとんどありません。保育者はどの親ともへだたりなく関わり、その傍らに子どもたちがいて自然に成長しています。園と家庭との境界も明確にはありませんから、おそらく、親との連携ということを、何か特別に意識的に行うことは考えていないと思われます。

しばしば、園と親との連携は、園が家庭を支援するという一方的な関係と考えられがちです。しかし、この図で注目したいのは、園が家庭を支援することもあれば、家庭が園を支援することもあり、保育者と親が人間として同じ目線で、お互いに関わっているという姿が描かれている点です。そのような園も家庭も開かれた関係を作ることもまた、連携の一つの理想的な姿ではないでしょうか。

4 地域との連携のイメージ

子どもの発達に気がかりがあるときに、保育者は自分たちの子どもの見方とは別に、医学や心理学などの専門的な視点から子どもを見てほしいと思うことがあります。地域には子どもの保健や教育や福祉などに関係するさまざまな専門機関があり、それらは、保育園や幼稚園に対して専門的な支援を行っている

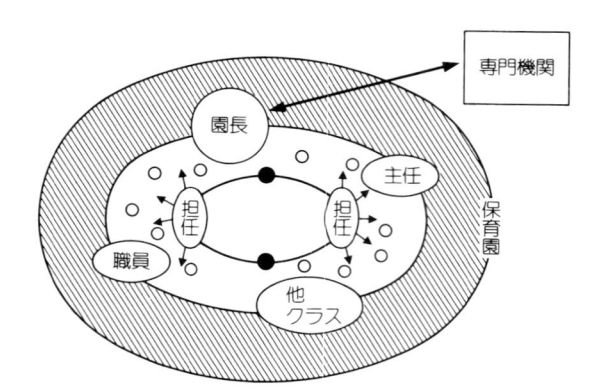

図5-7 専門機関から支援を受ける保育のイメージ

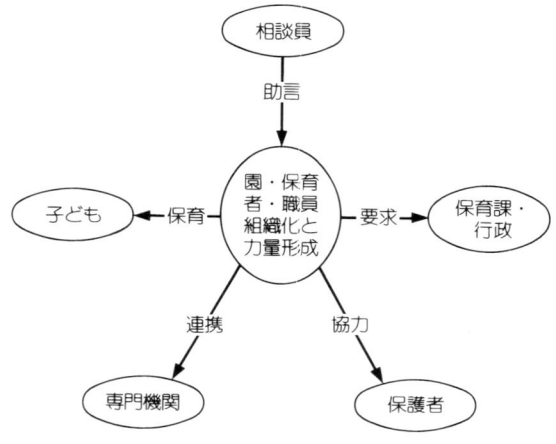

図5-8 相談員から保育者への支援

ところも少なくありません。

　図5-7には、そのような専門機関が描かれています。この図は、2人担任のクラスに2人の気になる子がいます。その2人をクラスの保育者が連携しながら保育しています。それを包むように他クラスの保育者や他職種の職員や主任がいて、クラス保育を支えています。さらに、それら全体を園長が支えていますが、園長は地域の専門機関と連携しています。このように、地域の各種専門機関とは園長を窓口に連携するというのが一般的な状況です。この場合、専

門機関からの支援は，園長が媒介となって保育者や子どもに届くことになります。このような連携がうまく機能するためには，園長が地域の専門機関のサービス内容や，それらとの連携方法について，きめ細かい情報を把握している必要があります。同時に，その種の情報を園内の職員にも普及し，職員からの支援のニーズを的確に把握し，具体的な支援を依頼するように調整することが求められます。したがって，そういう園長を中心とした園内の連携が円滑に行われることが，地域との連携を進めるための前提です。

　図5-8は，筆者が地域の専門機関の相談員としての立場から，園と連携しているイメージをあらわしたものです（浜谷, 2000）。図の矢印は相談員から園に対する支援を示しています。まず，子どもの保育について，相談員は保育者との個別の話し合いや，職員集団でのカンファレンスなどの場で助言をする等の支援を行います。次に，問題に応じて相談員が地域の他の専門機関を紹介するなどの支援があります。また，相談員は園と親との関係の協力について支援することもあります。さらに，保育課などの行政機関に必要な措置を講ずるように伝達するなどの支援を行うこともあります。このように地域の専門機関は，園に対して多様な支援を行っています。

　さらに，この図で注目したいのは，上述のような専門機関からの支援が結果的に，園内の職員の体制を組織化したり，保育者の力量を高めるというような研修的な支援を行うことになるという点です。

3　どのように専門機関と連携するか
事例から連携を考える

　この節では，事例をとおして，地域の専門機関とどのように連携ができるのかについて考えてみます。実際には，連携にいたるまでにはさまざまな困難と課題があることが多く，現状では十分な成果をあげることができないこともあります。そういう実態も含めてどのような連携が可能なのかについて考えてみます。なお，ここでは，1人の若い保育者が，ちょっと気になる様子をみせた

健太君（仮名）を担任して保育した経過を事例としてとりあげます。健太君は，筆者が実際に発達相談を担当した何人かの子どものエピソードを複合してつくった仮想的な子どもです。健太君の保育について考えながら，保育者が出会う困難とその解決について典型的な状況を構成して描いてみました。この事例から，地域療育機関などの専門機関との連携の実際，また，各種の専門的な相談員との連携のありかたなどを考えてみます。

1　事　例

健太君は現在，小学2年生です。友達と遊ぶことが苦手で，教科は得意なことと不得意なことが極端で，不得意なことにはなかなか取り組まないことに周囲は悩んでいますが，元気に通学しています。健太君がA保育園に入園したのは2歳児クラスからでした。

高木（仮名）先生は，当時，保育歴3年目で，園では若手の保育者でした。その年，高木先生は2人の先生といっしょに2歳児クラスの担任になりました。12人の子どもたちのうち，健太君を含む8人は，2歳児クラスで園に入園した子どもでした。

2　気になるけれどもう少し様子をみてみよう

入園のときの親からの聞き取りで，高木先生は健太君が他の園を退園してきたことを知りました。以前の園で，健太君は知恵遅れかもしれないから専門的にみてもらうように言われ，両親はそのことに不信感をもって退園したということでした。

そのときは，両親の話はそれほど気になりませんでした。しかし，すぐに送り迎えのとき，両親がピリピリして普通の雰囲気ではないことがわかりました。両親は，保育者からの，その日の園での様子のちょっとした伝言さえも，何か健太君に問題があると指摘されるのではないかと，身構えていたということを高木先生が知ったのは後になってからでした。このため最初から両親と普通にコミュニケーションできない不自由さがありました。しだいに以前の園でどん

なことがあったのか気がかりになっていきました。

　高木先生が，健太君の様子がちょっと変だと感じたのは，入園してまもなくでした。最初は，声かけしても返事がないことや，友達に関心をもたないことから，少し変かなと思いました。それでもすぐに，声は聞こえていることがわかりました。このため，しばらくは，友達と遊ばなくても，健太君なりに楽しいことをしているのを見守ろうという気持ちでいました。

　ところが，夏休みを過ぎても，いっこうに友達に関心をもたないだけでなく，偏った特定のことにしか関心をもたず，床に寝転んではブロックを並べる遊びを繰り返して，クラスの活動に誘ってもまったく無関心な状態に変化がありませんでした。個性なのだから見守ろうと思ったり，何か特別な目で健太君を見るのは良くないことではないかと思いつつも，心配な気持ちがしだいに高まっていきました。

ここでのポイント――保健センターとの連携

　3歳頃まで，ことばが出ないので発達に遅れがあるのではないかと心配されても，その後，しだいに順調に育つ子どもは珍しくありません。健太君がそういう経過をたどる子どもなのか，それとも，発達の遅れや何らかの問題をもっていて，特別な援助が必要な子どもなのかを見きわめることができれば，高木先生は，自分の保育の方向性を見いだすことができます。しかし，3歳頃に，そういう見きわめをすることはきわめて困難です。

　このような子どもの発達上の問題を早期に発見して，適切な支援を行うものとして，保健センターにおける乳幼児健康診査があります。

　健太君は1歳6か月健診を受診していました。そのときの様子を，高木先生が母親から聞いたところ，とくに問題はなかったという返事でした。それを聞いたとき高木先生は，自分の見方がよくないのかもしれないと思っていました。

　しかし，年長になってから園長と母親の話のなかで，その当時，健診の保健師は健太君はコミュニケーションがとりづらく言葉の育ちが心配なので，経過観察に来るようにすすめましたが，両親が何か問題があるのかと問いただした

ときに「問題があるというわけではない」と答えていたということがわかりました。どうやら，保健センターは健太君に発達の問題を感じて，支援を行う必要があると考えていたようでした。

　ここで，保育園や幼稚園が保健センターといかに連携するかという問題があります。一般的に，保健センターで相談を担当する保健師や心理相談員は，まず，親子関係が良好になることが子どもの発達にとってもっとも重要なことだという立場で支援します。したがって，子どもの発達上の問題に気づいても，親がそれを受け入れる状態であるかを慎重に見きわめながら相談を行います。受け入れられない状態で，発達の遅れを指摘すると，親の養育態度がかえって悪くなり，親が関係機関との関わりを遮断して孤立してしまうことが多いからです。このような基本的な対応の姿勢は，保健センターだけにかぎらず，多くの専門機関に共通するものです。このような状況が理解できないために保育者は，しばしば，専門機関は親に本当のことを伝えないという不信感をもつことがあります。また，保育者は保健センターが把握している情報を知って保育に活かしたいという場合が少なくありませんが，専門機関には守秘義務がありますので，情報の交換を行うことには制限があります。

　しかし，親の了解をとることができれば，さまざまな連携が可能です。たとえば，保健センターでの経過観察や指導の日に，保育者が保健センターに出向いて，子どもの様子を観察し，相談員と意見交換をすることができます。また，電話で保育者が相談員に相談することもできます。このようなことができれば，保育に幅やゆとりが生まれてきます。

　健太君の場合は，この時点で親と健太君の状態について話し合うことさえ困難でした。そのような場合，個別事例をはなれてゆるやかな連携を専門機関ととれるようになることが今後の課題です。保健センターは母子保健業務をもつ，子どもの健康に関する身近な専門機関ですが，近年，より専門的なサービスを地域の子育て機関に提供することが期待されています。実際に，それが実現するためには，園からの支援のニーズを日常的に専門機関に伝え，関係機関と交流することが重要です。

第5章　園・家庭・地域における子育ての連携と保育

3　園内での連携

　3歳児クラスになると，保育の内容も，クラスの雰囲気も大きく変化します。担任は2人に減り，担任と子どもの個別の関わりが少なくなり，クラス全体への指示場面がふえます。子どもたちの会話や遊びも著しく発達してきます。他の子どもの成長に比べて，健太君の行動は，「一方的に話すことばかりで会話にならない，周囲がどんな遊びをしていてもポケモンの遊びをする，生活の場面を切り替える場面で1人だけ遅れる，午睡のときに寝ていて突然立ち上がって大声を出して話しだす」など，2歳児クラスとはちがって格段に目立つものになります。

　高木先生は，もう一人の担任と頻繁に話し合うようになります。自分たちの保育に問題があるのではないか，健太君をみる自分の見方に問題があるのではないかなどと考えます。朝夕の特例の時間に見てくれるパートの保育者も，健太君のことを心配して様子を伝えてくれました。しかし，クラスの担任以外には，なかなか自分たちの悩みを話せませんでした。

　はじめて，職員全体の会議で，健太君のことを報告し相談したのは，3歳児クラスも終わりになった頃でした。会議では，高木先生が考えていた以上に，他のクラスの保育者も健太君の様子を気にかけていたことがわかりました。そこで，定期的に健太君の状況について職員会議でとりあげることになりました。

ここでのポイント

　職員会議では，高木先生は，それまで気づかなかった健太君の姿を知ることができました。たとえば，時どき，乳児クラスに入って，そこで，ブロック遊びをしているところに1歳児が関わると，ブロックを貸したりして穏やかに楽しそうにしていること，また，給食が好きで給食を作っているところをのぞき込んでいるときに，調理の職員と話ができること，近所のボランティアの人が外壁を修理したり柵を作る作業を熱心に見て手伝いをすることなどです。

　それまでは，高木先生はそういうときには，できるだけ健太君をクラスに連

れ帰るようにしていました。会議を何回か重ねるうちに，そういう場で，それぞれの人が健太君に関わればよいのではないかということが確認されていきました。健太君のことを職員全員が理解してくれ，担任だけが見なければいけないという気持ちから解放され，精神的な負担感が軽くなりました。

　一般的に幼稚園は，1人担任で20人から30人の子どもを保育します。他クラスの保育を見る機会は多くありません。一方，保育園では，少ない人数の子どもを複数の保育者で保育するのが一般的ですから，他クラスの保育を見る機会が多くあります。それにも関わらず，高木先生のように他クラスの保育者と連携するまでにかなり時間がかかることは珍しくありません。日頃から意識的に園全体で子どもを保育するという体制をとることが大切です。

　保育者間の連携を制度化している園もあります。たとえば，他クラスの担任が保育の観察者や補助者になる日を毎学期に1日作る園があります。そのような工夫によって，園全体の保育資源を有効に使うことができます。

　このような連携の最大のメリットは，担任が気づかない子どものさまざまな面を知ることができ，子どもを多面的に見ることができることです。高木先生の場合は，健太君のそれまで気づかなかったことを知ることによって，それ以前よりも健太君について肯定的な見方ができるようになりました。そのことが，日々の保育や親との関係においても，ゆとりをもった対応を可能にしました。

4　親との連携

　4歳児クラスから高木先生は1人担任になりました。健太君に関わることができるわずかな時間でさまざまな保育の工夫をしました。たとえば，自由遊びの時間には，健太君の興味のあるポケモンを手がかりに遊びを広げようと根気よく誘いました。また，家庭でポケモンのビデオを見るだけでなく，いっしょに遊ぶ時間をもつように両親と話し合うようにしました。

　しかし，健太君は文字やパソコンには強い関心を示す反面，クラスの活動にはなかなか参加しませんでした。そのままでは，友達と遊ぶ力が育たないし，経験が広がらないので，この後の育ちがたいへん心配になりました。

園全体の会議では，健太君の家庭でのすごし方への疑問が出たり，何か発達に問題があるのではないかなど，さまざまな見方が出ました。いずれにしても，発達に関する専門的な観点から健太君を見ることが必要だという意見が大勢をしめるようになりました。それを受けて園長が，発達相談を受けることを決断しました。

　そのときに問題になったのは，発達相談を受けることについて親から承諾を得ることでした。高木先生は，これまでの両親の態度から考えると承諾を得ることは困難だろうと考えました。両親と健太君のことについて率直に話し合う関係をつくるにはどうしたらよいのかなかなか見えてきませんでした。

　この年度に高木先生は月に1度の研修会に参加していました。そこでの親との関係作りの分科会で悩みを話したところ，他の保育者から参考になる体験談や助言を聞くことができました。それがきっかけになって高木先生は両親の子育てに対する考えが少しずつですが変化していきました。それまでよりも，子育てを見る視野が広がり，多忙な仕事をしながら一生懸命に健太君を育てようと奮闘している両親の姿に共感するようになりました。しだいに，健太君の送り迎えのときの両親との短い立ち話のときに，楽しくリラックスした気持ちで話ができるようになりました。

　一方，4歳児クラスの年度末の発表会に両親がはじめて出席しました。両親はそこでクラスの子どもたちが上手に演技をこなし，協力している姿に驚きました。そのときから，両親は健太君がもう少し友達と関わりながら遊べるように育ってほしいと考えるようになりました。

　このような経過を経て，5歳児クラスになったときに，園長から両親に発達相談を受けたい旨を話したところ，両親は戸惑いながらも承諾しました。

ここでのポイント——信頼に基づく親とのコミュニケーション

　保育者が子どものことについて親と率直に話し合い協力する関係を築くことがむずかしいという悩みを多く聞きます。もちろんこのような問題に万能の処方箋はありません。問題の背景も中身も多様だからです。基本的にはケースバ

イケースで対応することになります。

　しかし，この事例にはいくつか参考になる点があります。

　保育者は，園の中で子どもに問題を感じると，まず，親の育て方に対して問題があると考える傾向があります。このため，つい親に対して指導するような関わりをします。しかし，人間は職業上の関係がある場合か，そうでなければ，その人を尊敬したり信頼しない限り，指導を受ける気持ちにはならないものです。保育者と親との関係は，指導をする，指導を受けるという関係ではありませんから，保育者に指導的な態度や雰囲気が少しでもあれば，親はコミュニケーションを避けようとするのは自然なことです。

　高木先生も最初は，家庭での生活を健太君の発達にとって好ましいものにしてほしいという思いから，両親に指導的な接し方になっていました。このため，高木先生が園で健太君が成長した姿をうれしさのあまりに伝えたことが，両親にはなにか，そのような遊びを家でも強制されているように感じて，素直に受け止めることができませんでした。家での様子を聞かれたときも，両親には尋問されているような気持ちでした。

　研修会に参加し，保育者どうしで話し合って，高木先生は自分の親に対する態度を自覚していきました。

　しだいに親ががんばっている姿に共感できるようになって，親とのコミュニケーションが円滑になりました。親の前で，高木先生が弱音を吐いたり，親に教えを求めるようなコミュニケーションができるようになりました。健太君の何か良い点を見つけて親に話さねばならないという重圧感から解放されて，健太君は園でこんなことが困っているけど，どうしたらいいのかお母さんに良い知恵はないでしょうか，家ではどうしているんですか，というような率直な疑問を投げかけることができるようになりました。その結果，問題解決に向けての相談型のコミュニケーションができるようになりました。

　実際に親から教えてもらうことが園での保育に参考になることを高木先生は実感し，それを両親に伝えるというコミュニケーションが始まりました。そういう経過で，おそらく，両親も高木先生の人間性にふれ，信頼感をもってきた

と思われます。

5 専門機関との連携

5歳児クラスになり発達相談を受ける準備を始めました。相談を受けるには，まず，保護者の承諾を得ますが，これは，園長が発達相談の趣旨を両親に説明し承諾を得ました。次に，依頼書を作成します。依頼書には，生育歴，これまでの保育の経過，現在の健太君の状況（運動・言語・遊び・社会性などの発達の状況），相談事項などを記入します。このために，高木先生はこれまでの保育記録を読みかえし整理することになりました。

相談は，申し込みから2か月後の6月末に実施されました。相談員が保育場面を観察し，健太君に発達検査を実施し，それらの結果をもとに，午睡時に園全体でカンファレンスがもたれました。検査の場面で，健太君がそれまで園では見せたことないような落ち着いて意欲的な姿を見て，高木先生だけでなく園長も驚きました。

このような経過のなかで，高木先生は，それまで漠然と捉えていた健太君の発達状況や保育の課題を具体的に明確にすることができました。その結果，その後の保育に見通しをもちながら落ち着いた気持ちで取り組むことができるようになりました。

ここでのポイント——発達相談に向けて準備する過程が保育を改善する

幼稚園や保育園の在園児について，その発達や保育のことについて専門的な相談を受けたいという保育現場からの強い要望があります。子育てや家族の多様化のなかで，そのような相談制度が今後整備されることが期待されます。この事例の発達相談は，市の保育課が保育園からの依頼に応じて相談員を派遣するものですが，その他にさまざまな専門機関が多様なサービスを行っています。保育者はどのようなサービスがあるかを知らないことが少なくありませんが，園長が積極的に地域の専門機関のサービスを園内に導入する環境を整備している園もあります。

このような相談にはいろいろな形式や内容があります。保育者からは気軽に相談できることや，どのように対応すればよいかについて具体的な方法を教えてくれるような相談の希望が強いようです。

　この発達相談は，そういう希望とは対照的なものです。相談を受けるまでに，保護者の承諾を得ること，園内で相談の合意を得ること，依頼書を作成することなどの手続きがあります。このため，保育者が相談を希望してから，実際に相談が実現するまでに長い時間がかかります。逆に時間がかかるぶんだけ，相談にいたるまでの過程で，園内の職員間の組織が改善し，保護者との関係が調整され，保育が見直されるなどの利点も生まれます。

　また，カンファレンスでは，相談員がその専門的な見方から子どもの状態や保育について評価と判断を行いますが，それを保育者が聞くだけではありません。カンファレンスは保育者と他の専門職が知恵を出しあう作戦会議になります。そこで生まれた知恵を実際の保育に具体的にどのように活かすかは保育者の課題になります。もし，担任保育者が気軽に相談を受けることができた場合，ややもすると対症療法的な保育の対応をするだけになってしまう恐れがあります。そのような意味で，このような発達相談は敷居が高く時間と手間がかかりますが，その分だけ，保育者の力量形成や園内の協力体制の構築につながる可能性があります。

　健太君の保育をめぐって，担任保育者である高木先生が地域の専門機関と連携するまでを振り返ると，さまざまな人たちとのつながりが形成されていることがわかります。このように，一人の子どもを保育することは，園や地域の多くの人たちが連携することになります。そして，そのような連携とともに，保育者が成長することになります。それは，健太君の保育への直接的な効用だけでなく，その園の保育が活性化することになります。

4 統合保育における地域の専門機関との連携

　この節では，障害児を園で保育した場合にどのように専門機関と連携するかについて考えてみます。この問題は障害児をとりまく2つの文脈のなかで考える必要があります。1つは，障害児を早期発見・早期療育して，その発達を保障していく体制を整えるという動向です。もう1つは，障害者のノーマライゼーションの動向です。この2つの文脈のなかで，保育園や幼稚園は障害児にとってきわめて重要な場であると位置づけられるようになってきています。

1　障害児の早期発見と早期療育

　今日では，障害をできるだけ早期に発見し，適切な療育を行うことによって，障害を軽減できることが明らかになっています。そのような認識が定着する背景に周知の1980年のWHO（世界保健機関）による国際障害分類があります。

　図5-9で，機能形態障害とは，生物・医学的なレベルでとらえた障害で，大脳中枢の損傷によるまひなどの運動障害や失認などの認知障害がその例です。能力障害とは，機能形態障害の結果として生じる個人の生活レベルでの障害であり，歩行ができない，会話ができないなどがその例です。社会的不利とは，これら2つの障害の結果として生じるもので，社会的な差別や，経済的な不利益を被ることですが，乳幼児期では子ども集団から拒否される，いじめられるなどがその例と考えられます。

　乳幼児期の障害について考えると，機能形態障害の軽減には，主に医学的な対応が有効です。能力障害の軽減には，医学だけでなく，理学療法士，作業療法士，言語療法士，心理職などによる専門的な療育や生活や遊びを基盤にした保育者などによる指導の他に，家庭による親を中心とした養育の改善が有効です。社会的な不利の軽減には，われわれの障害に対する偏見や無理解を取り除くような教育や，障害児が不利を受けないような環境調整がもっとも有効だろ

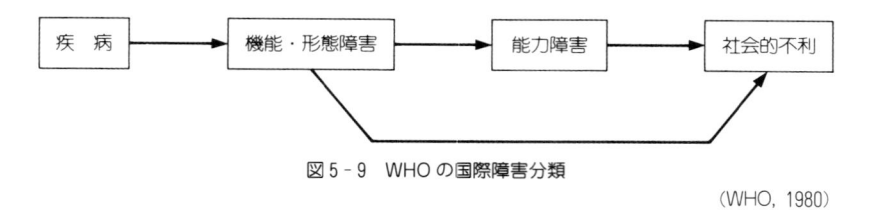

```
疾病 → 機能・形態障害 → 能力障害 → 社会的不利
```

図5-9　WHOの国際障害分類

(WHO, 1980)

うと考えられます。

　これらのいずれのレベルの障害についても，できるだけ早く発見し，早くから療育することがその障害の軽減につながります。早期発見については，医療機関による各種医学的な検査や，保健所・保健センターでの乳幼児健康診査の整備・普及によって，なお十分とはいえないにしても相当程度に体制ができています。しかし，障害を宣告されただけで何もしてもらえず，かえって不安のなかで子どもを苦しめるようなことをしてしまったというような親の声がいまだに聞かれるように，発見から適切な療育や支援につながる体制はきわめて不十分なのが実態です。

　このような状況で，今日，障害乳幼児の障害の軽減のためには，子どもの障害そのものへの対応と家族への適切な支援がまず必要です。家族への支援をともなわないで障害にだけ対応した場合には，かえって障害児の発達に悪影響を与えることがあります。それらを同時に保障することが必要です。さらに，障害児や家族をとりまく環境を調整していくことが求められています。これら全体の取り組みにおいて，保育園や幼稚園が大きな役割を担うことが期待されています。

2　地域による療育体制や障害児保育の格差

　早期療育の体制は，地域格差が非常に大きいという問題があります。近藤ら（1991）の調査よれば，先進的な早期療育システムを有する自治体は以下の課題を達成しているといいます。①早期発見からスムーズに早期療育につなぐ早期療育事業の充実と制度化，②障害児保育制度の充実と拡大ときめ細かな巡回相談事業などの保育現場や親の要求に応える制度づくり，③そのような課題を

になう地域療育センターを人口30万人単位を目安に設置する，の3点です。

　筆者が相談員として，関わりのある首都圏のK市とH市を比べても，そのシステムには大きな違いがあります。K市はこのような課題をおおむね達成している自治体です。K市では，障害児は発見後，児童期まで公的な地域療育センターのケースワーカーが担当して追跡し，センターの多専門の多職種が総合的・継続的に援助指導を行います。一方，H市は早期発見体制は整っていますが公的な療育事業がないため，小規模な民間療育機関が一部代替的な機能を果たしています。このため障害児は発見後，専門機関が手探りに指導したり，相互に紹介したり，ほとんど療育を受けることができない場合などさまざまなケースがあります。個々の機関や親の努力や運によって受ける療育援助に大きな格差があります。

　また，阿部（1999）によれば，全国的に見れば早期発見早期療育システムと呼ぶことができるレベルにまで達している市町村はごくわずかです。大阪府や東京都下の一部，北海道の一部は非常に整備されていますが，これらはむしろ例外的だといいます。

　阿部（1999）は早期療育システムのレベルをいくつかに分けています。
1．日々通う療育の場がない地域は相当数に上る。これには，県レベルでは大規模な療育センターはあるが，市町村レベルでは通園する場がない所も含まれる。
2．療育の場があるが，受け入れ枠が地域の人口規模に比して少ない。大半の地域がこのレベルに該当する。
3．生活型の療育施設。保育を主とした療育体制で，通園事業のほとんどはこの形態に属する。これに，一部では理学療法士（PT），作業療法士（OT），言語聴覚士（ST），心理職などが配置されている場合がある。
4．医療型の療育施設。医師を核とした医療チーム体制でできており，このような形態は大規模施設が多い。
5．地域に根ざした取り組みは，地域作りへと発展している所がある。全国的には民間施設を軸にして地域展開がされていることが多い。

これらのなかで，早期療育システムと呼ぶことができるのは3から5までだといいます。たとえば，K市は，全国的にみれば例外的といえるかなり整備されたシステムをもっています。H市はこのレベル2に相当し，システムと呼べない段階にあることになります。このように東京近郊の自治体でも大きな格差があります。

　また，地域の障害児保育の質という点でも両市には違いがあります。障害児保育の質は，以下のような規準で概略，評価できるのではないかと考えます。一つは，保育者の保育観や発達観や保育者集団の民主性，共同性，支持性，開放性や保育者集団の士気や魅力など保育の風土とでも呼ぶべきものです。第2は，保育者が子どもを把握し導く力，保育技術や障害に関する知識など，保育者の力量とでも呼ぶべきものです。

　K市では公立保育園が大多数を占めていて，どのような保育園でも保育の質が一定の水準をもっています。これに対して，H市の場合は民間保育園が大多数を占めていて，個々の保育園によっても，一人ひとりの保育者によってもかなり保育に格差があります。公立の場合，幅広い年齢や経験の保育者が一つの職場を構成し，職場の移動などによって保育者間の交流があります。それに対して，民間の場合は園長や一部のベテラン保育者の強いリーダーシップのもとで，多くの若く経験年数の少ない保育者が職場を構成していて，他園との交流が少ないという状況が一般的です。このようなことが保育の質の違いを生み出していると考えられます。

　このような実態に即して考えるならば，保育園や幼稚園が障害児を受け入れて地域の専門機関といかに連携するかを，その地域の療育システムや保育の質などと切り離して考えることはできません。したがって，連携についての一般論を基本にしながらも，地域の実態に応じた連携のありかたをそれぞれに探索し，時には，新たに連携を作り上げることがもとめられます。

3　園と専門機関の連携

　次に，K市の療育システムを参考にしながら，同時にH市において生じる問

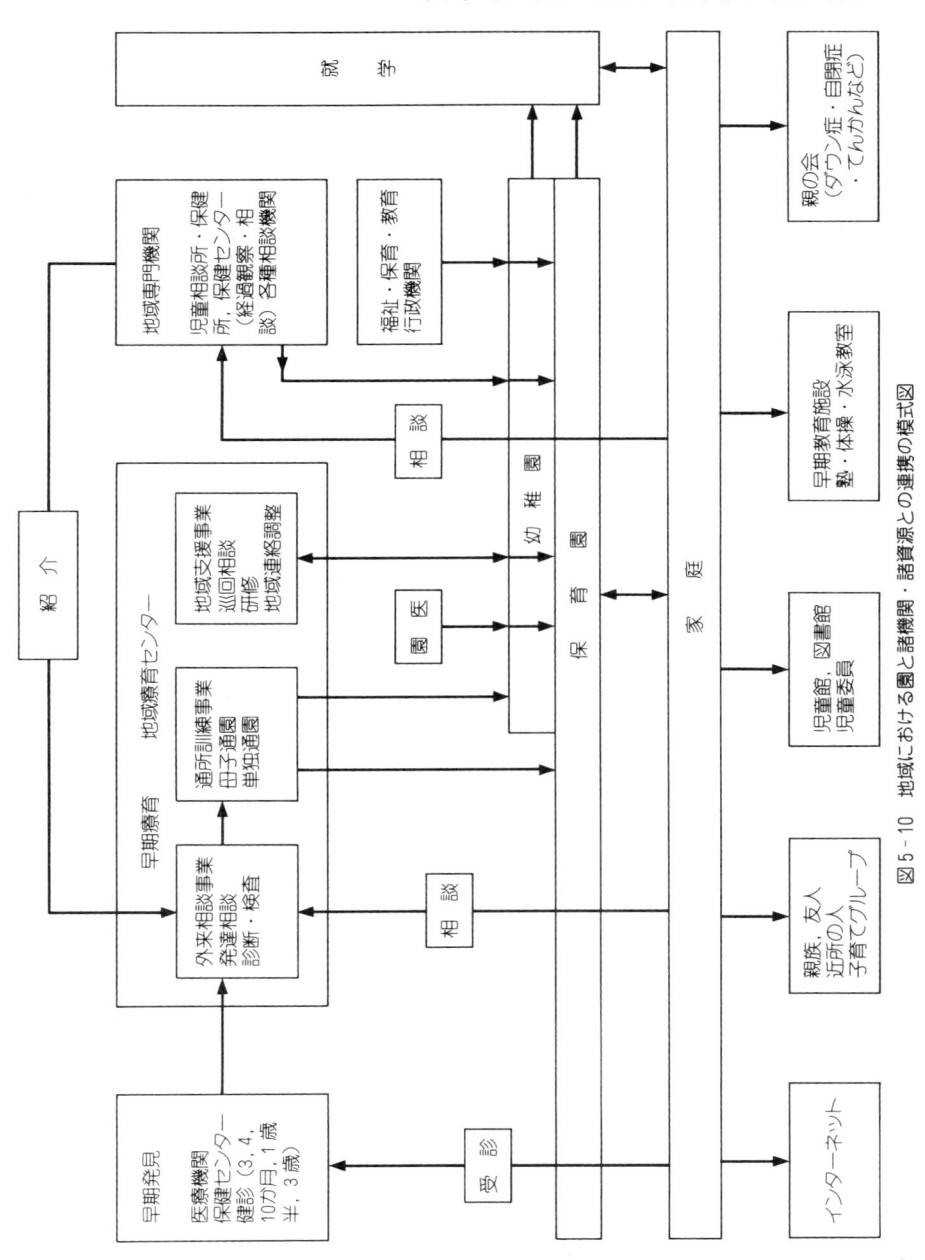

第5章　園・家庭・地域における子育ての連携と保育

図5-10　地域における園と諸機関・諸資源との連携の模式図

題などにも目を配りながら，さまざまな地域の状況においても参考になるように連携について考えてみます。

　図5-10は，保育園や幼稚園を中心にして，園の立場から見える，その地域の障害児の発見から療育・支援にいたるシステムを模式的に示したものです。図において，上段には，地域の医療・保健・療育・福祉などの専門機関が配置してあります。中段には，保育園，幼稚園があります。下段には，家庭と地域の子育てに関わる諸資源があります。また，おおむね，この図では左が子どもの出生時で，右に行くにしたがい時間が経過する配置になっています。これら相互に複雑なつながりがありますが，ここでは，園における統合保育を進める上で関係が深いつながりだけを矢印で示してあります。

（1） 円滑に連携を行うことができる場合

　園で障害児を受け入れたときに，どういう経路で入園したのかによって，専門機関との連携のとりやすさがかなり変わります。園に入園するまでにはいろいろな経路がありますが，障害の発見から療育・保育へ移行するパターンとして，一つの基本形を考えることができます。それを図でたどってみますと，まず，医療機関ないしは，保健センターの乳幼児健康診査において，障害が発見されます。その後，療育センターに紹介され，外来相談などで諸種の検査などによる評価を受けます。それから，入所の可否をめぐる判定を受け，通常，2年前後の通所訓練を受けます。そこで集団保育への基礎的な準備が整い，福祉事務所に申請（保育園），ないしは，入園申請（幼稚園）して，入園します。

　このような場合には比較的円滑に連携ができます。たとえば，入園前の通所訓練を受けているときに，園に体験入園を行うことがあります。また，入園にあたって，センターから詳細な評価記録や訓練記録が園に送付されます，それだけでなく，センターの職員が園に対して子どもの状況についての説明を行います。このような連携によって得られる情報をもとに，園は，子どもの状態にふさわしい職員体制や保育方法を前もって準備することが可能です。入園後も，センターでの外来相談を継続している場合が多いので，センターの専門的な指

導を園でも参考にすることができます。

　また，図のなかで，センターには地域支援事業があり，これが園とつながっています。このつながりのなかには，園での障害児の保育について，センターから専門職が派遣されて相談する（巡回相談などとよばれる）ものがあります。このような相談を担当する職種も多様ですし，単発的なものから定期的なものまで，実施方法も多様ですが，統合保育の質を高める上ではきわめて重要な連携です。このような連携には，保育を所管する行政機関が相談員を派遣するものもあります。

　さらに，このような経路を経て入園した場合は，親は，障害の告知に対する初期の精神的な混乱をある程度克服し，障害を受容して可能な限りの努力をしようという状態になっているのが通常です。したがって，園と家庭との連携も円滑にできます。つまり，園と親が相談協議しながら，地域の可能なサービスを受けることができます。

（2）　連携までにさまざまな困難が生じる場合

　ここでは，かなり一般的に生じる2つの場合をとりあげます。

　第1の場合は，入園後に障害が発見される場合です。子どもが障害児と判定された場合に園に支給されるサービスがあります。たとえば，公立の園では正規ないしは非常勤の保育者が加配されますし，民間園では非常勤職員を雇用するための費用が園に支弁されます。また，巡回相談のような専門機関からのサービスが受けられたり，障害児保育などに関する研修に職員が参加できることが保障されたりします。これらのサービスは，障害児に適切な保育を行うために不可欠なものですが，いずれも，障害者手帳の交付，医療機関での診断，専門機関での判定などのいずれかの要件を満たして支給されるようになっています。したがって，すでに入園していた子どもについて障害があるのではないかと保育者が考える場合，そのことを親と確認して，認定への手続きを進めることになります。この一連の過程で，さまざまな困難が生じることがあります。

　結果的に障害があると判定される場合でも，その時点では保育者は自分の判

断が正しいかどうか自信がないのが普通です。適切な保育を行うためにできるだけはやく，何とかしなければと思う一方で，園内で協議しても判断できずに時間が過ぎていくことがあります。このようなときに，園と親との間に入って関係を調整してくれるサービスが必要です。その場合，まず，園にとっても，親にとっても身近な機関や人によるサービスのほうが抵抗感は小さくなります。

　子どもを専門機関でみてもらうことを園から親にすすめた場合，しばしば，親が感情的に反発し，園と親の関係が険悪になってしまうことがあります。親との信頼関係がない場合には，とりわけそうなります。

　このような困難は，保育者の個人的な努力だけでは解決できないことの方が多く，したがって，園長を中心として，日頃から地域の関連機関と連携し，同時に，このような問題への支援の必要性を行政に訴える努力が求められます。

　第2の場合は，「気になる子」とか「グレーゾーン」と呼ばれる子どもの場合です。今日，明確な障害児ではないが，軽微な発達障害の疑いが推定されたり，人との関わりが下手で問題行動を多発する子どもの保育について，保育者は専門的な支援を求めています。前節の健太君の事例がそれに該当します。このような子どもの保育についての悩みは，しばしば障害児の保育の場合よりも深刻です（浜谷，1999）。適切な支援が必要であるにもかかわらず，専門機関との連携はきわめて少ないのが実情です。

　いまのところ，このような場合は，健太君の事例のように，保育者がさまざまな工夫をしていかざるをえません。すなわち，保育者集団が子どもを見る眼を豊かにし，保育力を高め，親とのコミュニケーションを円滑に行うなどです。

　加藤（2000）は，障害児と認定された子どもだけを，施設という限られた特定の空間で，保育職や児童指導員職という単一職種集団だけで囲い込んで対応するという現行のシステムでは，地域に暮らす発達障害乳幼児とその家族のニーズには応えられないとして，一定のエリア内に派生する個人レベルから幼稚園や保育所の機関レベルまでの，各種発達についての悩み・不安・疑問から障害について，訓練・指導・助言などトータルに発達支援を展開する権利と責任をもった「発達支援センター」の配置が期待されている，といいます。健太君

の事例を考えると，このような，システムへの転換が，現在，求められているのは間違いありません。

4　家庭と地域の育児資源との連携への支援

　障害児が専門機関での障害に即した指導を受けることの重要性は，すでに指摘しました。しかし，ノーマライゼーションの動向に即して考えるならば，地域の子どもたちが普通に生活し，普通に遊ぶ場においても，障害児がともに生活し，遊ぶことができる環境がつくられるべきです。

　WHO は，図5-9の障害概念の改訂作業を行いました。新しい国際障害分類が図5-11です。従来の障害概念が医学的な一方向的なモデルであったのに対して，新しい分類は社会学的で相互作用的なモデルになっています。能力障害が活動の制限に置き換えられ，社会的不利は参加への制約と置き換えられます。つまり，機能障害によって，個人の能力が障害されると考えるのではなく，普通の人が普通にできる活動に制限を受けるようになり，普通の人が普通に参加できる場面への参加を制約されるようになると考えます。それらの制約や制限は，個人の障害にも起因しますが，環境的な背景因子により強く規定されると考えます。したがって，人が普通に生活する場の環境を改善することで，活動の制限も，参加の制約も極小化できると考えます。さらに，参加の制約が活動の制限をもたらし，個人の障害にも影響を与えるという方向を加えています。つまり，言語発達が遅れたり，走ることができないために，地域の公園で普通に遊んで集団に参加できないことが，逆に個人の言語発達や運動発達の障害をもたらすという方向性を考えています。

　このような動向に即して図5-10を見るならば，子どもが家庭を生活の中心とし，園で友達とともに生活する場面で，活動や参加の制限を受けないような環境調整を行うことがまず，重要です。これには，親，保育者などの意識の改革も含みますし，障害児が生活しやすいように生活環境の施設的なハード面でも，ソフト面でもわかりやすく使いやすいものにすることが必要です。さらに，図の下段には，地域の子どもが日常的に関わりのある育児資源が配置してあり

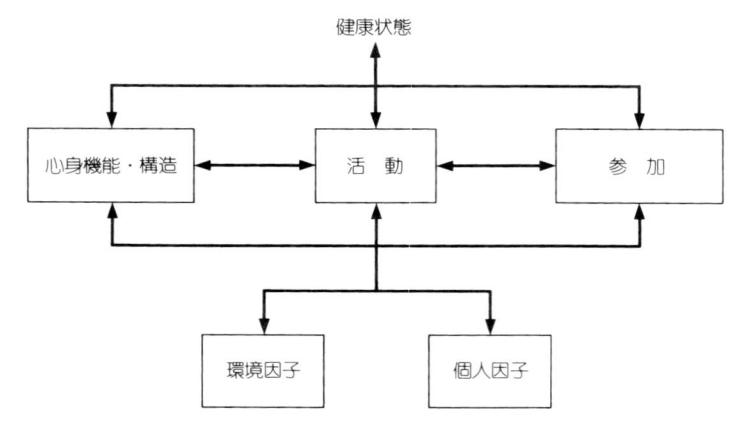

```
                    健康状態
                      ↕
   ┌─────────┐   ┌─────┐   ┌─────┐
   │心身機能・構造│↔│ 活 動 │↔│ 参 加 │
   └─────────┘   └─────┘   └─────┘
            ↘     ↓     ↙
          ┌─────┐ ┌─────┐
          │環境因子│ │個人因子│
          └─────┘ └─────┘
```

図5-11　WHOの国際障害分類第2版（International Classification of Functioning, Disability and Health：ICF）　　　　　　　　　　　　（WHO, 2001）

ますが，このような資源においても，障害児が普通に利用し参加できるようにすることが重要です。

　障害に理解のある友人がいることによって，障害児の生活の幅が広がり，同時に親の精神的な支えとなり，安心して地域で暮らせるという話しがある一方で，親族が障害に理解がないためにつらい思いをするだけでなく，どこにも子どもを連れて行けないで，活動も参加も著しい制限を受けるという話をいまだに耳にするのも事実です。

　また，地域には障害児に対してきわめて適切な受け入れをしてくれる児童館もあります。体操や水泳教室などの優れた指導者は，障害児に対しても運動する楽しさを教えてくれます。このようなこともまた，障害児の活動を豊かにし，社会への参加の機会を広げてくれます。しかし，残念ながら，どこでもそういう適切な受け入れがされているわけではありません。これらの資源には，地域格差というよりは施設間格差や個人間の大きな格差があるのが実態です。

　園は，そういう地域の育児資源についてきめ細かい情報を把握していません。しかし，今後，園を媒介として，障害児とそういう育児資源をつなげるような支援を行うべきだと思われます。現在，そういう諸資源やサービスについての

きめ細かい情報をもっているのは、障害児の親の会です。親の会では、自らの体験に基づいた、生きた情報がやりとりされています。そのような地域の生活者である親の視点から見て有用な情報を、より多くの施設・機関・園などでも活用するような連携が求められています。

注
(1) 厚生労働省家庭児童局の厚生労働省報告例によれば、全国の児童相談所における虐待相談処理件数は、1994年までは1千件台で漸増傾向ですが、1995年から2000年度にかけて、2722、4102、5352、6932、1万1631、1万7725件と急増しています。
(2) 1994年12月、文部、厚生、労働、建設の4大臣合意により「今後の子育て支援のための施策の基本的方向について（エンゼルプラン）」が策定された。これは、政府が、少子化の進行、夫婦共働き家庭の一般化、家庭や地域の子育て機能の低下など児童や家庭を取り巻く環境の変化を踏まえ、子育て支援について社会全体で総合的、計画的に取り組むことを示した。その後、さまざまな子育て支援策が打ち出されています。
(3) 牧野の調査によれば（牧野、1995）、「毎日くたくたに疲れる」などの肉体的な疲労感は就労した母親のほうが高い傾向にあるが、「子どものことでどうしていいかわからなくなることがある」、「毎日同じことのくりかえししかしていないと思う」、というような心理的な負担感は専業主婦のほうが高いという。これについて、専業主婦の場合は、生活の単調さや孤独感が育児の自信を喪失させているのではないかと述べている。また、「育児によって自分が成長していると感じられる」、という項目では、就労した母親のほうが高い。これは、就労している方が、保育園、親族、友人などと育児を分け合い、その出会いと協同の過程で多くを学ぶためではないかと思われます。また、厚生白書（平成10年度版）では、「戦後、地域構造が変化し、その中で、従来、地域社会がもっていた共同性（共同体としての意識と支え合い）が、郊外では形成されず、都市中心では失われ始め、農村では若年女性の結婚忌避というかたちで否定され始めている。そして、このように地域から共同性が失われた結果、子育ての負担と責任が家庭とりわけ母親と学校に集中しているのが、子育てをめぐる地域、家庭、学校の今日の状況だ」という見方を示しています。

引用・参考文献
阿部哲美　1999　障害乳幼児の地域療育システムの構築　茂木俊彦（編）　障害乳幼児の療育・保育　講座転換期の障害児教育第2巻　三友社出版　Pp. 259-287.
浜谷直人　1999　ちょっと気になる子の理解と指導　茂木俊彦（編）　障害乳幼児の療育・保育　講座転換期の障害児教育第2巻　三友社出版　Pp. 201-224.
浜谷直人　2000　保育園の統合保育を支援する巡回相談　発達　**82**　4-10.
加藤正仁　2000　発達支援サービスの展開とその課題　北海道乳幼児療育研究会（編著）　早期療育　コレール社

近藤直子・佐々木美智子・白石恵理子・松原巨子　1991　自治体における障害乳幼児対策の実態　障害者問題研究　**67**　218-235.

牧野カツコ　1995　働く母親と育児不安　井上輝子他（編）　日本のフェミニズム　5巻　母性　岩波書店　Pp. 215-233.

森上史朗　2000　保育者の専門性・保育者の成長を問う　発達　**83**　68-74.

落合恵美子　1994　（新版)21世紀家族へ　家族の戦後体制の見かた・超えかた　有斐閣選書

齋藤政子　2000　保育者集団からみた「保育の質」　金田利子他（編著）「保育の質」の探究　ミネルヴァ書房　Pp. 94-112.

宍戸健夫　1999　幼稚園教育要領・保育所保育指針の改定と幼児教育　保育白書　草土文化　Pp. 48-55.

諏訪きぬ　2000　保育者の保育観と「保育の質」　金田利子他（編著）「保育の質」の探究　ミネルヴァ書房　Pp. 138-160.

あとがき

　本書で想定されている子どもたちは，今ある問題をその子どもの個性ととらえるには心配が残るグレーゾーンから，明らかに専門的援助が必要な臨床群に及ぶ範囲にあります。偏見や先入観をもたずにその子どもを丸ごと抱えて，共に育つことを目指す保育の基本的な姿勢からすると，このような概念を持ち込むこと自体に抵抗をもたれる方もいらっしゃるかもしれません。

　けれども，保育実践の中で培われる個々の保育者の見立てや子ども理解の枠組みは，大多数が健康な子どもとの相互作用の経験から作り上げられています。「気になる子どもたち」は，保育者自身がもつ保育観に強烈な揺さぶりをかけてくるはずです。そのようなとき，別の専門分野の枠組みから同じ状況を読み解いてみると，子どもの今の様子がもっと深く理解できるきっかけになることがあります。

　実は，心理臨床の専門家にとっても同じことがいえるのです。保育の場に一度身を置くと，心理相談機関で出会う子どもたちが，当人たちの自覚はともかく，どんなに力強く日常を生きているかを鮮烈に体験します。保育者の方がたがごく自然に前提とされる発達の力，成長の力というものを私たち臨床家が共有しつつ，援助の在り方を模索するならば，活用できる援助は，どんどん豊かになっていくと思います。

　傷ついたり，生き難さを抱えたりしながら生活する子どもの現実を思えば，双方の協同は自然なことであり，互いに生かし合う専門性を持ち合わせているのも，決して偶然ではないのかもしれません。

　このように本書は，保育者の皆さんと協同していくために発信されました。皆さんの保育の現状にあわせて，本書の内容をアレンジして活用していただい

たり，ここからさまざまな議論や実践が少しでも展開していければ，本当に幸いです。

　また，ところどころに登場するコラムは，臨床心理学に関連する話題や，基礎知識を集めました。本文の内容にできるだけ関連するところに組み入れてありますが，読者の皆さんの興味に合わせて，お読みいただければと思います。

　ところで，各章の執筆者たちは，保育者の方がたと協同する臨床スタンスが少しずつ違います。私たちはこれまでにそれぞれの専門性を生かし，実際にお互いが協同して臨床実践を行った経験があります。私自身，それぞれの原稿を読み進めていくうちに，子どもたちに接している先生方の姿が自然と浮かんできました。保育の中でとりあげる臨床場面はそれぞれ異なっていますが，そこに共通する「暖かさ」があることに，あらためて気づかされました。なにげない言葉の表現の中に，ああ自分は，これまでそれぞれの先生方と一緒にお仕事をさせていただきながら，こういう部分も学ばせていただいていたのだと，感じています。

　最後になりましたが，本書の執筆は，ミネルヴァ書房編集部の寺内一郎さんから，お話をいただいたことがきっかけとなって実現しました。同編集部の安岡亜紀さんには，本書の執筆から編集にかけて，とかく予定通り仕事が運ばない編者を忍耐強く支えてくださり，助けていただきました。お2人に心より御礼申し上げます。

　　　2002年2月

　　　　　　　　　　　　　　　　　　　　　　　　　　　　青木紀久代

索　　引

ア　行

愛着　2, 5
愛着の障害　69
アイデンティティ　18
アスペルガー症候群　132
アダムソン(Adamson, L. B.)　61
アダルト・アタッチメント・インタビュー　10
アダルト・チルドレン　100
アナクリティック抑うつ　→依託うつ病
安全基地　7
アンビヴァレンス　18
移行対象　46
依託うつ病　5, 72
1歳6か月児健診　101
ウィニコット(Winnicott, D. W.)　43
運動・感覚の問題　103
ADHD　134, 145
エインズワース(Ainsworth, M. D. S.)　8
エコプラクシア(反響動作)　129
エコラリア(反響言語)　127
エディプス期　29
エムディ(Emde, R. N.)　3

カ　行

カーンバーグ(Kernberg, O.)　20
学習障害(LD)　68, 140
覚醒状態　61
感覚運動期　64
感覚の障害　153
関係性の問題　95
間主観性　51
間主観的関わり　62
9か月ミラクル　63
拒食　71
クレーン動作　129

口唇期　23
広汎性発達障害　68, 122, 145
肛門期　25
国際障害分類　221, 229, 230
個体化期　39
ごっこ遊び　111
ことばの問題　102
子どもの虐待　5, 74, 76, 78
　　身体的―　75
　　ネグレクト　75
　　心理的―　75
　　性的―　75

サ　行

罪悪感　45
再接近期　36
3歳児健診　101
三者関係　31
自我　43
始語期　108
自己感　48
　　新生―　48
　　中核―　49
　　主観的―　51
　　言語―　52
自己同一性　18, 36
自己表象　14
自閉症　125-113, 145
社会的微笑　3
主観的自己感　51
障害　113
　　機能―　114
　　能力―　114
　　社会的不利　114
少食　71
情緒応答性　3

235

情動調律　51, 66
小児期崩壊性障害　124
初語　108
自立歩行　108
スターン（Stern, D.）　47, 66
ストレンジ・シチュエーション法　8
スピッツ（Spitz, R. A.）　3, 72
スペシャル・ニーズ　115
正常な共生期　34
正常な自閉期　34
精神・性的発達論　23
精神遅滞　68, 115, 131
世代間伝達　76
ZERO TO THREE　80
早期療育　121

タ行

対象恒常性　41
対象表象　14
ダウン症候群　119
多語文　109
抱っこ　44
男根期　28
父親の育児参加　185
注意欠陥および破壊的行動障害　68
注意欠陥・多動性障害　→ ADHD
中間領域　47
トイレット・トレーニング　25
同一化　28
同一性の保持　129, 146, 155
統合保育　113
トロニック（Tronick, E.）　84

ナ行

喃語　107
二者関係　32
脳波異常　131

ハ行

バウムテスト　192
8か月不安　4

発達障害　115
発達相談　219
発達促進的関わり　170
発達臨床ノート　175
母親の「静止顔」の実験　84
万能感　21, 34
万能的期待　19
ピアジェ（Piaget, J.）　64
人見知り　107
部分対象　17
部分表象　17
フロイト（Freud, S.）　23
分化期　35
分離・個体化　33
分離不安　70
分裂　17
保育カウンセリング　167
保育参観・保育参加　180
ボウルビィ（Bowlby, J.）　5
母子相互作用　59
ホスピタリズム　5
母性的養育　56
母性の剝奪　12

マ行

マーラー（Mahler, M.）　33
問題の連続性　184

ヤ行

指さし　107

ラ行

リハビリテーション　113
レット症候群　124
連携　171, 211
　　園内での―　215
　　保健センターでの―　213
　　親との―　216
　　専門機関との―　219
練習期　35
連絡ノート　178

《執筆者紹介》（執筆順，【　】は執筆担当）

馬場 禮子（ばば　れいこ）【編者，第1章】
1934年生まれ。
山梨英知大学大学院教授。
『心理療法と心理検査』（日本評論社）
『精神分析的心理療法の実践』（岩崎学術出版社）

青木紀久代（あおき　きくよ）【編者，第2章，第4章】
1963年生まれ。
お茶の水女子大学大学院人間文化研究科准教授。
『調律行動から見た母子の情緒的交流と乳幼児の人格形成』（風間書房）
『子どもを持たないこころ』（共編著，北大路書房）

大橋節子（おおはし　せつこ）【第3章】
1952年生まれ。
（社）神奈川学習障害教育研究協会。言語聴覚士。

熊代 新（くましろ　しん）【第3章】
1961年生まれ。
（財）金森和心会針生ケ丘病院医務課長。
『個別教育援助プラン』（共著，安田生命社会事業団）
『ICD-10　精神および行動の障害：臨床記述と診断ガイドライン』（共訳，医学書院）

浜谷直人（はまたに　なおと）【第5章】
1953年生まれ。
首都大学東京都市教養学部教授。
『保育を支援する発達臨床コンサルテーション』（編者，ミネルヴァ書房）
『困難をかかえた子どもを育てる：子どもの発達の支援と保育のあり方』（新読書社）

【コラム】
三上謙一（みかみ　けんいち／北海道教育大学専任講師）
矢野由佳子（やの　ゆかこ／和泉短期大学専任講師）
間島　民（まじま　たみ／三恵病院臨床心理士）
塚田みちる（つかだ　みちる／中京大学助教）
櫻井聖子（さくらい　きよこ／名古屋学芸大学専任講師）
武田（六角）洋子（たけだ（ろっかく）　ようこ／お茶の水女子大学心理臨床センター専任カウンセラー）
塩﨑尚美（しおざき　なおみ／相模女子大学専任講師）
出蔵みどり（でくら　みどり／カリフォルニア州立大学学生相談室カウンセラー）
福丸由佳（ふくまる　ゆか／聖徳大学准教授）
佐久間路子（さくま　みちこ／白梅学園短期大学専任講師）
加藤成子（かとう　せいこ／宮本病院臨床心理士）

	保育・看護・福祉プリマーズ⑦		
	保育に生かす心理臨床		

2002年6月30日　初版第1刷発行　　　〈検印省略〉
2011年1月20日　初版第9刷発行
　　　　　　　　　　　　　　　　　定価はカバーに
　　　　　　　　　　　　　　　　　表示しています

編　者	馬　場　禮　子
	青　木　紀久代
発行者	杉　田　啓　三
印刷者	江　戸　宏　介

発行所　株式会社　ミネルヴァ書房

607-8494 京都市山科区日ノ岡堤谷町1
電話代表 （075）581-5191
振替口座01020-0-8076番

© 馬場禮子・青木紀久代他, 2002　　共同印刷工業・藤沢製本

ISBN 978-4-623-03561-8
Printed in Japan

保育・看護・福祉プリマーズ

保育学・社会福祉学・看護学に必要な基礎的教科目の最新テキストシリーズ

A 5 判／美装カバー

1　社会福祉
　　吉澤英子・内田節子　編
　　本体2200円

2　児童福祉［第4版］
　　吉澤英子・小舘静枝　編
　　本体2200円

3　養護原理［第4版］
　　吉澤英子・小舘静枝　編
　　本体2200円

4　家族援助論
　　柏女霊峰・山縣文治　編

5　発達心理学
　　無藤　隆　編
　　本体2400円

6　幼児の心理と保育
　　無藤　隆　編
　　本体2500円

7　保育に生かす心理臨床
　　馬場禮子・青木紀久代　編

8　小児保健
　　高野　陽　編
　　本体2500円

9　精神保健
　　若林慎一郎・本城秀次　編
　　本体2500円

10　小児栄養
　　小松啓子　編
　　本体2500円

11　社会福祉援助技術
　　小林育子・大嶋恭二・神里博武　著
　　本体2200円

最新保育講座

2009年春より順次刊行

新幼稚園教育要領・新保育所保育指針に対応

B 5 判／美装カバー／各巻180〜230頁／本体予価2000〜2400円

1　保育原理
　　森上史朗・小林紀子・若月芳浩　編

2　保育者論
　　汐見稔幸・大豆生田啓友　編

3　子ども理解と援助
　　髙嶋景子・砂上史子・森上史朗　編

4　保育内容総論
　　大豆生田啓友・渡辺英則・柴崎正行・増田まゆみ　編

5　保育課程・教育課程総論
　　柴崎正行・戸田雅美・増田まゆみ　編

6　保育方法・指導法
　　大豆生田啓友・渡辺英則・森上史朗　編

7　保育内容「健康」
　　河邉貴子・柴崎正行・杉原　隆　編

8　保育内容「人間関係」
　　森上史朗・小林紀子・渡辺英則　編

9　保育内容「環境」
　　柴崎正行・若月芳浩　編

10　保育内容「言葉」
　　柴崎正行・戸田雅美・秋田喜代美　編

11　保育内容「表現」
　　平田智久・小林紀子・砂上史子　編

12　幼稚園実習　保育所・施設実習
　　大豆生田啓友・高杉　展・若月芳浩　編

13　保育実習
　　阿部和子・増田まゆみ・小櫃智子　編

14　乳児保育
　　増田まゆみ・天野珠路・阿部和子　編

15　障害児保育
　　鯨岡　峻　編

ミネルヴァ書房
http://www.minervashobo.co.jp/